U0576168

衢州市文艺精品扶持工程项目
龙游县文艺精品扶持工程项目

跑腿书记

邓根林 著

浙江工商大学出版社
ZHEJIANG GONGSHANG UNIVERSITY PRESS
·杭州·

《龙游文库（2019）》编纂委员会

《龙游文库（2019）》编纂工作小组（编辑部）

总序一

　　早就听说龙游是一个历史悠久的古县，有着深厚的文化积淀。到龙游工作后，随着了解的深入，我对这个城市有了深刻的印象。这里有将近一万年前人类生活的遗址；春秋时期是姑蔑国的中心区域，现在的县城就是当时的姑蔑城所在；秦始皇统一六国之后，在姑蔑地建大末县，成为浙江省境内最早设立的县治之一，屈指一数，建县历史已有 2200 多年。

　　历史悠久，文化积淀当然丰厚：一大批凝聚着龙游人民智慧和汗水的地方戏曲、民间舞蹈、匠作工艺、民俗饮食等地方文化结晶，演绎了独具魅力的龙游区域文化。千古之谜龙游石窟，为龙游一方故土增添了神秘色彩。龙游民居苑古建筑，见证着龙游商帮的历史荣耀，讴歌了"无远弗届"的创业精神，谱写了"遍地龙游"的千古佳话。傍着县城东流的衢江，曾是历史上的一条交通干线，有不少骚人墨客，受龙游山水风光的感染而写下锦词丽句，使得这段水道成了历史上又一条"唐诗之路"。2018 年，更有建于元代的姜席堰入选世界灌溉工程遗产，再一次证明了龙游人民改造自然的优良传统和不凡的创造能力，成为龙游地方文化的又一张"金名片"。当我在加拿大萨斯卡通现场接过"世界灌溉工程遗产"牌匾之际，一种自豪感油然而生，我为龙游骄傲，为龙游人民骄傲。

　　龙游的历史上，曾有《文心雕龙》的作者刘勰、"初唐四杰"之一的杨炯、抗金名将宗泽等在此任地方官，也涌现出不少出生龙游、名载史籍的文化名人，如南朝以"箬叶学书"传为佳话的学者徐伯珍、唐代诗人徐安贞、宋代"南渡名宰"余端礼、元代天文奇才赵友钦、明代天台宗师释传灯、近代方志学家余绍宋、革命战士兼学者的华岗等，为我们留下宝贵的精神财富。更有无数龙游先贤撰著了一批儒学、宗教、天文、历史、医学、工器、类书等方面的著作，创作了大量立意深远、讴歌家乡山水风光的诗词歌赋。这一切，为这片古老大地赢得了"儒风甲于一郡"的美誉，既是无比珍贵的文化遗产，也是我们回顾历史、开展地方文化研究的水之源、木之本。由于时空更迭、沧海桑田，不少珍贵的文化遗产已湮没在历史的尘埃之中，留存至今的也被深藏于国内外各图书馆的善本书库之中，在我们龙游，反而是难以寻觅了。

文化是一个地方的血脉渊源和精神家园，为此我们遵循党的十九大精神，本着传承优秀文化，增强文化软实力的初衷，启动了龙游文库文化工程。一方面是通过历史文献的整理重印，让这些古籍回到家乡，使龙游百姓和后代子孙得以亲睹先贤著作，使尘封已久的文化瑰宝为现实的生产建设提供丰富的精神食粮，使人民看得见历史、记得住乡愁。我们通过影印本的形式，在国家图书馆出版社的支持下，《龙游历史文献集成》8函74册古籍已于2017年得以重印出版。另一方面，一些比较重要的前贤诗文集和各种旧县志，为了方便大家阅读，县史志办公室进行点校整理，由中华书局出版发行。

文化需要传承，更需要创新。龙游文库文化工程的历史文化研究系列，重点围绕新时代改革发展的大环境，编著出版一批新的地方文化著述，以新视野、新观点、新角度，赋予龙游地方文化新的内涵。通过梳理完善，将原先分散的文化亮点串连起来，使龙游的文脉更加完整更加清晰，从而发挥整体效应和时代效应，紧密结合社会主义核心价值体系建设，坚定发展信念，为全县经济社会科学发展注入新的活力，凝聚更多文化认同，汇聚更大精神力量。

习近平总书记说："坚定文化自信，离不开对中华民族历史的认知和运用。历史是一面镜子，从历史中，我们能够更好看清世界、参透生活、认识自己；历史也是一位智者，同历史对话，我们能够更好认识过去、把握当下、面向未来"。我相信，通过《龙游文库》

这个载体，对龙游地方文化全面、系统、扎实的整理和研究，必将有效提升龙游文化软实力，助力区域明珠型城市建设，为全面建设"活力新衢州、美丽大花园"做出贡献。对此，我愿与各方关注龙游文化的有识之士共勉。是为序。

中共龙游县委书记　

2019 年 1 月 18 日

总序二

　　龙游，历史悠久、人文荟萃，素有"姑蔑故都、万年文明"之誉。源远流长的历史，留下了丰厚的文化积淀。从史前文化到古代文明，从近代变革到当代发展，龙游历经千百年的传承与创新，形成了具有鲜明龙游特色、深厚历史底蕴、丰富思想内涵的龙游商帮、姜席堰等一批地域文化，这是龙游人民共同创造的物质财富和精神财富的结晶，是龙游文化发展的动力和源泉。

　　习近平总书记曾指出："从区域文化入手，对一地文化的历史和现状展开全面、系统、扎实、有序的研究，一方面可以借此梳理和弘扬当地的历史传统和文化资料，繁荣和丰富当代的先进文化建设活动，规划和指导未来的文化发展蓝图，增强文化软实力，为全面建设小康社会、加快推进社会主义现代化提供思想保证、精神动力、智力支持和舆论力量；另一方面，这也是深入了解中国文化、研究中国文化、发展中国文化、创新中国文化的重要途径之一。"我们今天实施龙游文库的编撰工作，其目的和意义也在于此。

　　如何让龙游历史文化的深厚底蕴、优良传统为当代所用，为县域发展服务，这是历史传承给我们的一项艰巨任务，也是历史赋予我们的一项神圣使命。在这件工作上，时代是出卷人，我们是答卷人，人民是阅卷人。2014年，龙游文库编写工作正式启动，它将深藏于国内外各图书馆中涉及龙游历史的古籍进行收集、整理，或影印，或点校，采用适合当代人阅读的方式进行系统出版，此为文献整理；同时又组织县内外的专家学者，对历史文化中的重点领域进行课题式研究，此为专著编撰。

这两大类书籍的出版，必将丰富、发展龙游文化的外延，进一步增强龙游文化的创新能力、整体实力、综合竞争力，发挥文化在促进龙游经济、政治和社会建设中的作用，这是当今龙游人的文化自觉和责任担当，具有重要的现实意义和深远的历史意义。

文章合而时为作。《龙游文库》的编撰，是对龙游区域文化历史和全景风貌的展示，既能让人看到文化发展脉络的延续，同时也能让人感受到它的发展方向，因此，文库在史料性、知识性、学术性、创新性、时代性、可读性等方面都要有所体现，其编撰难度可想而知。我来龙游后，抽空也认真阅读了一些有关龙游历史文化的书籍，真切地感受到大家对龙游文化的热爱，以及编写者对历史的高度负责态度和严谨学术精神。正是有这样一批辛勤奉献的文化人，才使龙游的历史文化得以精彩地展现，也正是有史志办等相关部门的共同努力，才会使龙游文库变得更加厚重丰实。当然，总体来说我们的研究还刚刚起步，面对万年龙游的深厚积淀，还需要一个持续、长远的坚持。同时，也由于研究力量相对薄弱，完成时间相对紧张，一些作品中难免还有一些失漏、讹误等遗憾。对于这些问题，也希望广大学者和读者能够批评指正。相信，随着研究力量的增强和研究水平的提升，龙游文库的作品一定会越来越好。

当前，龙游文化建设正站在一个新的历史起点上，面临千载难逢的机遇，也面临十分严峻的挑战。如何抓住机遇，迎接挑战，始终保持龙游文化旺盛的生命力，真正走在衢州乃至全省的前列，力争上游，是需要我们认真研究、不断探索的重大课题。我们要以习近平新时代中国特色社会主义思想为指导，以更深刻的认识、更开阔的思路、更有力的措施，大力推进龙游文库研究工程，努力实现在文史研究上"多作贡献、走在前列、当好表率"。

奋斗创造幸福，实干成就梦想。我们期待有更多的优秀成果问世，以展示龙游文化的实力，使龙游文化强县建设更上一个新的台阶。

中共龙游县委副书记
龙游县人民政府县长

2019 年 1 月 18 日

序：鞠躬尽瘁酬青山

邢 东 [1]

一个月前，我收到了浙江龙游文友邓根林老师给我发来的一部《跑腿书记》书稿，希望我能为这部书稿写个序。

给别人的书写序，我还是"大姑娘上轿——头一次"。邓根林老师是我的好友，为人谦逊随和，他原本就是龙游县石佛乡的一名自行车修理工人，因为爱好文学，业余写作三十多年，现在是浙江省作家协会会员、浙江省民间文艺家协会会员，石佛的灵山秀水、风土人情激发了他的文学梦想，从"豆腐块"文章开始，他的文学逐梦之路让我倍感敬佩。既然他不嫌我文笔粗陋，盛情相约，我自然该鼎力相助，所以就很爽快地应承了下来。

一个月的时间，当我看到书稿的最后一章的时候，"跑腿书记"卓彦庆的形象，已经完整地出现在我的脑海里。我在网上搜索了"卓彦庆"，找到了他的照片，果然和我想象得一样：高高的个子，瘦瘦的脸庞，淳朴的笑容，朴素的穿戴。从外表上看，他就是一个普普通通的山村汉子，但在他的目光里，我看到了坚毅，看到了担当。没想到，这么一个普普通通的山里人，居然是这么多荣誉的获得者：他曾是衢州市第六届、第七届党代表，龙游县第八届、第九届党代表，龙游县第十二届、第十三

① 邢东，中国民间文艺家协会会员、中国曲艺家协会会员，河北省作家协会会员，第十届中国民间文艺山花奖获得者。

届人大代表；曾荣获衢州市优秀共产党员 3 次，衢州市抗击雨雪冰冻灾害先进个人 1 次，龙游县优秀共产党员 2 次，龙游县人大代表履职先进个人 1 次，龙游县最美基层干部 1 次，龙游县优秀村党支部书记 1 次；2015 年，被评为浙江省千名好支书；曾获得 2018 年度"最美龙游人"称号、"最美衢州人"特别荣誉奖、"浙江骄傲"提名人物奖、"浙江省优秀共产党员"等荣誉称号；2018 年 11 月 29 日，卓彦庆被评为"中国好人榜——敬业奉献好人"。

卓彦庆是大力山村面貌变迁的领头者、建设者和见证者。他一生中曾有多次离开大力山村，到城市去发展，追寻更加美好生活的机会，但他没有走，反而当起了一穷二白的大力山村的"当家人"，并且骑着自己的摩托车，为乡亲们一直"跑腿"几十年！

现在，在很多机关、单位和企业中，"人员少跑路、信息多跑路"已经成为一个大趋势，年轻的人甚至很难想象：一个小山村的党支部书记，居然骑着摩托车，跑了 30 万公里，相当于绕了地球 5 圈！没有人逼着他这样做，甚至没有人要求他这样做，用卓彦庆的话说：他是看不得山里的乡亲受苦、受穷、受累，所以才会无怨无悔地选择这样做。

这，就是一个共产党人的担当和情怀！

毛主席曾经说过这样一句话："一个人做点好事并不难，难的是一辈子做好事，不做坏事，一贯的有益于广大群众，一贯的有益于青年，一贯的有益于革命，艰苦奋斗几十年如一日，这才是最难最难的呵！"卓彦庆书记就是这样一个人，他把自己的一生，都献给了生他养他的大力山，都用来为山里的百姓做实事、做好事，鞠躬尽瘁，死而后已，他用自己对乡土、乡亲那份厚重无私的爱，践行了一个共产党员的初心和使命，他无愧"大力山的儿子"这个称号。

邓根林老师告诉我：他和卓书记是同乡好友，在卓书记离去后，他总觉得卓彦庆并没有离开大力山。为了写好这部书，在一年多的时间里，他几十次到卓彦庆战斗过的地方进行采访，在山顶小学，在山间公路，在油茶地里，听卓彦庆的亲人、朋友、乡亲，讲卓彦庆栉风沐雨为村民服务的故事；听大力山村的村干部讲卓彦庆风风火火的工作经历；听五保老人讲他一次次登门嘘寒问暖的事迹……

有时候，邓根林就站在村路上，田野里，静静地聆听，似乎这样，就可以看到卓彦庆挺拔的身影，听到他熟悉的声音……

因为写这部书，邓根林老师用眼过度，一只眼睛的视力从1.4降到了0.4。在微信里，他告诉我："虽然写作很苦很累，虽然我不知道这部书稿写完之后有没有机会出版，但我一定要把这部书写出来，因为我知道，卓彦庆是我心中的偶像，是一个让我敬慕的普通共产党员！是值得基层共产党员学做的榜样！在书稿完成的那一刻，我的心才彻底放下。"

从字里行间，我能看出邓根林老师对卓彦庆书记的崇敬之情，也能看出他们两个人有一个共同的特点，那就是对乡土故土的挚爱！卓彦庆书记把这份爱，写在了为民跑腿的路上；邓根林老师把这份爱，写在了这部书里。

这是一部受村民爱戴的基层党支部书记的奉献史，也是一部大力山村的发展史，更是一部大力山村的传奇！

愿此书早日付梓，让更多的人，认识风景瑰丽的大力山，读懂这位鞠躬尽瘁的"跑腿书记"！

2020 年 3 月 20 日

目　　录

第一章 初 衷

大力山，原名"大栗山"。当年，廖姓祖先为了逃避战乱，于清朝道光年间从遂昌来到这里，看到这里山高岭陡，远离城镇，少有战乱，几乎与世隔绝，遂在这里安家落户。此后，又有卓姓、黄氏、邓氏、张氏、曾氏、颜氏等姓氏的人家陆续迁入，在各山腰山坞，自立门户，就地取材，搭建茅屋，占山居住。久而久之，大力山村就有了20多个小村庄……

大力山属千里岗山脉，山峦起伏，高峻挺拔，但山坞不乏大块平地，山间泉水淙淙，溪流潺潺。定居后，祖辈们经过一年又一年的辛勤劳动，在山坞修筑了许多梯田，也种上了水稻。无奈，山上的气候状况跟平地不同，水稻产量很低，根本填不饱一家人的肚子。于是，他们就在山坡上种下了不少板栗树，因为大力山泥土深厚，树上结的栗子特别大，每年树上收获的栗子就可以解决一家人大半年的口粮。栗子出了名，山上山下的人都知道了这个盛产大栗的地方，于是人们就把这里称作"大栗山"。后来，有人觉得"栗"字笔画多，不好写，顺手就把大栗山写成了"大力山"，人们将错就错，于是，"大栗山"成了"大力山"，一直叫到现在。

祖辈们住在海拔940多米的高山上，在他们的眼里，这里几乎与外界隔绝，没有世事的纷扰，自给自足，是一处与世无争的人间仙境。

然而，时代发展到了20世纪，在山上的年轻一代人眼里，连绵不断的大山却成了一道天堑。大力山人既感恩周围绵延的群山，给他们提供了生活来源，吃离不开它，穿离不开它，住也离不开它；现在，他们又怨恨这连绵不断的群山，挡住了山里人走出大山的脚步，隔断了他们眺望外面世界的目光。就因为群山的阻隔，世世代代的大力山村人，守着一座座青山，却过着"番薯瓜菜半年粮，一年四季破衣裳。白天赤脚下地去，夜里蓑衣挡风寒"的苦日子。

于是，走出大山，成了大力山村人的"千年之盼"。

1981年秋天的一个早晨，山上的枫叶刚刚开始泛红，栗子树叶落了一地，但大力山的天气已经很冷了。

大力山就是这样：春天总是姗姗来迟，比山下来得晚；秋寒却总会早早地侵袭过来，窝在家里的人，已经穿上了厚厚的冬装。

此刻，18虚岁的卓彦庆，依然穿着那件有些掉色的汗衫，一个人爬到了大力山上。

东方的天边，堆积着不少云彩，初升的太阳，被云彩包裹，只露出一点点红脸颊，像一个熟透的柿子，不知道什么时候就会被乌云一口吞没。

"阿土，去不去？你不愿意离开大力山，那我们就先走一步了！"

"阿土"是卓彦庆的乳名，此时，他正站在大力山上，双眼凝视着雾气迷蒙的远方，脸色忧郁。

前几天，一起初中毕业的几个同学邀他一起外出打工，他们的声音一次次在他的耳边响起。他们那满怀憧憬走向山外世界的背影，不时地在卓彦庆的眼前晃动——那背影多么欢悦，就像刚刚在小路上学会跑跳的孩子，现在可以奔向广阔的原野；又像是溪流间的石斑鱼，正好从石缝里挤出来，拍着水花，一路游向远方。

外面的世界很精彩！可是，这一切却要与卓彦庆无关了。

卓彦庆在裸露的岩石上坐下来，石头上还沾着潮湿的露水，他似乎没有感觉到——他心里觉得有些忿忿不平——为什么别人可以轻轻松松离开大力山，说走就走，而他卓彦庆却不能自己做主！

说心里话，尽管因为家里穷，他不能跟别人一样去读高中，可是，能够读到初中毕业，卓彦庆已经非常感激自己的父母了。

在大力山村，像他这般年纪的孩子，没能读到初中毕业，甚至没上完小学就失学的人并不在少数，他有几个一起玩大的小伙伴，年纪很小就成了放牛娃，现在连自己的名字都不会写。可这又有什么关系呢？大力山人的淳朴、勤劳，在外面干活不惜力，不怕吃苦，即便是大字不识一个，照样能找到一份满意的工作，按时寄钱回来，贴补家用。

每每看到别人家的父母，带着炫耀攀比的口气，互相谈论自家孩子多么出息，寄回多少钱的时候，卓彦庆的心就像被针刺了一样——虚岁18，自己也是大人了，人家可以成为家里的顶梁柱，我怎么不能？！

让爹娘过上好生活，一直是他卓彦庆的心愿！可是，为什么父亲就是不肯让自己走出大力山呢？

半个月前，卓彦庆就跟父亲闹过一次。身边小时候的玩伴都陆陆续续出门打工去了，就自己留在家里，要是再不走，以后出门就连个伴都找不到了。卓彦庆听别人说起过，在陌生的城市里，一个农村里来的打工仔，没个伴是很容易上当受骗或被人欺负的。

卓彦庆想出去打工，可父亲就是不同意，而且给他指了一条"明路"——到大力山村小学当代课老师！

"到大力山村小学当老师？"卓彦庆听了父亲的话，一下就愣住了，他的心里还从来没有过这么一个选项。

进城，到建筑工地做小工，拖着板车替商店老板送货，或者背着山货到城里市场上摆个小摊，干什么都行。一滴汗珠摔八瓣，风里来雨里去，那才是男人该干的事，那才有男人味！到村小学教书，每天跟那些乳臭未干，还拖着鼻涕的小孩子在一起，哄完这个哄那个，整天教"a、o、e"和"1+1 等于几"，有什么意思？更何况，还是个代课老师！人家当老师端的都是铁饭碗，就算工资不高，到老至少还能退休，有退休费养老呢！代课老师呢？没有名分，干的活不比别人少，挣的钱却少得可怜，都不好意思对外人提起。忙活大半辈子，说不定什么时候上面一摆手，立马就让你失业回家，等到那时候，青春不再，再外出打工，可就什么都耽误了。

卓彦庆不想去当老师，可老父亲似乎已经铁了心。卓彦庆是个孝子，他不愿让父亲为难，也不想顶撞父亲，不想在村里落下个违拗老人的名声，可他又不愿意就这样碌碌无为地在大力山独守一辈子。

思忖了半个月，卓彦庆还是想不出一个两全其美的办法来。万般郁闷之下，他只好跑到山顶来看日出，透透气，散散心，可老天仿佛也在跟他作对：连个日出都不让他看个清爽！

"阿土。"一只布满皱纹的手搭上了他的肩膀，那个他再熟悉不过的称呼，传到了他的耳鼓，重重地撞击着他的心灵。

卓彦庆缓缓地转回头，看到的是父亲那张沟壑纵横、写满沧桑的脸。

"爸，你怎么来了？"卓彦庆刚想站起来，父亲却摁住了他的肩头，和他并排坐在岩石上。

父亲缓缓地抬起头，凝视着东方。

卓彦庆抬眼望去，东边的太阳已经被云彩包裹住，只能从云缝里透出几缕细细的光线来，天显得更加阴郁了。

"这几天，看你魂不守舍的，觉也睡不好，山上地里的农活也不愿意做。阿土，我知道你心里苦，你想出去闯一闯，对不？"老父亲和蔼地问道。

卓彦庆的眼圈里一下盈满了泪水："爸，我想到山外的世界去闯一闯，也挣很多很多钱，然后带你们出去享清福！请你相信我，你的儿子不会比别人差，我有这个能力！我敢保证，不出三五年，我也能让咱家每天都吃上白米饭，吃上猪肉，也能盖起楼房！你们辛苦了大半辈子，我一定要让你们晚年也过上好日子！"

"爸知道你行！"老父亲点了点头说，"阿土，可你想过没有，你们几个肚子里有点墨水的都走了，咱村里的娃们谁来管？现在，大力山小学只剩下老校长廖云林和邵永章两位老师，他们两个都已经是快60的人了，就要退休了，外面年轻的老师又不愿意上咱大力山来，大力山的孩子们怎么办？我们大力山有二十几个自然村，分布在几十个山头上、山坳里，孩子们上学道远路险，你就忍心让老人们去接送孩子上学、放学？忍心让这帮孩子上不了学，留在家里放羊？我告诉你，你舍得，我可舍不得！"

卓彦庆摇了摇头："爸，我知道您是党员，是村干部，可没有人说过，您的儿子就必须得留在山上当孩子王吧？学校的孩子有没有老师教，那是乡里领导要做的事儿，他们肯定会想办法派人来的。"

卓彦庆一边说着，一边看着父亲。父亲的脸色微微有些发红，好像有些激动，他怕惹怒父亲，赶紧转移了话题："爸，我上初中的时候，我们语文老师给我们讲过一篇古文，里面有句话，我记得可清楚了，叫'父母之爱子，则为之计深远'，我知道您是心疼我，怕我到了山外面受人欺负，怕我到山外面路走错、人学坏，是不是？您放心，别人可能会，我卓彦庆决不会的！"

老父亲叹了口气，说："阿土，你说的对，的确没人逼我留住你，逼我留下你的，是我自己这颗心！"老人家指了指自己的胸口，"我到乡里开会，早就听说了，山外面轰轰烈烈的，都在搞改革开放，到处都有挣钱的机会。现在，许多人的眼睛都往钱上看，哪里有钱就往哪里钻。可是，我们大力山也需要年轻人，更需要有文化的年轻人！要是年轻人都出去了，那咱大力山的老百姓怎么办？谁来帮大力山的老百姓做事？要是连咱自己都不想帮助他们，那还有谁会帮咱大力山人？不是我说丧气话，再过 10 年，咱大力山也许还是这副穷模样！要是咱们大力山出生的孩子，以后都成了睁眼瞎，十几年后，他们大字不识一个，想出去闯荡，也走不成的！那挨坑受骗的肯定是咱大力山人！阿土，爸怕十多年后，咱大力山人还看不到一点儿变化的希望，怕的是外面的人把咱大力山彻底忘了！那时候，咱大力山可就一点盼头也没有了！还有，你刚才说的，老师教给你的话，爸大概能听懂，就是爹娘要给儿女做长远打算呗？这话有道理，可你想过没有，什么叫长远打算？咱村里小学那几十个孩子的爹娘，他们该怎么给自己家的孩子做长远打算呢？"

老人家一席话，让卓彦庆陷入了沉思：是啊，前几天，他听父亲说过，乡里派老师来大力山已经没指望了，因为没有一个正式编制的老师愿意到这 800 多米高，且连路都走不通的大力山小学来教书。"知父莫如子"，卓彦庆最懂自己的父亲，作为一名村干部，一名老共产党员，当一件事谁都不愿意承担起责任来的时候，他肯定会义无反顾地站出来承担。自己的力量不够，就肯定会让自己最亲近的人出来帮忙——这就是父亲的做事风格。

看到卓彦庆陷入沉思，一言不发。老父亲知道，儿子正在做着激烈的思想斗争。于是，他在石头上磕掉旱烟筒里的烟灰，缓缓地站起身来，蹒跚着迈开脚步，慢慢地朝山下走去。

卓彦庆赶紧站起来，望着父亲有些佝偻的背影，准备追随而去。

这时，不远处传来了一阵山歌声。卓彦庆扭头看去，只见一个年轻的妇女，带着一个七八岁的小女孩走了过来。妇女手里握着柴刀，小女孩拎着一个竹篮子，里面装了一些野菜和野蘑菇。

　　两个人一边走，一边俯下身子，睁大眼睛四处寻找着什么。突然，小女孩叫了起来："妈妈，这里有蘑菇！"

　　年轻妇女听了，快步走到女孩身边，蹲下身子，小心翼翼地把一丛丛蘑菇从草窝里挖出来，轻轻地放进竹篮里。

　　小女孩兴奋地拍着手嚷道："妈，今天中午可以不吃野菜，吃蘑菇吗？"

　　年轻妇女一把把孩子揽在怀里，小声说道："这蘑菇咱不能自己吃，晒干了，咱拿到城里换钱，给哥哥交学费。我丫头不稀罕吃蘑菇，过年妈妈给你吃腊肉！"

　　小女孩脸上的笑容瞬间消失了，可她却没有失望太久，又高高兴兴地跟妈妈钻进了路边的竹林里。

　　卓彦庆看着这对母女，听着她们的聊天，心里热乎乎的。突然，他如梦初醒，冲着远处父亲的背影喊道："爸！我决定不走了，听你的，我去当老师——"

　　这声音随着山间缥缈的云雾，传出去老远，在山间不停地回荡……

　　老父亲听到了儿子的呼唤声，他慢慢地转过身，赞许地看着卓彦庆，笑了。

　　卓彦庆朝老父亲用力地挥了挥手。

　　东方，一抹金色的阳光冲破了云彩，照亮了整个天空。不久，太阳跳出了乌云的包围，整个大力山都变得亮堂起来。

第二章　人　师

　　大力山小学，卓彦庆再熟悉不过了，在这里，他度过了五年孩提时光——他就是从这所小学走出去的。

　　这是龙游县海拔最高的一座山村小学，校园面积 800 多平方米，海拔 800 多米，与本县海拔最低处——35 米的湖镇相比，高度差近 800 米。在大力山中，能找到这么一块平整的土地已经非常不容易了。学校几百平方米的操场上，到处坑坑洼洼，杂草丛生，不时有蛇、蜈蚣从石缝间、草丛中跑出来，惹得老鹰在校园的上空不断盘旋，吓得山兔惊慌失措，落荒而逃，一转眼又不知道藏到哪里去了。校舍是一排低矮的泥墙瓦房，跟普通的民居比起来，显得更简陋寒酸，有的地方漏水，墙体污渍黑了一大片，许多地方墙皮已经脱落，被人用新的泥巴糊上，看上去就像一块块贴上去的膏药。教室窗户窄小，如果不及时打扫，要不了几天，很快就会被蜘蛛网遮盖。教室是泥土地面，阴暗潮湿，要是遇到雨天，泥湿地滑，不小心就会摔个"嘴啃泥"，惹得同学哈哈大笑。当年，卓彦庆在学校读书的时候，每每遇到这样的状况，不管是自己摔倒，还是同学摔跤，他也没觉得怎么样，不会喊苦，不会埋怨，反而觉得挺开心。如今，在这里当了老师，朝夕相处，卓彦庆才觉得，童年时的天堂，实在是破败得不像样子了。

　　教室门前立着的一排柏树，依然还是老样子，笔直的树干，宝塔似的树冠，四季翠绿，似乎没有长高多少，然而已经少了好几棵。其中一棵柏树被砍去了主干，树茬留在原来的位置，从树根处萌发出了一簇新枝条，长得密密麻麻，显示着顽强的生命力，仿佛是在与命运抗争。当年卓彦庆在这里读书的时候，他和小伙伴们还曾比赛过爬树，围着这棵柏树做过游戏，躲过猫猫……

看着眼前的景致，卓彦庆苦笑了一下：十年树木，百年树人！一所学校，连棵像样的树木都保不住，还怎么树人呢！

开学的第一天，天刚放亮，通往学校的路上已经陆陆续续有孩子的身影在晃动。

卓彦庆早早来到学校，他走进校园，发现有几个高年级的男同学到的比他还早，有的拿着砍刀，有的手握锄头，已经在清理操场上的杂草；个子稍高的女同学在教室里挥舞着扫帚，清理瓦缝中、角落里悬挂着的蜘蛛网；个子矮些的女同学，认真地低着头扫地，扫帚扫过潮湿的地面，泥地留下一道道模糊的痕迹。

"廖校长和邵老师来了吗？"卓彦庆问一个正在扫地的学生。

学生停下手里的活儿，跑到走廊底下，指了指张家山方向。

卓彦庆顺着学生手指的方向看去，只见远处崎岖的山路上，走着一行人，头发花白的廖校长和邵老师，正带着几个孩子慢慢地往学校这边过来，他们两个人的背上，分别背着一个小孩子，一边还拉着另外一个孩子的手，后面几个跟着步行的，是一些年龄稍大的孩子。

这场景，卓彦庆是再熟悉不过了。

当年他刚上学那会，老师就是这样到路上去接学生的，孩子们是牵着老师的手，一步步走上来的。只不过，卓彦庆没有想到，将近十年时间过去，这里的一切，还跟自己当年上小学时的状况一样，学校的许多设施甚至比当年还差劲——从贫穷到更穷，从艰苦到更苦，这难道是山里人的宿命？

卓彦庆马上走出校园，朝着山下的人群迎了过去。

两位老教师的鬓角都已经挂满了汗珠，身上的衣服已经被汗水湿透。卓彦庆帮着他们把孩子们带进教室。孩子们都很懂事，放下书包，就主动去收拾课桌。不一会，教室里就响起了朗朗的读书声……

卓彦庆赶紧拿来毛巾，让两位老教师擦擦汗，催着他们赶紧换换衣服。

邵老师听了，连忙摆摆手，说："不用的，还换什么衣服啊？走了这么长的山路，再穿一会儿，身上的热量就把衣服烘干了！"

卓彦庆有些疑惑："廖校长，记得当年我上学的时候，老师们只在雨雪天气才去各村带学生，为什么今天大晴天，你们还要到路上去接啊？"

廖校长笑了笑，说："呵呵，彦庆啊，当年你上学的时候，我们带孩子的日子是还要少些。那时候，你们兄弟姐妹都是好几个的，父母都在家里干农活，家里孩子都由自己照顾，从小都是放养的，哪个人没有跌过摔过，什么危险的路没有走过，什么陡峭的山路没攀过？现在不一样了，哪个村里年轻的父母都外出打工赚钱去了，孩子大多又都是独生子女，在家里是宝贝，从小由爷爷奶奶、外公外婆带大，哪个不是娇生惯养着的，就连吃饭穿衣这样简单的事，许多孩子自己还不会做，更不用说让他们自己走有危险的山路了。咱们村子里不少年轻的后生，大多也出去打工了，孩子不是交给了爷爷奶奶，就是留给了外公外婆带着，这些老头老太太自己走路都不安稳，怎么指望他们走那么远的山路来接送孩子？我们不去接，他们就不放心让孩子来上学，那样，孩子就要辍学了。"

邵老师在一边也跟着点头，说："咱们大力山人，吃亏就吃亏在没有好路——没有一条公路。你看城里的孩子，出门就是大马路，上学可以自己背着书包高高兴兴地去，但是，有些家长还是不放心，大人还替孩子背着书包，骑自行车接送。可你看看咱们的孩子，山高路险不说，还路途遥远，出门上学，有时甚至还要打着火把，带着柴刀，就像评书里讲的开路先锋一样，逢山开路，遇水搭桥，孩子们不容易啊！更气人的是，有些家长还不把孩子上学当回事，以为自己是山里人，有文化跟没文化没有多大区别，说自己大字不识一箩筐，照样可以娶媳妇生孩子！娃们放学回家，天都快黑了，还要派他们去拔猪草、砍柴，还要帮着做其他家务。晚上孩子在煤油灯下看书做作业，有的家长甚至还要埋怨费了灯油，唉……"

看着两位老师略微有些佝偻的身影，卓彦庆的眼睛湿润了，他第一次真真切切地认识到：像廖校长、邵老师这样的人，才是大力山的脊梁！虽然他们的脊背有些弯曲了，可他们仍然担起了大力山的希望！而自己，差点当了逃兵。如今，自己就要成为下一个擎起希望火把的人了。当初，父亲把担子压给自己，他觉得只是一份教书的工作，现在看来，父亲压给自己的，还有一份重如泰山的育人责任啊！

从那一天起，卓彦庆开始了代课教师的职业生涯。虽然从来没有当过老师，可他有最好的榜样引领，从廖校长那里，他学会了很多：怎样管理一个麻雀虽小、五脏俱全的乡村初级小学，让一切都变得井井有条；怎样做好家长的工作，打消他们让孩子辍学的念头；怎样和上级管理部门打交道，争取最大程度的支持……而从邵老师那里，他则学会了怎样哄孩子，让那些在课堂上因为突然想家而号啕大哭的孩子开心快乐起来；怎样在一个教室里，给两个年级，甚至三个、四个年级的孩子讲好复式课；怎样督促孩子们，在帮助家人做好家务的同时，保质保量地完成家庭作业，不至于把当天学到的知识，随着晚饭吃进肚子里……

大力山的冬天是最难熬的。

刚刚入冬，雪就成了大力山的常客，漫山遍野的薄雪，盖住了竹林，盖住了茶树，刷白了屋顶，也覆盖了上学的道路。

鲁迅先生有句名言："其实地上本没有路，走的人多了，也便成了路。"大力山的路，就是上来下去的人们一脚一脚踩出来的。从大力山22个自然村通往学校的小路，就是由老师、学生和家长们这么深一脚浅一脚踩出来的。

雪景带给大力山小学师生的，不是城里孩子眼里的赏心悦目，而是更多的困难和危险。向上攀爬的石头路面上，结了一层薄冰，滑得要命，稍不留神就会跌个人仰马翻。人一旦摔倒，轻者鼻青脸肿，重者受伤流血，甚至骨折。每每遇到这样的天气，各个自然村通往大力山小学的路上，就会出现这样一幅场景：每条山路上，要么由老师领头，要么由高年级的大孩子开路，他们用小锄头一点儿一点儿地清理着危险路段路面上的积冰，一步一步、小心翼翼地朝学校的方向攀爬，每走一步，结冰的路上，就有一个被刨出来的防滑小坑。他们的上学路，真是一步一个脚印走出来的。

如今，卓彦庆已经成了这个队伍中的一员。他年纪轻，力气大，精神足，从卓家到学校的路，他不但要当开路先锋，而且还要亮开嗓子，招呼远处其他的孩子注意安全，给他们鼓劲加油。到了学校之后，发现有的孩子没能及时赶到学校，他又得顶着寒风，一步一滑地到山下去接。每次接完学生，他浑身上下都是湿透的——内衣被汗水湿透，裤脚被露水霜冻打湿。当他站上讲台，开始给孩子们上课时，从屋檐和门缝里钻进来的阵阵寒风，让他浑身发抖，他强忍着，不让自己的牙齿打颤。虽然，黑板上的字迹稍微有些走形；虽然，讲课的声音稍微有些沙哑和颤抖；可他讲课的热情却始终是饱满的。他觉得自己就是冬天里的一团火，他要温暖这个小小的教室，他想温暖几十个孩子的心灵。

18 岁的卓彦庆没有想到，在大力山小学教书的这些日子，给他的人生带来了太多的感悟与积淀：他在这里学到了自强，学会了奉献，更懂得了什么叫做对家乡的热爱！

这是一个不同寻常的课堂，对他今后的人生之路产生着深远的影响。虽然他只是一个没有任何编制、挣着微薄工资的代课老师，可"学为人师、行为世范"的理念已经渗透进了他的血液里，做最好的老师，培养最优秀的学生，给大力山人留下一颗颗希望的种子！这份初心，已经牢牢地镌刻进了他的脑海里。

为了教好学生，卓彦庆确实豁出去了，初中学到的知识不够用，怎么办？除了向两位老师学习请教之外，他还千方百计找来各种各样的教学参考书，一字一句地认真研读，一点一滴地仔细琢磨，思考怎么做才能把这些东西搬到自己的课堂上。没用多长时间，他就已经成了一个熟练的新手，教学成绩也得到了提升。

学期结束的时候，乡里组织学生进行统一考试，他所带的班级，平均成绩居然都排到了其他乡村小学的前面，这让他自己都觉得有些意外。

这年的年夜饭，一家人围坐在昏黄的灯光下，老父亲亲手给儿子卓彦庆倒了一杯苞谷烧。

老人家端起酒杯，看了看儿子，说："阿土啊，爸爸让你留在山里，留在大力山小学当老师，看来是找对人了！爸爸知道你心里苦，可你没因为心里苦就破罐子破摔，还是尽心尽力地教学生，让大力山的父老乡亲看到了希望，你给咱卓家争了脸面，来，这杯酒，爸爸敬你！"

还没喝酒，卓彦庆的脸已经红了。他端起酒杯，冲着父亲深深鞠了一躬："爸，您放心，大力山是我的根，教好大力山的孩子，是我的本分。我想好了，就算是外面有座金山银山，我也不想走了，我就留在山里陪着您，陪着大力山的孩子们，陪着大力山的乡亲们，一起奔前程，一起过上好日子！"说完，他一仰脖，把一杯苞谷烧一饮而尽。

那可是土制的烈酒啊，卓彦庆觉得，那酒就像一条火线，火辣辣的，从喉咙一直热到了胸膛，他感觉自己的血液在燃烧……

大年初一，卓彦庆头一次睡了一个懒觉，当他打开院门时，一下惊呆了：门外，十几个孩子齐刷刷地站在外面，小脸蛋都冻红了。

看到卓彦庆开门出来，孩子们不约而同地跑上来，围在他的身边喊："卓老师，过年好！新年快乐！"

卓彦庆心里一热，蹲下身子，一下把离他最近的几个孩子揽在怀里，一个念头从心底升了起来——有这样一帮懂事的孩子，大力山的未来大有希望，为他们付出，我卓彦庆就是再苦再累也值得！

第三章 打 赌

自从 1981 年秋天进入大力山小学成为代课老师，卓彦庆在业余时间读了不少书，也参加了很多次县里乡里组织的教师职业技术培训，他的教学水平得到了很大提升。虽然大力山小学的师资条件差，可是由于卓彦庆的辛勤付出，学生的学习成绩有了显著的提升，在县里组织的屡次测试中，这个名不见经传的大力山村级小学的学生却一直保持着优秀的成绩。

可是，随着视野的扩大，对教材的深入理解，卓彦庆越来越觉得心虚、没底了——自己只是一个初中毕业生，用当时流行一点的话来说，这应该叫"本领恐慌"吧？

有这样一个形象的比喻：如果把一个人的已知领域看作是一个圆圈，那么，圈外的世界就是他的未知领域。圆的面积越大，周长就越大，代表一个人的已知领域越大，但同时他所接触到的未知世界也就越多。

凡是想专心做好一件事的人，都会有这样一种感觉，卓彦庆自然也不例外。

刚当老师的时候，卓彦庆是凭着一股强烈的责任心，一心扑在教学上，用笨鸟先飞的方法，让学生多读多背，凭着一次次的重复训练，学生的学习成绩自然能够得到提高，当然也可以考出不错的成绩，结果是他想要的，但过程却不是卓彦庆所希望的。卓彦庆愿意让孩子们快快乐乐地学习知识——本来他们就已经够辛苦了，再感觉不到学习的乐趣，孩子们怎么会喜欢上学读书——有兴趣才有记忆！

虽然卓彦庆一直在留心寻找外面大城市老师教孩子的"秘诀"，但说实在话，那些看起来有些高深的理论，他接受起来感觉有些吃力，他曾经逼着自己一点儿一点儿地啃那些教育理论，但效果却差强人意。人家都说"要给学生一杯水，老师首先要有一桶水"，卓彦庆觉得自己"这桶水"还是不够满，他可以为学生付出百倍的辛苦，但提高自己的教学水平，却不是看几本书就能解决的事儿。现在，孩子们就像春天的竹笋一样，眨眼间都在成长，如果因为自己教学水平低，耽误了孩子们，那就太对不起他们了。

卓彦庆心里着急，却想不出一点别的办法。而且，让他没想到的是，在这个节骨眼上，他又遇到了一个棘手的难题。

1984年春节刚刚过去，大力山小学的孩子们迎来了春季开学。

这天天气特别晴朗，卓彦庆早早来到学校，喜滋滋地等待着学生的到来。可是，等到快上课的时间，卓彦庆却发现还有4个女孩子没有来上学。虽然他知道山村里历来就有重男轻女的陋习，很多父母觉得，女孩子早晚要嫁到别人家去，"嫁出去的女儿，泼出去的水"，识不识字不重要，所以，一旦家里生活有点困难，或者兄弟姐妹多，甚至自己心情不好，家长往往就会拿女孩子出气。

流生这样的情况，廖校长已经见多不怪，他嘱咐卓彦庆先上课，他下山去找家长沟通，做做他们的思想工作。

想到陡峭狭小、高低不平的山路，卓彦庆拦住了廖校长。卓彦庆要自己下山，当面找到她们的家长，详细了解情况。

半天功夫下来，卓彦庆跑了4个村，4个小女孩的家都找到了。开始的时候，其中3个学生的家长都支支吾吾，不肯实话实说，后来听了卓彦庆苦口婆心的恳求，才满口答应让孩子明天来上学。唯独在上蒋村，卓彦庆碰了钉子：刚上一年级的学生谢金萍的妈妈，不管卓彦庆怎么说，就是不肯让她的孩子再来大力山小学上学，任凭卓彦庆磨破嘴皮，她就坚持两个字——不去！

卓彦庆想不明白，家中当时只有她一个孩子，按理说，不会是重男轻女思想造成的后果。那她为什么会反对女儿去学校上学呢？卓彦庆思前想后就是找不出理由。但是，卓彦庆不死心，他要找出问题的真正根源。

卓彦庆看了看谢金萍，小姑娘躲在妈妈的身后，怯生生地望着他，那可怜巴巴的眼神，分明是渴望去上学的！

别看卓彦庆平时说话四平八稳的，与人聊天轻声细语，可他也有一股子倔脾气的。谢金萍的妈妈越是说不让孩子去上学，他就非得要劝她把孩子送到学校去，两个人聊了一个多钟头，卓彦庆把该说的大小道理都给谢金萍的妈妈讲清了。谢金萍的妈妈虽然再也找不到别的辍学的借口，却仍然固执地油盐不进，最后干脆沉默不说话。

看她妈妈理屈词穷，卓彦庆拉住谢金萍的手，打算带她去学校上学。这下谢金萍的妈妈急了，她一把打开卓彦庆拉着女儿的手，说道："卓老师，我孩子不会去大力山小学上学的，要上，我也要送她去山下有女老师的小学去读书。你们大力山的老师都是怎么当的？去年大冷天，我家娃娃尿了裤子，你们知道吗？我家孩子懂事早，怕难为情，不敢对老师说，穿着湿透的裤子，在学校呆了一整天，大冷天哦！活受罪啊！你说，我这个当娘的，能不心疼吗？"

卓彦庆羞涩地挠了挠头，噗嗤一下笑了："学校里低年级的孩子尿裤子是常事，老师发现了，都会让孩子回家换衣服的。谢金萍穿了一天湿裤子，估计是她没有跟老师说，老师们才疏忽了。不过，你不能一竹篙打翻一船人，不管三七廿一，就因为这么一件小事儿，就不让孩子上学吧？以后，只要她自己稍微注意一点，这样的事情是完全可以避免的。"说到这里，卓彦庆停顿了一下，马上给谢金萍的妈妈道了个歉，说道："这事儿的确怪我们老师没有照顾好孩子，失职了！不过，请你放心，我向你保证，从今往后，学校不会再出这样的事了。"

"你保证了也没有用！反正我们家的孩子不会再去大力山小学读书的！"没想到谢金萍的妈妈还是一口回绝，"卓老师啊，在家里给女孩子换衣服，都是当妈的来做，你们大力山小学连个女老师都没有，男孩子你可以给他们换，你一个半大小伙子去给女孩子换衣服，总归是有些不方便吧？当家长的谁能放心？"

谢金萍妈妈的一番话，让卓彦庆这个毛头小伙闹了个大红脸。

卓彦庆哑口无言，说心里话，他可从来没有想过这档子事哦！

卓彦庆挠了挠头，说道："金萍妈妈，你说的这个事的确很有道理，可你不能因为这个就不让孩子上学吧？你可以提醒金萍自己注意一下，上课前就做好准备工作，不要尿在身上就可以了的。你要是因为这个不让孩子上学，那实在太可惜了，金萍上学期还考了班里的第一名呢！你让她上学，说不定将来她还能考上大学，走出大山，吃上公家饭哩。你不让她上，没有文化，她长大了就只能窝在这山沟沟里了，害她一辈子的！"

谢金萍的妈妈听了，目光亮了一下，随即又黯淡下来，她对卓彦庆说："要想让金萍去上学也不难，除非你答应我一个条件——你们学校啥时候调来女老师，我就啥时候让她去上学！"

卓彦庆听了，哈哈一笑，他把胸脯一拍，说："好，不就是添个女老师吗？容易！这事儿包在我身上。不过咱可说好了，学校里来了女老师，你得亲自把金萍送到学校来！咱们一言为定！"

从谢金萍家里出来，刚攀上几级台阶，冷风一吹，卓彦庆的脑袋就大了——自己刚才说那几句话的时候，正在气头上，话没经过脑子，就直接从嘴里冲了出来。现在想想：调进来个女老师，谈何容易？大力山小学想调进来个男老师都比登天还难，要不，他卓彦庆也不用当代课老师了。哪个女孩愿意把自己的青春留在这鸟不拉屎的山旮旯里呢？可是，话又说回来，解决不了这个问题，谢金萍就不能来大力山小学上学，就会出现连锁反应，再往后，就会有越来越多的女孩退学，这气候一旦形成了，再想扭转局面可就太难了。

回到学校，卓彦庆向廖校长汇报了找学生的经过。

听说卓彦庆已经许下承诺，答应学生家长要找个女老师来教书，廖校长乐翻了："彦庆啊彦庆，你可真敢吹牛！拉天勿要本钿，你满世界打听打听去，谁家有文化的女孩子愿意来这山旮旯里教书？大口饭好吃，大口话少说！大话是不能随便说的，你就等着自取其辱吧！呵呵，看你卓老师到时候怎么收场！"

卓彦庆听后，顿时一脸愁容："廖校长，我承认我说话有点儿鲁莽了，可金萍妈妈也不是无理取闹，她说得也有一点儿道理，女老师心思细，照顾孩子们自然比咱们男人更周到，咱学校的确应该增加个女老师的！"

"这事儿，你跟我说等于白说，我没有那么大的权力！再说，女老师也不是你我能够叫来的！"廖校长把双手一摊，"乡里早就批准咱们可以再请一个代课老师，这两三年我找了好几个人，人家一听说是到大力山小学当代课老师，想都没想就一口回绝了。你要是能找到，你就自个儿去找找看，只要是初中毕业以上文化程度的，愿意到咱这儿来教书，不管是谁，都行！"

"真的？"卓彦庆听后，眼睛一亮，兴奋地说，"我有几个女同学，毕业以后还待在家里，我去问，看看她们当中有没有愿意来的？"

廖校长点了点头："好，不管来的是谁，你去找，代课老师的手续，我去办。只要你能找到一个肯来的，你就是咱们大力山小学的功臣，大力山人给你记一大功！"

卓彦庆高兴坏了，趁着周末的功夫，他拜访了几个还留守在家的女同学。见到卓彦庆来访，同学们都非常高兴，可当听了卓彦庆的来意后，大家像是提前商量好了似的，都冲他摇起头，没有一个人愿意。

"一个月50块钱都不到，到山上去劳改？卓大老师，你也学会糊弄老同学了啊？"

"家有三口粮，不当孩子王，我们开始都觉得你在大力山村小学待不长，没想到你一待竟然就是3年，怎么？这教书还真的会让人上瘾？"

"阿土，下山去打工吧，外面的钱容易赚，还不受这份窝囊气！如果你不愿意出去，那咱们可以把山里的竹笋、茶叶、板栗倒腾到城里去卖，虽然辛苦点儿，可我告诉你，干一趟就能挣你一个月的工钱！"

"老同学，俗话说得好，兔子不吃窝边草，你进了火坑里跳不出来就算了，别再把老同学也往火坑里带呀……"

卓彦庆是高高兴兴去的，最后带着一肚子的气回来。他万万没想到，改革开放，搞活了经济，人民的生活水平提高了，大家的日子也慢慢变好了，可是，人们怎么会越来越瞧不起教师这个行业？造福桑梓，积德行善，传播知识，大爱无疆，这太阳底下最光辉的事业，咋就没人愿意加入进来呢？

星期天晚上，卓彦庆回到家的时候，天已经黑透，他匆匆吃了几口饭，就躺下休息了。卓彦庆躺在床上，却怎么也睡不着。这次莫非自己真的输了？谢金萍就不能来大力山小学上学了？他的脑海里一会儿出现谢金萍那可怜巴巴的样子，那期盼上学的眼神；一会儿又回响起同学责怪他的话语。他怎么也想不通：虽然自己当初也是不情愿当代课老师的，但为什么自己能坚持下来，并且把教书当成了一份快乐的工作呢？

思忖了好一会儿，卓彦庆突然一拍大腿，他找到自己碰壁的原因了：大力山村小学的老师，还得在大力山村里去找，因为，只有大力山村里长大的孩子，才懂得上学的重要，才会爱上这里的山山水水，才会真心爱上这所小学，才会真心爱上大力山的孩子！

想到这里，一个熟悉的面孔在他的脑海里浮现出来——她，不就是个最好的人选吗？可是，她会同意吗？让她来学校教书，廖校长会同意吗？

整整一个晚上，卓彦庆都在床上"烙大饼"，他反反复复地想了许多遍，设计了好几个行动方案。被对方拒绝？被廖校长骂？被村里人当笑话传？种种结果他都想了许多遍。最后，他还是决定去试一试，为了大力山的孩子们，豁出去了，就丢一回脸吧！

晨雾里的大力山

第四章　求　贤

卓彦庆想到的这个女孩，不是别人，正是他的同村同学廖美香，而廖美香还有一个身份，她就是大力山小学校长、卓彦庆的顶头上司廖荣林的女儿。

卓彦庆之所以最后才想到廖美香，是因为他一开始就觉得，廖美香答应来学校教书的希望太渺茫。廖美香和卓彦庆不同，人家的父亲是正式的公办老师，虽然薪水也不算高，但在大力山村，至少也算是个吃穿不愁的人家。当年，卓彦庆初中毕业的时候，就是因为家里太穷，交不起学费，才忍痛扔掉了已经拿到手的高中录取通知书。他是带着羡慕，甚至有些嫉妒的眼神，看着廖美香走出大力山村去上高中的。虽然后来在千军万马过独木桥的高考中，廖美香没有能够跃出龙门，但大力山的人都说，她是个才女，文凭最高，肯定不会留在山里的。廖美香高中文化，而且还学会裁缝手艺，更重要的是人长得漂亮，在方圆几十里之内，人们提起廖美香，没有不竖大拇指的。这样一朵出生在书香门第的美丽"村花"，怎么可能留在又贫穷、又偏僻的大力山呢？卓彦庆还听说，近几年，到廖家提亲的人渐渐多了起来，有的人家条件都很不错的。可就是不知道是不是她的要求太高，一直没答应任何一家的提亲。不管对方是吃官饭的，还是做生意家财万贯的，她都无动于衷，只是留在山里做着自己的小裁缝，替大力山的男男女女、老老少少做着普通的四季衣服，村里人都说她是在等缘分，等着大富大贵的有缘人来寻她呢！

卓彦庆还有一个担心，是来自老校长廖荣林——谁不爱自己的女儿？如果老校长有心让女儿到学校当代课老师，还用得着他卓彦庆出马？只要老校长一句话，马上就办妥了。可老校长从来没提过这件事，大概是因为他对代课老师的难处了解得太深了吧？他不愿意让女儿来趟这浑水。当爹的不同意，自己去动员，跑断腿也白搭！弄不好还会惹恼老校长，落个猪八戒照镜子——里外不是人！

去找廖美香的事儿，在卓彦庆的脑海里转悠了将近一个星期，他还是没有下定决心去碰这个"钉子"，但最让他担心的事儿还是发生了——又有两个女孩退学了！理由和谢金萍的妈妈一样：学校里没有女老师，女孩上学不太方便。

卓彦庆急得后槽牙都肿了，他知道，这种风气是会传染的，重男轻女的观念在山里本来就已经根深蒂固，如果再任其发展下去，大力山小学就要改名叫大力山男童学校了。

万般无奈之下，卓彦庆决定冒一回险，为了那些面临失学的女孩子们，他就是吃闭门羹也认了。

这天上午，他借口家里有点事，向廖校长请了假，独自一个人来到了大力山村廖美香的家里。

当他走进廖美香的家门时，廖美香正坐着看书。刚刚过完年，大家的新衣服都是年前做好的，正月里基本上没有什么活计。看到卓彦庆从外面进来，廖美香先是吓了一跳——她担心老父亲在学校的身体。可看到卓彦庆犹犹豫豫、探头探脑的样子，她的心又放了下来——如果老父亲有事儿，卓彦庆的表情绝对不会这么古怪。

"卓老师，你不在学校上课，跑到我这里来干什么？莫不是你还学当年一样想逃课？"廖美香从屋子里走出来，大声冲卓彦庆笑着说。

卓彦庆被吓了一跳，不当同学好几年了，这个廖美香说话还是那么直，他不好意思地挠了挠头，说："美香，我……今天有点事儿，想……想……"

廖美香"噗嗤"一下乐了："卓大老师，当年在学校的时候，你不结巴啊，怎么教了几年书，说话反倒不利索了？这可不行，你要是把全村的孩子都教成了结巴，那可就误人子弟了。"

卓彦庆心里暗暗叫苦：廖美香不愧是出身书香门第、教师世家，人家一张嘴就一套一套的，句句不离教书，而自己却像个刚进入学堂的小学生，连话都说不完整了。这可怎么办？他转念一想，又高兴起来——

廖美香说话，句句不离教书，这起码说明了一个重要问题：她对教书这个行业并不厌恶，这样看来，自己请廖美香当代课老师这件事，有戏！

"美香，我这次来，的确是有件事求你，"卓彦庆定了定心神，低下头接着说，"不知道你听廖校长说过没有，大力山小学现在差缺一个代课老师，我觉得这是好事儿，你高中毕业，文化程度高，可以先当一段代课老师，等有机会了，再去考民办老师，考完了民办老师，再有机会，你还可以考正式的公办老师，那样，你就可以吃上公家饭了……"

"停停停！"没等卓彦庆把话说完，廖美香就打断了他，"卓彦庆，你到我这里来，原来是要给我画一张大饼啊？"

"画大饼？画什么大饼？"卓彦庆愣住了。

"当然是画大饼了！"廖美香说，"大力山小学的确是空着一个代课老师名额，但这个名额不是很难抢，而是根本没人要！至于你说的什么代课转民办，民办转公办，都是'半天的雪''八字没一撇'的。虽然有这个可能，可这事儿有多难你知道吗？说不定折腾一辈子也实现不了，你这不是给我画大饼是什么？卓大老师，说实话，我不讨厌教书，但我真的很讨厌你动员人的方法。你走吧，当代课老师这事儿，我说了不算，你去问我爸爸吧。"说完，廖美香顾自转身走进屋里，把房门一关，不再搭理卓彦庆。

卓彦庆闹了个大红脸，讪讪地走出了廖美香的家门。

卓彦庆满腹心事地回到学校，看到学生刚下课，廖校长夹着课本，端着粉笔盒，走出了教室。卓彦庆硬着头皮凑了过去："廖校长，您……别生气，我……刚才……刚才去您家了。"

廖校长有些意外："你不是说家里有事吗？跑去我家干嘛，有事儿？"

卓彦庆把心一横，"丑媳妇早晚得见公婆"，反正这事儿也瞒不住，干脆自己坦白吧。

卓彦庆便一股脑儿地把自己想请廖美香当代课老师，结果碰了一鼻子灰的事儿说了出来。然后把头一低，等着廖校长发落。

让卓彦庆没想到的是，廖校长听完后并没有生气。他把卓彦庆拉到办公室，让他坐下，叹了口气说："彦庆，我知道你是好心，其实美香到学校当代课老师的事儿，她自己也提起过，我也琢磨过，不过，琢磨来琢磨去，我还是下不了这个决心。"

"这是为什么？要是美香想来，你也愿意让她来，这是水到渠成的大好事儿啊！"卓彦庆说。

"你啊，光知道这事儿好，可你知道吗？我好歹也算是大力山小学的一校之长，让自己的女儿来学校代课，当个代课老师，别人还以为以权谋私呢！要是美香能留得住，教得好学生还好说，万一她教不上几年书，嫁到外地去，留她不住，或者教不好学生，那大力山人的吐沫星子还不把我淹死！我让自己的亲生女儿到山上受苦，挣钱不多不说，再听别人说闲话，我何苦来着？那还不是害人害己害了她？"廖校长一个劲儿地摇头。

"廖校长，我觉得你说的不对！"卓彦庆站起身来，声音有些激动，嘴唇也微微发颤，"到大力山村小学教书，这差事可不是什么香饽饽，根本就没人抢来，当初我也是被我父亲逼着来的。您放心，让美香来学校教书的事儿，我去跑！谁要是敢胡说八道，我跟他没完！"

看着卓彦庆义愤填膺的样子，廖校长笑了，既然话都说到这个份儿上来，那就让卓彦庆自己看着办吧。至于自己闺女，他打心眼儿里愿意让女儿留在自己身边，能够继承自己的衣钵。可自打上次女儿提出要来大力山小学当代课老师被自己拒绝之后，这丫头就再也没提过这件事，女儿心里的这个疙瘩，也不知道解开了没有。

卓彦庆到乡里申请为学校聘请代课老师的事儿，办得非常顺利，听说他打算把廖校长的女儿请上山，有人还一脸坏笑地跟他开玩笑：是不是借着请代课老师的机会，想把那朵"村花"捎到他们卓家去？卓彦庆也不反驳，身正不怕影子斜，只要你们同意给廖美香开工资，这事儿就算成了一大半，剩下的，就是他二顾茅庐，再请廖美香了。

第二次去找廖美香，卓彦庆是带着乡里给开的条子去的，代课教师的名额、工资都落实了，廖校长那里也同意，这事儿应该没什么障碍了。可没想到，他又在廖美香那里碰了钉子：乡里有人开玩笑说卓彦庆"动机不纯"的事儿，不知什么时候传到了大力山村，廖美香又羞又气，这个卓彦庆太张扬了，自己还没答应去教书，他就满世界宣扬大力山村小学要来女老师了，既然你不经我允许就这样做，那我就非得让你碰碰壁不可！

廖美香给卓彦庆来了个闭门不见，任凭卓彦庆怎么敲门，她就是不出来。

卓彦庆只好垂头丧气地回到了学校，廖校长看到他闷闷不乐，笑着走过来，用右手食指点了点他的脑门："彦庆啊，你是个聪明孩子，这件事，你咋就想不明白？你的话，哪一句说到美香心里去了？"

廖校长的手指好像具有一股神奇的魔力，卓彦庆一下就明白了，他蹭地一下跳了起来："谢谢校长！我知道怎么做了！"

说完，他快步朝山下跑去，三顾茅庐，等待卓彦庆的，将会是怎样的结果呢？

大力山小学旧址

第五章　春　意

廖美香家的院门依然关着，从门缝里看过去，院子里静悄悄的，难道廖美香不在家？

邻居大婶看到卓彦庆在呼唤廖美香的名字，就笑着告诉他，廖美香一大早就去山下黄堂源村胡家做衣服去了。

"真不凑巧。"卓彦庆挠挠头嘀咕了一声。

黄堂源村虽然只是大力山山脚下的一个村庄，站在山上都能看到村里的房顶。可是，山里人有句俗话："看得清，叫得应；见个面，跑断腿"，两个村相距起码有十几里山路，山路弯弯，跑一趟得花一个多小时。卓彦庆听后，犹豫了一下，决定还是去跑一趟。

到黄堂源的路，卓彦庆再熟悉不过。他每次出山办事，跑乡政府，跑县城，这条路都是必经之路，山路有几个弯道，多少上坡下坡，甚至有多少石级，他都一清二楚。对于黄堂源古村的历史，他也略知一二。他知道，黄堂源是一个古村，算起来已经有900多年的历史，特别是，早在宋朝的时候，还出过一个名人，他叫胡大昌……

胡大昌祖居金华永康，后迁居寿昌富堂街。北宋庆历年间"徙居衢州龙丘瀫北黄堂（今龙游县石佛乡黄堂源村）"。胡大昌五岁进学堂，聪明好学，记忆力超群。九岁就能够熟读《春秋》，能够对他人讲解《春秋》的内容。胡大昌思维敏捷，擅长写文章，观点常有独到的地方。他喜欢读书，特别喜欢孔夫子的书，他非常赞同孔子的观点，仰慕孔圣人，立志也要做一个得道圣人。

1235年，胡大昌进士及第，他写文章针砭时弊，语言犀利，观点异类，不同凡响。淳祐六年（1246年）五月"督府赏进官一级"，担任"承务郎"，被派往文检院任职。1247年，江西、福建、浙江等地发生严重水灾，大量房屋、农田、道路被冲毁，人们生活困苦，许多人外出逃荒要饭，不少人因为没有粮食而挨饿，甚至饿死。在这个危难时刻，这年七月，胡大昌被派往浙江的婺州、处州、台州等地处理灾情。胡大昌到任后，全心全意投入抗灾，处处以身作则，克己奉公，廉洁自律，给穷苦人发放救济粮食，救活了不少灾区民众。

胡大昌以"敢直言"著称，宝祐癸丑年（1253年）正月，胡大昌被任命为枢密院编修官，皇帝御批他兼任资善堂直解。十二月，皇帝任命胡大昌任右正言，胡大昌第一封奏疏重点就放在才能和德行孰轻孰重的辩论上，也谈到了民情、农业、灾年与丰年、兵役和赋税，切合当时的时事实际。

宝祐五年（1257年）六月，胡大昌升任殿中侍御史。胡大昌引用前朝司马光弹劾高居简的事例，表明自己立身处事的立场。他诚实正直，洁身自好，不与宦官内戚同流合污，不搞阳奉阴违，一生光明磊落。他提醒皇上要对朝廷里和高居简一样的官宦多加防范，态度之坚决，言辞之尖刻，不下于司马光弹劾高居简的气势。这时候胡大昌已经来到关外任职，一年后，宝祐六年（1258年），因为胡大昌治理有方，百姓自愿参与修理城池和村寨，不仅避免了劳民伤财，又因安抚措施得力，军队规整，纪律严明，军队百姓安居乐业，虎视眈眈的金人不敢再来侵犯。皇帝知道这个情况后对群臣说："如大昌之行事，朝廷何患不治。"盛赞胡大昌的忠心耿耿。

胡大昌生活在南宋战乱的年代，他为人正直，不徇私情，敢于直谏，深得当朝皇帝的赏识。

宝祐三年（1255年）七月，宋理宗皇帝御赞其"侃侃正直，抗言于朝；不阿不谀，中流砥柱。世之翘曰，真邦义士，千古名标。"同年秋月，宋理宗皇帝又写《赐侍郎胡大昌一律》："玉轴牙签焕宝章，簪绅侍列映秋光。宴开芸阁儒风盛，坐对蓬山逸兴长。稽古右文惭匪德，礼贤下士法前王。欲臻至治观熙洽，更罄嘉谋为赞襄。"

宝祐四年（1256年）三月，宋理宗再次御赞其"经济之才，宏博之学。识见之高，制行之确。一代伟人，万夫先觉"，赞美之情，溢于言表。而胡大昌本人为人低调，生活简朴，其宅建在黄堂源村，明朝弘治年间犹存，其厅仅三椽，绝无雕琢，从简如此。家谱载他写的一首《隐居》诗云："门前新筑一堤沙，后苑浓栽五色花，五百丈夫当户立，三千君子绕庭遮。鹅传更漏鸡催晓，莺奏笙簧蜂摆衙。时人问道谁官府，与是山中宰相家。"

当地至今还流传着一个"蜜蜂衣"的传说，似乎印证着历史的记载。

黄堂源村依山临溪而居，两旁青山叠翠，鸟语花香，泉水叮咚，宛如世外桃源。古时候，这里曾有过一位个性秉直，直言不讳，清正廉洁的宰相。此人名叫胡大昌，南宋进士，官居户部侍郎，后遭奸佞陷害，屈死京城，人们扼腕叹息"伴君如伴虎"。不过，后来有人却说，都是"蜜蜂衣"惹的祸。

传说，宋末元初，北方强虏频频入侵，骚扰不断。皇帝沉迷酒色，疏于朝政。胡大昌每天忙于处理朝中事务，无暇把家眷接到京都，安享天伦之乐。所以每每到了夜深人静之时，胡大昌思乡恋亲之情油然而生，夜不能寐。他的举动感动了老家山里的神仙，神仙托梦给他捎去一件"蜜蜂衣"。神仙告诉胡大昌，只要不见阳光，穿上"蜜蜂衣"，家中朝廷可以来往自由，来去如飞。这样，胡大昌有了"蜜蜂衣"，常常在夜深人静的时候，悄悄飞回家中，与妻子团聚，然后在天亮前赶回京都早朝。由于胡大昌每次都是深夜到家，天未亮便回京都，他不忍心吵醒老母亲。因此，老母亲一直被蒙在鼓里。

春去冬来，细心的老母亲发现，一向老实本分的媳妇，突然变得爱打扮了，婆婆以为媳妇可能红杏出墙，有了外心，便多长了一个心眼。每天晚上，大家都睡下以后，老人总要竖起耳朵仔细听着屋里的动静。这天深夜，老母亲听到一阵"呼呼"风响，便赶紧起床，透过窗棂，看到一个黑衣人从天井翩然而至。只见他把一身黑衣脱下来，轻轻放在桌子上，然后闪身进了媳妇的房间。老人本想破门而入，来个捉奸在床，可一想到胡氏乃名门望族，出了这样的丑事，传出去有辱门风，便蹑手蹑足出了房门，把那身黑衣服抱到自己房里，放在床头柜上，再压上茶碗盖——有物证在手，明天看媳妇如何解释！

第二天，天还没大亮，胡家就热闹开了。原来，胡大昌像往日一样，看天快亮了，便起了床，打算穿上"蜜蜂衣"回京都。谁想到，他来时放在桌子上的"蜜蜂衣"不见了，便在院子里到处翻找起来。这一找，终于吵醒了老母亲。

母亲开门一看，面前的正是自己日夜牵挂、朝思暮想的儿子，忍不住泪流满面。听儿子说出了事情的原委，母亲知道自己错怪了儿媳妇，便赶紧回房拿出了"蜜蜂衣"。可是，天已经大亮，"蜜蜂衣"已经失去了飞行的功能，胡大昌只得在家待上一天。

说来凑巧，那天正是皇上召集群臣商议抗敌大计的日子。皇上发现向来守时的胡大昌没有请假却未到朝，大怒。奸臣乘机煽风点火，说胡大昌有反叛之心，早与番邦勾搭成奸。皇上听信谗言，等胡大昌回到朝廷，便以"莫须有"的罪名把胡大昌关进大牢。多疑的皇上禁不住奸臣们的挑拨离间，竟不容胡大昌辩说，将他推出午门斩首。可怜在家的老母亲还沉浸在母子相见的兴奋里，儿子却已魂归西天。

没有了胡大昌的辅助，皇上感觉像少了左臂右膀。后来，皇上才知道胡大昌的确是一个难得的忠臣，可是为时已晚，断头难续，人死不能复生。为了铭记这位忠臣良将，皇上命人用黄金铸造了一尊胡大昌的头像，供奉在金銮殿，早晚祭拜，时时提醒自己"兼听则明，偏信则暗"。

此刻卓彦庆的心里想到的不是宰相胡大昌，而是羡慕他的"蜜蜂衣"——如果他有一件"蜜蜂衣"的话，他就不用一步一步去走那漫长的山路了，穿上"蜜蜂衣"，他马上就可以来到黄堂源，找到廖美香了。

因为心里急，卓彦庆走路的速度自然比平时快了许多，很快他就来到了山下的黄堂源村。一打听，廖美香就在神仙桥边的一户人家里做嫁衣——他家有女儿准备出嫁。

看到卓彦庆突然出现在面前，廖美香没有感到吃惊，她马上想到了卓彦庆的来意。

卓彦庆于是又一次对廖美香提起了他的愿望。廖美香看看满头大汗的卓彦庆，答应两天以后再回复他。

两天后，卓彦庆再次来到廖美香家门口，他轻轻地叫了几声"廖美香！廖美香——"，结果都没有回应。卓彦庆认定她就在家里，因为他看到廖美香的窗台上，那盆野花还在晃动，叶子上沾着新鲜的泥土……

卓彦庆蹲下身子，冲身旁站着的谢金萍挤了挤眼睛——卓彦庆怕廖美香再耍花招，特地搬来了一个救兵——谢金萍明白卓彦庆的意思，懂事地冲他点点头，嫣然一笑，脸蛋上露出了两个甜甜的小酒窝，两个人轻声喊道："一、二、三！"然后放开喉咙，大声地喊了起来："廖老师——，廖——老——师——"

卓彦庆的嗓音低沉浑厚，谢金萍的嗓音清脆嘹亮，这一高一低、一轻一重的声音配合在一起，居然传出去老远，自然，也顺着门缝钻进了院子里，飘进了廖美香的耳朵里。

廖美香的脸腾地一下红了：她没想到，卓彦庆居然会带着小女孩来请她，这一下触动到了她心灵中最柔软的地方。高中刚毕业那会，廖美香可以做出很多选择，比如到城里应聘个营业员，或者去乡里当个临时工什么的，凭自己的高中学历，到哪里都会受欢迎。可她却对纷繁的城市毫不动心，她觉得城里到处是柏油马路，连块像样的田都没有，自己一个乡下妹子，怎么能扎下根呢？更何况，还要面对一些城里人的白眼，那不是她想要的生活。她对处理那些公文啊、通知什么的也不感兴趣。尤其每年到了征收农业税的时候，时常会有乡里的工作人员和老百姓发生冲突的事情，住在大力山村的她也没少见这种景象，虽然和老百姓发威的只是极个别的人，却在她的脑海里留下了非常深刻的印象。所以，尽管乡里领导跟老父亲提过让她去当办公人员的事儿，她却想都没想就拒绝了。

刚毕业那会儿，廖美香曾经跟父亲提起过，想到山上的小学当代课老师，但让她没想到的是父亲一口就拒绝了，原因居然是怕别人说闲话！一气之下，倔强的廖美香自己摸索着学会了裁缝手艺，靠自己灵巧的双手养活自己，这样，谁也不会说闲话了吧？

两年前，廖美香听说卓彦庆去大力山小学当老师了，她心里那叫一个羡慕：卓彦庆的父亲把儿子送去当代课老师，人家那就叫大局为重，自己想通过父亲的门路去当老师，怎么就成了以权谋私了呢？

最近这两年，廖美香一直关注着学校里发生的变化，老父亲回来，有时会给她讲卓彦庆的故事，比如卓彦庆刚开始在复式班上课的时候，有一次没注意，给三年级学生讲课，讲到最后才发现，自己讲得是二年级的课程；比如卓彦庆第一次看到学生把屎拉到了裤裆里，急得直搓手，不知道该怎么办；比如卓彦庆从乡中心小学借了一本教学参考书，晚上回家坐在床前的小木桌边，就着煤油灯看书，第二天一早到学校，才发现被熏了个大花脸……

一开始，廖美香没觉得卓彦庆怎么样，甚至觉得卓彦庆坚持不了一个学期就会撂挑子走人，可随着卓彦庆当老师的时间越来越长，她慢慢觉得这小子还真有一股子钻劲儿，尤其是最近一年多，父亲讲卓彦庆笑话的次数比以前少了许多，更多的时候，老人家是带着满脸的赞许，讲卓彦庆讲课又出了什么新招，哄得孩子们围着他团团转，而且学习成绩还一直挺好，人们都说他有独门绝招，可究竟是什么，谁也说不出来。

现在，卓彦庆带着谢金萍来喊她开门，卓彦庆的喊声她可以置之不理，但谢金萍的喊声她却不能不应声——孩子是最天真，最善良的，那稚嫩的嗓音一下打开了她的心扉。廖美香快步从屋里走出来，"吱扭"一声打开院门，一下把谢金萍抱起来，随后冲着卓彦庆说道："别扯着嗓子喊了，不像个老师的样子！"

看到大门开了，卓彦庆一直提着的心放了下来，他笑着跟在廖美香的身后，走进了院子。

看到卓彦庆跟了进来，廖美香的脸又沉了下来："卓彦庆，你三番两次来找我去山上教书，我不明白，在山上教书有什么好的？我爸爸教了20多年的书，腰都累弯了，头发也白了。他把最好的时光都留在这大力山顶。这两年改革开放，有本事的人都出去做生意了，可我爸却除了教书什么都不会，你没听说过吗？现在是研究导弹的不如卖茶叶蛋的，教书的不如卖书的，你想让我上山教书，至少也得有个说得过去的理由吧？"

卓彦庆挠了挠头，是啊，是得有个理由啊！他指了指自己的脑袋，说："廖美香，最近这段时间，我一直觉得心里不踏实。说实话，我肚子里的这点儿墨水，教会这些孩子们应该没问题，但要想教好他们，让他们下了山也能学得好，考得好，我真觉得自己没那个本事。在大力山小学，有我督促他们，他们还能好好学习，可一旦下了山，到了中心小学或者初中，没人像我这样看着他们了，他们往往就会管不住自己。已经有几个孩子，因为调皮捣蛋，或者跟不上进度，干脆退学了。我请你上山，就是想请你帮我解决这个问题。咱教书，得为孩子的未来打算，他们没出息，大力山就没希望。"

廖美香看着卓彦庆侃侃而谈，嘴角露出了一丝微笑，她俏皮地问："除了这个原因，你还有别的什么企图吗？"话一出口，廖美香马上就发觉自己说错话了——"企图"这个词用在这里好像不太合适。

卓彦庆却好像没有发觉这个问题，他指了指谢金萍，说："还有一个原因，就是山上没有女老师，管理起女孩子来不太……不太方便，她们还太小，有的时候会拉尿在裤子里，小姑娘们都害羞，不敢对男老师说，有的干脆穿着潮湿的衣服上课，她们年纪还小，长久这样下去，会落下毛病的。"

听了卓彦庆的这番话，廖美香的眉头彻底展开了——卓彦庆能够这么关心山村女童，说明他心里是真心爱教育的。最近这些年，虽然山里的条件好了一些，但村民们重男轻女的偏见仍然存在，有的还很顽固。作为一个男老师，能看到女孩上学难的问题，并且为解决这个问题，不惜放下架子来求自己，就凭这件事，这个忙她得帮！

"我答应你，去当代课老师！"廖美香金口一开，卓彦庆高兴得差点跳了起来，可没想到廖美香的声音突然又变了："不过，咱可说好，我只能保证先在山上待一个学期，一个学期以后，如果我不愿意教书，或者学校不需要我了，或者我找到了我更喜欢做的事，我就下山，你不能阻拦，也不能埋怨我，更不能再来劝我回去！"

廖美香说完这话，目不转睛地看着卓彦庆。虽然，这话不是出自她的本意，但她毕竟是第一次当代课老师，万一适应不了教书生活，最起码能给自己留个退步。可出乎廖美香意料的是，卓彦庆竟然一口答应了，看着他那副胸有成竹的样子，廖美香竟有点迷惑了：这个卓彦庆，那么自信？怎么比自己那个当父亲的校长还自信，敢拍板？他还真拿自己当根儿葱了！

多年以后，廖美香回忆起这段日子，她曾经问过卓彦庆："我提的只教一个学期，随时会走的条件，你怎么竟那么痛快就答应了？"

卓彦庆狡黠地一笑："我只有答应了，你才能上山教书，我知道你打心眼里喜欢教书，喜欢那些孩子们。大力山的孩子太可爱了，如果没书读那就太可怜了，不把这些刻苦读书的孩子送出大山，太可惜了。我知道你只要一拿起粉笔，一接触这些孩子，你肯定会爱上大力山的孩子，爱上当老师，你就会舍不得离开。当初，我也跟你一样，抱着干得了就干，干不了就溜的想法去的，但一旦深入进去，你就会觉得自己根本走不开，孩子们的目光会把你牢牢拴住！"

听到廖美香答应了，卓彦庆抱起谢金萍就跑了出去，没多大功夫，外面就传来了卓彦庆大声的呼喊："大力山小学来了女老师了，大家把家里的女娃送上去吧，这个老师可——好——啦——"

"吱扭""吱扭"，随着卓彦庆的呼喊，几户人家的大门打开了，里面先探出了几张大人的面孔，随后探出来的，是几个扎着小辫的小脑袋瓜儿，每张小脸上，都挂满了惊喜。

廖美香"噗嗤"一声笑了出来，她回头看见窗台上那盆刚栽下不久的野花，说来也怪，就这么一会儿工夫，那花就还阳过来了，原本低垂的花枝居然翘了起来。廖美香心里暗暗给自己打气：当裁缝的时候，我就是这大力山最好的裁缝，不当裁缝去当老师，我肯定也会成为大力山最好的老师！

廖美香走出大门，山间还在回荡着卓彦庆的呼喊声。她朝远处的山顶望去，山坡上笼罩了一层细蒙蒙的绿雾，大树的枝头也仿佛盖上了一层柔柔的、透明的绿纱——大力山的春天就要来了！

廖美香和她的学生们

第六章 懵 懂

廖美香的到来，无疑给这个山村小学带来了极大的震动，最大的影响就是来上学的女孩明显增多了，而且，学校外面也的的确确热闹了一阵子——一些村民送完孩子之后，并不着急马上赶回去，而是待在教室外面，他们想看看这个当裁缝的女老师究竟会不会讲课。

卓彦庆也着实为廖美香捏了一把汗：她从来没有面对过这么多孩子，也从来没有面对过这么多村民关注的目光，她会怯场吗？她会生气吗？

事实证明，卓彦庆的担心是多余的。虽然他不相信教书的本事会遗传，但他不得不承认：廖美香进入状态的速度要比自己快得多。作为一名从教20多年的老校长的女儿，耳濡目染，她已经学会了很多。而且，从廖美香在课堂上的表现来看，她显然早就为授课做好了准备，甜甜的、不疾不徐的话语；工整的、行云流水的板书，让卓彦庆这个教了3年书的"老手"也自愧不如。尤其在对待学生上，廖美香似乎有着一种天然的亲和力。孩子哭了，她轻声哄上两句，马上就转啼为笑；学生之间闹了矛盾，她慢条斯理地讲上几句，双方马上就化干戈为玉帛；孩子贪玩，不好好写作业，她只是站在桌旁，用充满爱意的眼神盯上一会，孩子马上就能安静下来，踏踏实实地读书写字。

卓彦庆不由得暗自庆幸——廖美香生来就是块教书的料，自己请她到山上来帮忙，的确是找对了人。

当然，廖美香也并没有因为自己很快上手就沾沾自喜，课间休息的时候，她经常会找卓彦庆请教教学中发现的问题，可请教到最后，打破砂锅问到底的廖美香经常会把卓彦庆问个张口结舌，卓彦庆自己也想不明白，廖美香的脑海里怎么会有那么多个"为什么"？

转眼间，四个月时间即将过去，期末考试马上就要开始，这是廖美香当代课老师以来，学生参加的第一次全乡统一考试，同样的试卷，不同的监场老师，所有卷头都用牛皮纸封起来，送到乡中心小学统一阅卷。

开考之前，卓彦庆明显感觉到廖美香有些紧张，很多知识，明明学生已经掌握得很扎实了，甚至，廖美香刚一开口，孩子们就知道她想问什么，问题没说完，正确的答案已经报出来了。即使这样，廖美香还是觉得心里没底，总觉得有什么地方没有复习到位，有些内容学生没掌握好，可到底哪儿有欠缺，她又不知道。

临近考试的前一天，廖美香正在教室里守着孩子们自由复习，突然教室的门开了，卓彦庆笑嘻嘻地走了进来，他朝廖美香招了招手，示意她出来一下。

廖美香看了看正在安心读书的孩子们，不情愿地站起来，走到门外，她轻轻地问卓彦庆："有事儿？"

卓彦庆眨了眨眼睛，说："是啊，今天上午我打算不给学生上课，咱们带着孩子们到院子外面玩一会儿。"

廖美香吃了一惊："出去玩？巴掌大的操场，有什么好玩，有什么可看？你不会是吃错药了吧？你明明知道，明天就要考试，学生复习时间都不够用，你还有心思带孩子们出去玩？"

卓彦庆摆了摆手，示意她小声些，他带着她来到校门外，指了指远处的山峦，说："美香，你看，大力山的景色美不美？"

廖美香抬头向远处望去，初夏的大力山被一片葱茏的绿色覆盖，山间一股股清澈的山泉，在石头缝隙间跳跃着，奔流不息，不时激起一朵朵小小的浪花，宛若天空中飞翔的白鸽一样轻盈；水声潺潺，如同一群快乐的精灵，在山峦间嬉戏打闹，又像一支欢快的乐曲在竹海林间袅娜。阵风吹过，满山的竹子随风轻轻摆动，仿佛有一只无形的巨手，在它们的头上抚过，这些竹子顽皮地把头歪倒一边，然后摇晃着直起身，又歪到另外一边，于是，竹海上就泛起了一层又一层的波纹。学校附近的山坡上，除了翠绿的竹子，还有连绵不断的松树林，它们用茂密的松针给山顶织了一件绿色的毛衣，连荒山空地上的小草也显得愈加生机勃勃。

"真美！"廖美香惊呆了，虽然她一直生活在大力山，可她从来没有像今天这样认真地注意过身边的绵绵群山，也很少关注那平平淡淡的毛竹、松树，还有小草、石头，更没有仔细观赏过大力山的美丽景色。

"别说你了，我以前也没有注意过自己家乡的美景，眼里看到的只是贫穷！孩子们就更不必说了，他们很少有机会看到这么美丽的大力山。大家是一个个小家组成的，祖国就是我们这样一个个美丽的村庄组成的，爱国就得先爱家。我们应该让大力山的孩子知道，家乡是生我养我的地方，现在虽然贫穷，但是，它是美丽无比的！"

说到这里，卓彦庆停顿了一下，低下头，看了看脚下陡峭的山路，接着说："他们上学的时候，往往是太阳还没有上山，他们看到的是黑乎乎的林子，听到的是不知什么小虫小兽发出的叫声；傍晚放学的时候，他们又着急回家帮大人做些家务、农活，根本没心思看这些风景。眼下就快放暑假了，我觉得让他们停下手里的笔，出来看看咱这美丽的大力山，是件不错的事情，既能让他们放松一下心情，也能让他们明白——自己的家乡有多美！"

廖美香点了点头，这个主意的确不错。两个人回到教室，分别把孩子们带出教室。学生们还是第一次遇到，复习迎考之前还能够出来玩耍这样的美事。一开始，他们都以为两位老师是要给他们上体育课呢，没想到两位老师居然把他们带到了学校外面，看着空荡荡的山谷，孩子们都愣住了——这是要干什么？

卓彦庆的心头微微有些刺痛：生活在大山里的孩子，从刚懂事起就跟着父辈和命运打拼，城里人觉得如诗如画的风景，在他们眼里，就只剩下崎岖的道路、满地的荆棘和湿漉漉的空气了。

廖美香踮起脚尖，指着远处的山峦，大声说："大家看，远处的山，好不好看？还有那瀑布的云雾迷蒙，像不像神话里神仙住的地方？对了，你们看，石头缝里钻出来那么多的热气，你们说，这热气飘到天上，会不会变成云彩？"

随着廖美香手指的方向看过去，孩子们的眼神渐渐发亮了，和煦的阳光似乎点燃了他们深埋心底的那种对美的向往，山泉、竹海、松林似乎一下变得会说话了，孩子们倾听着，欣赏着，心都要醉了。

"大力山，我爱你！"突然，卓彦庆大声喊一声。

没有统一的口令，也不用廖美香指挥，孩子们异口同声地跟着喊了起来：“大力山，我爱你！大力山，我爱你……”

　　这稚嫩的声音在大力山中久久回荡，这是廖美香第一次听到卓彦庆大声喊出“爱”字，这个“爱”字是从一个年轻人心底喷出来的，是从一个个还不怎么懂事的孩子们嘴里喊出来的，没有一点矫揉造作。她也被深深地感染了，也情不自禁地面对大山，喊出了：“大力山，我爱你！”

　　是啊，对这些山村里的孩子来说，除了在课本上读到过“爱”字之外，这也是他们第一次大声喊出“爱”字，这个滚烫的“爱”字，犹如一股奔涌的熔岩，把他们和自己的家乡紧紧联系在了一起！

　　整个考试期间，卓彦庆几乎都和廖美香在一起。说来也怪，看到卓彦庆，廖美香的心似乎不再那么慌乱了。有几次，她偷偷看着卓彦庆，这个文质彬彬的小伙子，眼睛里比山泉还要清澈，似乎一下就能看到他的心里去。

　　廖美香曾经憧憬过好多次，要是每个人都是透明的，一见面就能看透对方，知道他的心里在想什么，那该多好！那样，世界上就不会再有尔虞我诈，也不会有人吃亏上当了。廖美香知道这个想法太天真，不过，她觉得，做人如果能像卓彦庆这样襟怀坦荡、心底无私，实在难能可贵。

　　卓彦庆并没有发觉廖美香在偷偷看他，说实话，当初有人说他请廖美香到大力山小学当代课老师“动机不纯”的时候，他心里的确产生过波折，但经过一个学期的接触，他觉得廖美香比自己强多了，除了人长得漂亮，人家的家境、才学和教书的本领都比自己要高出一截，面对廖美香，他莫名其妙地产生了一丝丝自卑，在他眼里，廖美香更像是一朵生长在龙游北乡水田里亭亭玉立的莲花，“可远观而不可亵玩焉”，只要能让他卓彦庆每天远远地看着，就心满意足了。

　　期末考试的成绩公布出来，廖美香所教的学科，不是第一名就是第二名，卓彦庆教的学生也不错，有好几个科目，学生的学习成绩进入了全乡前三名。这在大力山小学历史上是破天荒的头一回，不少村民听说这个消息之后，来到学校门前放了一通鞭炮——谁说大力山的孩子没有学习的脑壳？看，咱不是把别的村的孩子比下去了吗？

　　放假的那天下午，送走所有的孩子，卓彦庆把教室收拾得干干净净、整整齐齐。等他回到家，天已经黑了，父母已经做好饭菜在等他。卓彦庆看到，桌子上居然多了一个酸笋炒腊肉——今天不是什么节日啊，为什么会加上一个荤菜呢？

父亲给卓彦庆倒上一杯酒，说："阿土，今天爸爸敬你一杯酒，你教书教得好，寻人寻得也对，给咱大力山人挣了脸！村里的乡亲们都说，你的眼光挺独到的，一下就把大力山最适合教书的人找了出来。现在，你俩成了学校的顶梁柱，我这个当爸爸的也跟着脸上有光，教书是良心买卖，只要你好好干，老天爷是不会辜负你们的。"

卓彦庆端起酒杯，一饮而尽，看着父亲日渐苍老的面容，卓彦庆的鼻子微微一酸：虽然自己靠着勤学苦干给老人挣了面子，可面子值几个钱？每年年底，从小一起玩大的小伙伴出门打工回来，个个衣着光鲜，给父母包大红包。可自己呢，只有几十块钱的工资，除了吃饭，什么都没有积余下，更不要说给父母包大红包了。

老人家似乎看透了卓彦庆的心思，他咂了一口苞谷烧，若有所思地说道："阿土，爹不求你大富大贵，能够安安稳稳居家过日子就好。对了，你年纪也不小了，也该说个对象了，廖校长那个闺女不错，要不我托人……"

卓彦庆像被烫了一下，蹭的一下跳了起来："爸，您可别添乱，我好不容易把她请到学校来，咱要是冒冒失失地提这事儿，非把人家吓跑不可！我可不想让孩子们失去这样一个好老师！"

老人家笑了，仰起脖子，一口把杯中酒喝干："好，不说不说，缘分未到，鸡飞狗跳；缘分一到，逃都逃不掉！"

卓彦庆端着酒杯，愣住了，缘分？缘分是个什么样的东西呢？缘分会垂青自己吗？

第七章 表 白

让卓彦庆没想到的是，在他还没有完全想清楚，自己和廖美香的将来到底有没有可能走到一起的时候，廖美香一个朋友的来访，让他一下子乱了方寸。

秋天的脚步刚刚踏上大力山顶，学校不远处的一株乌桕树，树叶已经迫不及待地悄悄红了。

这天，大力山小学里书声琅琅，卓彦庆正在教室里辅导学生朗读。突然，他听到学校的木门"吱呀"一声被人推开。还没到放学的时候，谁会在这个时候到学校来呢？

卓彦庆手里拿着书本，透过玻璃窗户，瞄了一眼学校大门，只见有一个眉清目秀的小伙子大模大样地走了进来。

卓彦庆仔细一看，觉得这个小伙子有些眼熟，可怎么也想不起来在哪里见过。他隐隐约约记得，自己读初中的时候，好像在校园里遇见过他，但不是一个年级的，他来学校干什么？

卓彦庆刚要走出去打招呼，却看到廖美香已经从教室里跑出来。只见廖美香跑到小伙子跟前，笑眯眯地和他聊起天来，看样子，两个人挺熟悉的。聊了一会儿，廖美香回到教室，让孩子们先自习，自己和小伙子一起走出了校门。

看到廖美香和小伙子站在校门口轻声细语地说着什么。卓彦庆有些心神不定,课也教不下去了。他心里一直在想,他们两个在聊什么话题？卓彦庆想不明白，小伙子有什么重要的事情，要避开自己，单独跟廖美香到学校外面去谈？而廖美香为什么会放下学生跟他出去？要知道，自从廖美香来到大力山小学教书，她可从来没有过在上课的时候，一个人独自离开教室的先例。

卓彦庆想出去听听他们在聊什么，但又觉得有些不合适——廖美香的朋友来了，自己跟着掺和啥呢？

好在没过多长时间，小伙子就离开了，廖美香也急匆匆地赶回了教室。

卓彦庆注意到，廖美香回来的时候，脸蛋红扑扑的，嘴角似乎还带着一丝微笑，那种感觉，好像是她想笑又强忍着。

廖美香一脸奇怪的表情，让卓彦庆更是感到丈二和尚——摸不着头脑：那个小伙子到底是谁？他这次来的目的是什么？他们究竟聊了些什么？

直到一个学生拉了拉卓彦庆的衣服，要老师看看他的作业，卓彦庆这才从无边无际的遐想中走了出来。

他接过学生的作业本，批改起来，刚改了一道题，他的思想又开小差了——他们都聊了些什么呢？

这时候，廖校长敲响了挂在屋檐下的钢轨，"当""当""当"……下课的钟声响了，这才把卓彦庆从恍惚中拖曳出来。

下课了，廖美香像往常一样，带着孩子们在校园里做游戏。

卓彦庆也凑了过去，装作若无其事的样子问道："廖老师，刚才来找你的那个人，我好像认识，他是哪里人？叫什么名字？我——忘了他叫什么了。"

廖美香顺口答道："你和他可能在初中的时候见过面吧？他叫黄振业，上高中的时候，我们是同班同学。我们一起上了两年高中，我没考上大学，他也没考上。后来，我做了裁缝师傅，他出去闯荡。再后来，他跟人合伙买了大货车，在外面跑运输呢，据说挺有钱了。"

"哦！"一听小伙子是廖美香的同班同学，卓彦庆更纳闷了。他像是自言自语，又像是对廖美香说："他跑运输应该很忙的，今天怎么有空爬几十里山路来学校呢？他来学校干吗？他有孩子想到大力山小学来上学？"

卓彦庆说话的声音很轻，但廖美香还是听到了，她的脸一红，跟着噗嗤笑出声来："你呀，你是不是没有上过学校，不计数？还是故意装糊涂？他跟我是同学，我们高中毕业才几年，他怎么会那么快就结婚生孩子了？就算他结了婚，他的孩子应该也没有到上学的年龄吧？退一步讲，就算他结了婚，孩子也到了上学的年龄，人家也不会把孩子送到咱这偏僻的大力山小学来读书吧？卓大老师，你提的这个问题是不是太弱智了？"

卓彦庆挠了挠头，却没有笑。

廖美香说的那些话，他只听清楚了前几句，后面的话根本就没钻进他的耳朵里。从廖美香的话里，他得到了两个对他而言的重大危机——一是那个黄振业目前还是个未婚青年；二是廖美香对黄振业并不反感，甚至还有一点点亲近的感觉。莫非这个黄振业就是为此而来……

卓彦庆不敢再想下去，他看着廖美香在孩子们中间跳着，笑着，这情景多么温馨！他隐隐约约地觉得这种温馨的场面或许不会太长，也许在不久的某一天，廖美香会突然离开大力山，离开这个学校，跟着那个黄振业远走高飞，到大山外面去享福！而这个结果，是卓彦庆绝对不想看到的，也是他万万不能接受的。

世界上的事就是这样奇妙，你越不希望发生的事，常常最容易发生，而且，结果比你想象的还要来得快、来得猛烈。

才过了几天，大力山村就有人传出风声来了：黄振业那天到大力山小学，就是来向廖美香表白的。他说要带着廖美香到山外面的世界去享福，一起去过城里人的生活。廖美香当时没说行，也没说不行，只是一个劲儿地抿着嘴笑，看样子，廖美香可能心动了——毕竟，黄振业也是一表人才，更关键的是，人家现在是老板，家里条件好，有车有房，手头有钱，廖美香要是嫁给他，根本不用出去干活，生活肯定比在大力山这穷山旯旮里当代课老师强多了。

下午放学，卓彦庆送孩子们回家。路上，不少乡亲看到他都指指点点的，有人还冲他挤眉弄眼："卓老师，廖老师是不是要走？要是她走了，我们家里的女娃娃就不上学了，你可得想办法把她留下来啊！"

卓彦庆听到后，只能尴尬地笑着，不知道该点头还是摇头。

不过卓彦庆心里清楚，廖美香要是离开大力山小学，这两年好不容易巩固起来的入学率，尤其是女孩子的入学率，又将面临下滑。廖美香虽然不是师范科班出生，可她对学生似乎有一种与生俱来的亲和力，学校里的孩子，不管是男孩还是女孩，也不管是不是她教的，都特别愿意往她身边凑，听她用那种糯糯的、甜甜的语言讲故事、讲道理。卓彦庆甚至觉得，老天爷让廖美香来到这个世界，就是让她来教书的！如果廖美香离开学校，对学生而言，是一种损失；对廖美香而言，更是一种遗憾。不能做自己喜欢的事儿，即便是家财万贯又如何呢？卓彦庆相信，廖美香不是一个愿意做花瓶的女孩！

回到家里，天已经黑了，卓彦庆心里乱作一团，他简单吃了几口饭，就回到了自己的房间。

圆圆的月亮高高悬挂在半空中，大力山的秋夜，空气像是从野花的花蕊中过滤过似的，带着清爽的甜香。草丛中那些小虫，好像并不知道，秋霜一来，寒冬即至，它们的生命或许就将结束，仍在不知疲倦地鸣叫着……

"我本将心向明月，奈何明月照沟渠。"卓彦庆的头脑里突然冒出这样一句诗来，他也不知道这句诗来自哪里，是自己看过的一本书，或者是小时候听过一出戏的唱词？不过，这并不重要，重要的是，此时此地，此情此景，他发现这诗句恰如其分地写出了自己现在的心境：原本以为时间会给自己机会，让廖美香慢慢喜欢上他，可没想到，已经有人把廖美香的目光吸引过去。

不行，决不能让廖美香离开大力山，离开自己！这个念头像一股火苗一样在卓彦庆的心里燃烧起来。自己离不开她，大力山的孩子们更离不开她！可怎么才能留住她呢？自己和黄振业相比，没有半点儿胜出的可能！

夜深了，天凉了，整个山顶像泡进了一杯冰镇汽水里。微风吹进窗子，卓彦庆的身子微微一颤。他站起身，在原地踱了几步，突然，他一拍脑袋——自己怎么这么笨？"我本将心向明月"是对的，可谁敢保证廖美香就一定会"明月照沟渠"？黄振业只是来学校找过廖美香一次，廖美香并没有明确答应他啊！虽然村里都在传说廖美香一定会跟黄振业走，但这些风言风语哪一句是廖美香自己说的呢？既然廖美香并没有明确答应黄振业的表白，那就说明自己还有机会。在黄振业正式向廖美香提亲之前，自己这样做没什么不妥，把自己的心里话说出来，让廖美香自己选择，就算吃了闭门羹，自己也就没有遗憾了。

想到这里，卓彦庆一下来了精神，他把灯点亮，找来几张稿纸，铺在桌上，一笔一画地写了起来：

敬爱的廖老师：

　　你好！我有句话在心里藏了好久了，一直没机会向你说起……

　　一封简单到只有两页的信，卓彦庆却反反复复写了好几遍，撕碎的稿纸扔了一地。直到天蒙蒙亮的时候，他才把信写好。在把信装进信封之前，卓彦庆又仔细地检查了一遍，确认没有任何错别字，也没有语气不合适的地方，这才小心翼翼地把信装进信封里，在信封上工工整整地写下了"廖美香亲启"几个字，然后小心翼翼地把信藏进了贴身的衣兜里。

　　早晨，卓彦庆来到了学校，廖美香已经在学校门口迎接学生。等所有的学生都进了校门，廖美香正准备转身进门，卓彦庆喊住了她，像做贼一般四处看看，确定周围没有别人，才从衣兜里掏出那封带着体温的信封，手忙脚乱地塞进了廖美香的手里，然后"刺溜"一下钻进了校门，一头扎进教室里。

　　廖美香手里拿着信，呆呆地看着卓彦庆的背影，有些不知所措。她已经猜到这封信里写的是什么，她也知道，这封信里装着怎样滚烫的字句，只是，她现在还没有想好该如何面对这个比自己小一岁的大男孩，"走出大山"的诱惑太大了，只要有机会，所有的大力山人都不会轻易拒绝。廖美香不是圣贤，她也希望过上幸福的生活！她犹豫着，因为一旦打开这封信，自己这辈子就可能真的离不开大力山了！

　　如果有可能，廖美香真的想冲着远方问一句："大力山，请你告诉我，我该怎么办？"

第八章　夫　妻

当天夜里，大力山村有两盏灯彻夜未灭。

回到家，吃过晚饭，廖美香把自己关在屋子里，用颤抖的手拿出了那封信。两张薄纸在她面前渐渐铺开，那熟悉的字迹一下扑入她的眼帘，从信开头的称呼"廖老师"，到信末尾的"美香"，她能想象得出卓彦庆从拘谨到直抒胸臆的变化过程。虽然从字面上看，卓彦庆没有写下一个"爱"字，只是说他从心里"喜欢"她。但廖美香知道，这个"喜欢"已经是卓彦庆这个不善言辞的大男孩所能表达出来的最深沉的"爱"了。

公允地说，黄振业同样也是个非常优秀的青年，小伙子不靠天、不靠地、不靠爹娘，就靠自己的一双手去打拼，在城里不但有了自己的门店，还与人合伙买了货车，生意做得风生水起。自己要是答应了黄振业的追求，至少后半辈子就不用困在大山里了。更重要的是，黄振业对这份感情是非常认真的，为了追求廖美香，他甚至拒绝了几个城里姑娘明里暗里送来的秋波。他似乎有着一种势在必得的底气，廖美香觉得，对黄振业说出这个"不"字，有些为难。

而卓彦庆呢？是一个纯净到一眼就能看透的人，他表面看起来很憨厚，平素里不苟言笑，但他要是认准了一件事，就一定会干到底。他似乎对所有的人都很好，对待学生就像对待他的弟弟妹妹一般，对待乡亲就像对待他的亲戚一样。跟这样的人在一起，心里会感到安稳。廖美香丝毫不怀疑卓彦庆对她的感情，那封信已经把什么都说清楚了。

卓彦庆也是一夜未眠。当他把信交给廖美香之后，他的心绪就彻底乱了。廖美香一天都没有跟他说话，他也没敢去搭讪。他甚至觉得有些后悔，后悔自己的唐突，后悔自己的冒昧，后悔把廖美香推到了一个两难的境地——自己没有任何权力，也没有理由把廖美香"绑架"在大力山村的小学里。公办老师都不肯来这里奉献青春，凭什么廖美香就该留在这里？如果廖美香因为自己写的这封信，放弃了今后富足而舒心的生活，那他卓彦庆是不是太自私了呢？

第二天来到学校，卓彦庆和廖美香两个人的眼睛里都挂上了血丝。卓彦庆还是不敢直接去找廖美香要答案，他一头钻进教室，就再也不敢出来了，就连课间活动，他也只是让学生出来，自己坐在讲台前埋头批改作业。

廖美香看在眼里，心中暗暗发笑，她让学生把卓彦庆喊出来。卓彦庆听到学生呼喊，走出了教室。抬头看到廖美香在看着自己，他的步子慢了下来。

卓彦庆低着头，一双手摆弄着他的衣角，仿佛是一个知道自己做错了事，等待着被老师批评的小学生。终于，他鼓足勇气，踩着小碎步，一点儿一点儿往廖美香身边挪动。

不到 10 米的距离，卓彦庆挪了大约 3 分钟，才到廖美香的身边，他干咳了两声，明知故问道："你叫我？"

廖美香咧开嘴笑了："当然了，学生们都知道，上完一节课，要出来活动一会儿，你是老师，却不做个样子，闷在又黑又潮的教室里，就不怕憋出病来？"

听到廖美香的笑声，卓彦庆心里悬着的一块石头，才静静地落了地，至少廖美香没有因为自己写信这件事怨恨自己，这就足够了。卓彦庆抬起头，大胆地看着廖美香那圆圆的脸庞，试探着问道："……那个，美香，黄……黄振业那边，你……你打算……怎么回复他？"

廖美香闻言，皱了皱眉头说："黄振业那边，挺好的诶，听说他打算在城里买房子了，到时候他们一家都要搬进城里去住，而且，他还说现在时兴开公司，他准备也开一家，到时候黄振业就成了黄老板了，我们全班同学里，他是第一个当老板的。"

卓彦庆讪讪地笑了——进城安家，开公司当老板！那是他这辈子想都不敢去想的事情。如果这件事放在他到学校当老师之前，他或许还有那个魄力和想法，不过现在，他感觉自己完全变了，变得一根筋，他已经离不开大力山，离不开大力山的这些孩子们了。

"那，你打算跟他到山外面去吗？"卓彦庆问。

廖美香长叹了一口气："想啊！大力山的人谁不想？山外面的世界多好啊，有公路，有大汽车，有好学校，教室都是砖瓦房，有的是楼房，学校里有各种各样先进的教学仪器，哪像咱们？我想教孩子们认识时钟，可咱们学校连个钟表的模型都没有。我教了半年书，现在心里只有一个想法：我要把大力山的孩子都送出大山，让他们再也不吃咱们小时候受过的苦！"

卓彦庆几乎不相信自己的耳朵，听廖美香说，她想把所有大力山的孩子都送出大山，而且，她还用了"咱们"这个词，这分明是在告诉他，她已经做出了选择：留在大力山，和他卓彦庆一起，为大力山的未来打拼！

一团温润的泪水渐渐充满了卓彦庆的眼眶，眼前廖美香的影子渐渐变得模糊起来，她好像成了一束绚烂的山花，又好像变成了远处巍巍的山峦……

感情的闸门一旦打开，爱情的洪水就会奔涌而出。在大力山小学这座简陋的校园里，卓彦庆和廖美香的爱情之花，就在这个季节里悄然绽放……

后来，卓彦庆听说黄振业又来过一次学校，走的时候一脸疑惑，一路自言自语，他说着什么，没有人知道。黄振业自然想不明白，为什么自己会输给卓彦庆这个穷教书的？大力山穷山旮旯，究竟有什么神奇的魔力，让廖美香放弃进城的机会，毅然决然地留在这荒僻的大力山小学？

临近深秋，大力山上的乌桕树、枫树的叶子，红得像一团团跳跃的火苗，争奇斗艳，把大力山装点得更加美丽。

丰收之后，在众多乡亲和学生的祝福声中，卓彦庆把廖美香娶进了家门。

婚事办的简单而热闹，大力山村 22 个自然村的乡亲们都来了，两个人教过的学生也都来了，虽然饭菜都是普通的农家菜，点心是葱花馒头、龙游发糕，酒也是大家常喝的荞麦酒、玉米酒、糯米甜酒酿。但是，大家的兴致却异乎寻常地高。几位乡亲喝到半酣，站起身来，唱起了当地的民歌来：

春季百花开（哎），妹妹绣花鞋（哎），情（哪）哥（格）看见，朵朵心花开（哎）……冬季雪花飘（哎），花鞋绣好了（哎），穿（哪）着（格）花鞋，去把情哥瞧（哎）……

几个村民伴着民歌，翩翩起舞。是啊，今天，他们甚至比新郎新娘一家还要高兴——他们再也不用为自己的子女上学发愁了！有了卓彦庆和廖美香这对本乡本土的老师，还有什么后顾之忧呢！

廖美香穿着新嫁衣，蒙着红盖头，坐在布置一新的婚房里，听着外面传来的山歌，脸红到了脖子根，她悄悄掀起盖头的一角，顺着窗缝朝外面望去，只见平素不善喝酒的卓彦庆，正端着酒杯挨桌向乡亲们敬酒，可以看得出来，卓彦庆喝了不少，脚下已经微微有些打晃了，可他还是笑眯眯地一杯一杯地敬着酒，那架势，仿佛他已经拥有了世界上最宝贵的东西。

看着卓彦庆的样子，廖美香有些担心他的身体，可眼下的情形又不允许她出去劝一劝，廖美香只能祈祷时钟走得快一点，让卓彦庆早一些回房间休息。

10点多钟的时候，卓彦庆才回到了屋里，一进门，他就倒在床上。

廖美香也顾不得害羞了，掀掉盖头，赶紧给他倒了一杯茶。

看到妻子端过茶来，卓彦庆一把攥住了廖美香的手，说道："美香，当初我请你到大力山小学教书的时候，我真的没有别的想法，经过这半年多的接触，我才明白：大力山小学不能没有你，我……我卓彦庆一辈子都不能没有你！"

廖美香扶着卓彦庆坐起来，让他把水喝了，说："彦庆，我觉得咱俩就像这山里的枫树和乌柏树，山上别的树，很多都是四季常青，而我们，虽然到了秋天会落叶，可咱俩就是到了秋天，也要把自己绽放成最美丽的花朵，报答生我养我的这一片土地。平时大家也许不会注意到咱俩干了些什么，等到了他们丰收的季节，大家一定能够明白咱俩为什么这么干，大力山也一定能够记住咱俩的。"

卓彦庆点了点头："对！我俩就是两棵枫树，或者是两棵乌柏树，即使叶子落了，它也一定会落在大力山的泥土里！大力山穷，大力山苦，大力山遥远偏僻，可这里有一种魔力，只要你真心喜欢它，它就能牢牢地把你拴在这里！就像咱们的学生们，将来他们一定会走出大山，走到世界各地，但我相信，他们一定也会回来的，因为这里是生养自己的故乡！"

卓彦庆和廖美香两个人紧紧偎依着，双手紧紧握在一起，仿佛那两双手，足以托起整个大力山的未来……

大力山应该铭记这一时刻：1985年深秋，在大力山村历史上，第一次出现了一对夫妻代课老师，丈夫21岁，妻子22岁。另外，还有一个数据值得大家牢记：当时丈夫的工资是60元，妻子的工资是59.5元。对于廖美香来说，她当时没有想到，这几十元的工资，她一挣就是好多年……

大力山民居

第九章 思 念

卓彦庆和廖美香两个人结婚以后，虽然学校还是那座学校，老师还是那几位老师，但大家都感觉到，他们工作的劲头都变得更足了。在廖美香的帮助下，卓彦庆的教学成绩也一直位于全乡前列。两个代课老师的成绩甚至引起了一些公办老师的猜忌，更有别有用心的人放出谣言，说他们两个一定是在考试的时候怂恿学生作弊，要不然，穷乡僻壤的留守儿童，他们两口子都是代课老师，岂有那样的能耐？怎么可能老是占着全乡学校的第一、二名？

听到这样的传言，卓彦庆两口子并没有太当回事儿，公道自在人心，是非曲直都是明摆着的，大力山小学的教学成绩是靠他们呕心沥血的付出换来的，老师有三更灯火五更鸡的拼劲，学生自然差不了，这就叫有付出才有回报，功夫不负有心人。

转眼间，3 年时间过去，卓家的第一个小宝宝卓秉举降生了。当了母亲的廖美香并没有在家休息太长时间，孩子刚刚满月，她就回到了学校。她歇产假的这些天，所有的课程都由卓彦庆来承担，丈夫也累坏了。

两口子都去学校上课，儿子就交给了廖美香的母亲喂养。每天放学，廖美香送走学生，第一件事就是急匆匆地赶到娘家，给哭得一把鼻涕一把泪的儿子喂奶。母亲看她这样紧张忙碌，几次劝她多歇一些日子，可廖美香却放心不下那些学生，仍然坚持上课。每天早晨上学校之前，她都要提前把孩子哄睡着，再亲一亲孩子粉嘟嘟的小脸蛋，然后含泪离开。

转眼间到了 1987 年的秋天。这天，卓彦庆去乡里开了一个会，回来之后，廖美香发现他的脸色不太好看，就问他怎么回事。

卓彦庆支支吾吾老半天，才告诉廖美香——乡里通知他去山下的金村小学任教，他没有思想准备，不想去，为此还和乡中心小学的领导闹得不愉快。

"到金村小学好啊，那个学校比大力山小学条件好，学生也比大力山小学多点，你下山去教书，正好可以开开眼界，将来再回大力山小学来教书，咱大力山的孩子也能跟着沾光啊！"廖美香有些疑惑不解，"你为什么不答应呢？"

"他们就知道金村小学需要老师，他们怎么就不体谅关心咱大力山小学的难处呢？"卓彦庆气呼呼地说，"把我调走，咱们两个人的教学任务就都压在你一个人的肩膀上了，金村小学离咱们这么远，肯定不能每天回家，也许每个星期只能回来一趟，家里的事，学校的事，还有孩子，就得靠你一个人担着，这不明摆着欺负咱们嘛！"

听了卓彦庆的话，廖美香心里感觉暖暖的——丈夫之所以不愿去金村小学，就为心里惦记着自己和孩子啊。

"彦庆，你去吧。"廖美香说，"乡中心小学的领导让你去，是因为他们觉得你有这个能耐，能干得好，这是对咱的信任，人家伸手拉咱，你却使劲往后出溜，这事咱可不能干。至于学校和儿子的事，你不用担心，我能照顾的过来。反正我也想好了，这辈子就跟定这大力山了，我不但要让学校里的孩子走出大力山，将来还要让咱们的儿子也走出大力山！至于咱俩，苦点累点，受点委屈，哪算得了什么？我心甘情愿，谁让咱是大力山的儿女呢？"

听了廖美香的一番话，卓彦庆的心里更觉得愧对妻子了。当初他拉着廖美香到大力山小学代课，只是一个权宜之计，目的就是为大力山小学挽留住那些想要退学的女孩子。刚开始的时候，他好多次想过，廖美香如果不干了，自己该怎么办？没想到，几年过去，廖美香非但没有离开，反而成了自己的终身伴侣，而且，不可救药地爱上了教书这个行当，爱上了山上的学生，这对廖美香来说，公平吗？

"行了，别叽叽歪歪的了。"廖美香轻轻推了卓彦庆一把，"赶紧回家收拾东西，马上去金村小学报到！到了那边，不用老惦记我们娘儿俩，工作忙就不用常回家。我们娘儿俩的事，大力山小学的事，我一个人能对付！"

卓彦庆点了点头，深情地看了廖美香一眼，又环视了一下这所留下他无数青春记忆的小学校，还有教室里那些瞪着好奇的大眼睛注视着他的学生，默默地转过身，离开了大力山小学。

卓彦庆不愿意去山下的金村小学当老师是情有可原的。

金村说起来跟大力山村山水相连，大力山的山泉水就是经过金村的小溪流进衢江的。

据说，很久以前，大力山牛头岩那里有个山洞，深不可测，传说与东海龙宫相通。

大力山有家农户，饲养了一头大水牛，用于耕种土地。有一天，耕牛在洞口附近的田地上耕地，半天下来，累得几乎走不动了。

到了午饭时间，主人肚子饿，提前回家吃饭，因为走得急，没顾得上替耕牛解除牛轭，卸去犁铧，放牛到山上自己吃草。耕牛肚饥难耐，没人照顾，天气热加上劳累，耕牛实在支撑不住，就拖着犁铧躲进了山洞中，因为山洞口大里窄，越深处越凉快，耕牛就一直往里面挤，没想到，脚下一滑，跌入了洞底。

农夫吃完饭回来，发现耕牛和犁铧都不见了，就到处呼唤寻找。耕牛在洞底下，听到呼叫声，连忙回应求救。无奈，岩洞太深，曲曲弯弯，声音很小，洞外面的人根本很难听见。后来，主人沿着牛脚印，找到洞口，侧耳细听，才隐约听到里面传来牛的叫声。但是，山洞里面太狭小，又深不可测，耕牛主人听着牛在洞底呼叫，却也只闻其声不见其牛，徒呼奈何。

过了七天七夜，主人也没有看到有耕牛走出来，而且，渐渐地再也听不到耕牛的叫声了。主人觉得耕牛已经饿死洞中，只得失望离开。

几百年过去，有人经过洞口，仿佛听到山洞里传来牛的叫声。因为村里几代人的口耳相传，大家都知道了那个耕牛的传说。有人说，山洞里的耕牛已经成精，成了精的耕牛喜欢吃最嫩的新鲜稻草。于是，有人就拿来了最鲜嫩的稻草放在洞口，想把洞里的牛精吸引出来。

没想到，稻草的香味吸引出来的不是牛精，而是一条张牙舞爪的青龙。那青龙吼叫着蹿出洞口，一口吞下了稻草垛，吓得那人当场昏了过去。

那青龙吃下稻草后，没有返回洞中，而是蹿出洞外，鼓吻奋爪地往山下狂奔，它的身后，拖着一架犁铧，在山沟里耕出了一条长长的沟渠，然后钻进了衢江……

原来，当年这个山洞与东海相通，耕牛的叫声吵醒了正在酣睡的青龙。于是，青龙循声而来，耕牛便成了青龙的一顿美餐。不幸的是，青龙贪吃心切，慌乱中竟然把耕牛连同犁铧也一并吃下了肚子，牛轭不能消化，结果犁铧随粪便排出体外，牛轭却留在青龙的腹中，有铁链跟犁铧紧紧地连在一起。从此，那犁铧就像一架铁锚，把青龙牢牢地锁在洞底，锁在大力山中，使它不能回到东海龙宫。

原来，耕牛是农家的宝贝，青龙吃下耕牛，犯了天条，上天罚它变成耕牛，并立下规定，青龙得吃上农人的青稻草，才能够出洞。

常言道，海为龙世界，云是鹤家乡。龙在山里，关在洞中，自然没有了用武之地。可是，山洞里哪有稻草，青龙怎么才能够吃上稻草？青龙在洞里思索了几百年，绞尽脑汁，终于想到了学牛叫这一招。

从此，青龙没事就学牛叫，渐渐学得惟妙惟肖，达到以假乱真的地步。

这天，一位老农经过洞口，听到山洞里面传来牛的叫声，赶紧去洞里寻找，可是，他找遍山洞里的每个角落，根本没有找到什么牛。后来他才发现，牛叫的声音是从洞底下传来的。可是，洞里面很狭小，一个人都挤不进去，里面怎么可能藏着牛？于是，他想起了那个关于牛精的传说。于是，他去附近的稻田里，割来一堆青稻草，堆在洞里。

青龙闻到了新鲜稻草的香气，浑身充满力量，它用尽全身力气往上攀爬，终于来到洞口，吃下了几把新鲜稻草，顿时感觉神力倍增。它担心会被农夫抓去耕田犁地驮柴禾，连忙起身往山下狂奔，它身后的犁铧在后面犁出了一道深沟，最后青龙钻进了衢江，成了一条巨龙，返回了东海龙宫……

这条沟渠成了现在的青溪，从大力山发源，经过金村、石佛、下洪、脉元、新山水、虎头山，直通衢江，从此，大力山成了衢江的又一处源头。所以，大力山人祖祖辈辈都在传说：大力山属龙的人，一定要走出大力山，才能成为一条龙，否则，就是一头耕地的牛。

关于这个传说，不少大力山人都信以为真。特别是属龙的，许多人长大后都选择学一门手艺，或者出外打工，他们认为只有那样，才可能出人头地，才可以赚到钱，才会成为人中之龙。

卓彦庆却不以为然。

卓彦庆出生于 1964 年，是农历甲辰年，就是民间说的龙年，属龙。当年母亲曾让瞎子给他算过命，说他是个人品高、刚毅、热情，有强烈的上进心的人，属聪明才智型，但缺乏思虑和耐心，做事常半途而废，表面冷漠，其实内心有极强的侠义心肠，处处为他人着想。

对于瞎子的论断，说他"刚毅、热情，有强烈的上进心"和"表面冷漠，内心有极强的侠义心肠，处处为他人着想"，卓彦庆颇为认同，但是，他却不认同"缺乏思虑和耐心，做事常半途而废"。所以，他常常表现出一种不服输的韧劲，不达目的不放手，做事一直有头有尾，有始有终。所以，这次领导派他到金村小学任教，虽然他心里一百个不愿意，但经廖美香一说，他就欣然同意了……

"望山跑断腿"的俚语不是凭空而来的。虽然，天气晴好的时候，站在大力山上眺望西南方向，甚至可以看到金村古老民居的马头墙，但是，两地相距的路程，弯弯曲曲，高高低低，荆棘丛生，天气好的时候也得走一两个小时。

金村是一座古村落，粉墙黛瓦，翘角飞檐。村民多姓金和刘，位于衢江、龙游、建德三县交界处的深山坞之中，"有崇山峻岭，茂林修竹，又有清流急湍，映带左右。但见云蒸霞蔚，山明水秀，有田可以种粳粟，有山可以栽松杉。采于山，美可茹；钓于水，鲜可食；黄发垂髫，并怡然自乐，其间风土人情，往来耕作，悉如平畴，旷野之景象，所谓山重水复疑无路，柳暗花明又一村，不让鄂省之金村源称美于前也。"（《金氏宗谱》）

据说，很久以前，刘与金姓是一家。五代十国的时候，钱镠被封为吴越国王。刘圻任越州刺史，因钱武肃王讳镠，故刘（劉）姓去卯刀，改姓为金，到刘圻的玄孙又复为刘姓。《金氏宗谱》上称："军籍子孙继姓金，民籍子孙复姓为刘。"于是，江南刘姓有了金姓刘姓之分，以致后来许多刘姓和金姓的宗谱中，甚至把"刘金不通婚"也写进家规。许多地方也一再强调"刘金不分家""刘金无二姓"。

另有传说称，这个习俗还和汉武帝刘秀有关。西汉末年，王莽篡权建立新朝，不久，以失败告终，天下大乱。当时天下各路英雄，纷纷起兵反莽。刘秀在家乡乘势起兵。这些义军当中，以刘秀的势力最为强大。王莽大怒，集中兵力抗击刘秀，结果刘秀兵败。王莽下令大搜京城，声称要诛灭刘秀九族宗亲。当时有一房刘秀宗亲，逃出京城，亡命江南，一直逃到了浙西金华一带，隐居深山，去刘姓之卯刀，改姓金，在偏远的山乡定居下来，过着自给自足的生活。

后来，刘秀成了光武帝，刘氏族人觉得杀身之祸消除，作为皇室宗亲，有人搬回了京城居住。但也有一部分人，一来害怕树大招风，以后再有动乱，二来也习惯了山乡小桥流水、悠闲安定的小农生活，自得其乐，于是就不想再搬回京城，而留在了乡村居住。刘秀平定了各地群雄之后，江山稳固，社会安定，金姓子孙为了表明自己的刘氏血统，一部分人改回了刘姓，一部分人仍然姓金。光武帝知道这个情况后，也没有强制金姓的刘氏族人改回刘姓，而且同意了一部分金氏族人的建议，活着的时候姓金，死后才在墓碑上标明祖姓刘，以志不忘祖宗恩德。传说，当年的金氏祖先就是刘姓皇族的子孙，为了躲避战乱，逃到了深山，把这里看作是宝地而定居下来的。

说实在话，山脚下的金村，某自然环境确实比大力山好的多，风景秀丽，小溪穿村而过，泉水潺潺，小桥流水人家，空气清新，景色迷人，两岸的古民居小巧古朴，虽也是泥土打墙，却牢固如昔。可是，毕竟金窝银窝不如自家的草窝，卓彦庆刚刚在大力山小学站稳脚跟，学生带得有声有色，又是新婚燕尔，自然不愿意离开大力山小学。更何况，金村小学距离大力山村路程远，两地之间大多是陡峭的山路，除了双脚没有其他交通工具可以代步，回去一趟都需要一两个小时。

心里不愿意归不愿意，卓彦庆最后还是服从领导的指派。虽然山路实在不好走，但是开始的时候，卓彦庆还是坚持每个星期回去一趟——他实在放心不下自己的妻儿，更放心不下大力山的孩子们！

初冬的一个周末，天阴沉沉的，下午放学的时候，时间已经接近五点。冬天天黑得早，卓彦庆收拾完教室里的东西，外面已经看不清路了。同事都劝他别回去——这么冷的天，天上没有月光，十几里的羊肠小道，有石级，有陡坡，荆棘丛生，深一脚浅一脚的，多久才能到家啊。再说，大力山人上山下山，大多走黄堂源的山路，很少走金村源这条道的，路基塌了没有人去修，荆棘丛生没有人理睬，难走自然在情理之中。

卓彦庆犹豫了一会儿，跑到小卖部，买回来一瓶白酒，打开瓶盖，放在宿舍里的桌子上，然后抱歉地对他们两个说："你们吃好喝好，我还得回去。"

卓彦庆自打来到金村小学，每个周末回家，已经成了惯例，贸然改了这个习惯，他怕老婆担心。

"你就干脆说想老婆想儿子得了，干嘛还说得这么冠冕堂皇！"同事开着玩笑，目送卓彦庆出了校门。

一阵寒风吹进了卓彦庆的脖子，他赶紧把胸前的扣子扣紧，摸了摸书包里给老婆和儿子买的小礼物，一头扎进了黑暗里。

山间的道路崎岖不平，可卓彦庆不怕，大力山长大的孩子，什么样的路没有走过？何况，这段路他已经走过好多次，可以毫不夸张地说，哪里有坑，哪里有水洼，他的脑子里已经一清二楚。书包里有手电，不过，现在还没到派上用场的时候，电池的电量必须要用到最关键的地方。

走着走着，卓彦庆突然觉得有一丝凉意飞到了他的脸颊上，天漆黑一团，他也看不出空中飘的是雨还是雪。他心里忧虑起来：无论是雨还是雪，在这样寒冷的天气里，在大力山这样高海拔的地方，落到地上一定会凝成冰的，那样的话，回家的路就更难走了。

卓彦庆加快脚步向大力山的方向攀登，天空飘落的雨滴也越来越明显，卓彦庆明白，这是冻雨！山里人最害怕的冻雨！因为不久之后，路上的坑坑洼洼就会被冻雨填满，山路就会变得像鹅卵石一样光滑。往日，在这样的天气，大家都猫在家里不出门的。

怎么办？卓彦庆不想半途而废，这不是他的性格——他认定的事，再难也会去做。他咬了咬牙，手脚并用朝大力山走去。近了，近了，黑乎乎的大力山像一头张开大嘴的怪兽，静卧在前方，两旁的竹林和树丛里，不断传出刷刷的响声，那是凝结在枝叶上的冻雨滑落的声音。卓彦庆顾不上擦一把脸上的雨水，借着冰雪的微弱反光，一步一步向山上攀登。

这样的天气，这样的路况，跌跟头是难免的，还没走到花树岭，卓彦庆已经摔了两跤。经过一块稻田时，他停下脚步，从稻田里找了一把稻草，捆住鞋底，用来防滑。

转过一道弯，卓彦庆突然看到前方路口的空地上，亮着一团火，火堆旁还围着几个人。听到脚步声，上面有人就喊了起来："是卓老师吗？

我们在这儿等你呢！"

卓彦庆上前一看，原来是上蒋村的几个村民和几个在大力山小学上学的孩子。其中一个孩子跑了过来，牵住了他的手说："卓老师，我们听廖老师说你今天要回来，我爸爸看天气不好，天黑路滑，我们就在这里点上一堆火，给你照亮呢！"

跟着，几个乡亲也围了过来，他们看到卓彦庆一身泥水，都心疼坏了，纷纷拉着他手，要请他到家里去坐坐，歇歇再走。

卓彦庆摆了摆手："大冷的天，已经给大家添麻烦了，我就不再打扰大家，家里还惦记着我呢！"

一位老者站了出来，把一只点燃的火把交到了卓彦庆的手里："孩子，拿这火把照个亮，继续走吧。我们已经和前面几个村的老少商量好了，以后，每个星期的这个时候，每个村口都会点上这样一堆火，给你加油鼓劲。卓老师，你放心，不管天多黑，你只要朝着有亮光的方向走，就一定能够到家！"

卓彦庆含泪接过火把，心里热乎乎的，他一步一步朝大力山方向攀登，一点也不会觉得冷，更不会感到疲倦和孤独。

果然，不远处的阴山坑村，村口也燃着一团火，那火苗在寒风中跳跃着，给卓彦庆带来了无穷的力量。

"你只要朝着有亮光的方向走，就一定能够到家！"花树岭村老人的话，一路在卓彦庆的耳边回响。是啊，只要有这亮光的指引，他就一定能够找到回家的方向！

大力山村、梅二村……

一团火焰，又一团火焰……

卓彦庆怎么也没想到，自己就为大力山的孩子做了一点小事，大家就这么关心自己！他忽然觉得，大力山人太可爱了，这更加坚定了他一辈子为老百姓做好事的决心。

很快，卓彦庆又看到了一个火堆，他抬起头，发现自己已经来到卓家村村口，火堆傍边守候着一个人，是他最熟悉的身影……

卓彦庆紧走几步，跑了过去，也不管旁边是否还有别人，他一把抱住廖美香，两个人紧紧拥抱在一起……

第十章 做 梦

回到家里，卓彦庆脱去湿漉漉的衣服，简单地擦洗一下身子，就钻进了妻子给他铺好的被窝。

回来的路上，虽然天气寒冷，但一路的上坡，已经让卓彦庆的内衣潮湿，现在停下来，冷风一吹，身体反而感觉特别寒冷，这不，他的牙齿还在咯咯地打架呢，身体也在微微发抖。

"天气这样差，其实你可以不回来的。"廖美香给卓彦庆端来一碗红糖姜水，递到了卓彦庆的手上，心疼地说。

卓彦庆捧起热乎乎的汤碗，小心地喝了一口，一股暖暖的感觉顺着他的喉咙直冲进了胸口，他看了看廖美香，说："不回来，岂不是要让你在村口等到半夜？你一个女人家，冻坏可不得了。"

"你啊，太死板了，脑子一根筋！"廖美香用食指轻轻地戳了一下卓彦庆的脸颊，嗔怪地说，"我又不是千金小姐，在村口，我好歹可以烤烤火，就算等到半夜也不会冻着，你呢，一路雪一路泥，万一冻坏了，万一滑倒了，这么冷的天，你一个人怎么办？我看，咱们得来个约定，以后要是遇上雨雪这样的天气，你就别回来了，省得我牵挂着，反正，你不在家，我也能照顾好自己和儿子的。"

卓彦庆抬起头来，眼睛里泛出了晶莹的泪光："美香，你知道吗？在我回来的路上，每个村口都亮着像咱们村口一样的火堆，每个火堆旁都有人在等着我哩，看到那些老人孩子的身影，我心里酸酸的。我只是在村里当了几年老师，又没干出什么轰轰烈烈的事来，可乡亲们却对我这么好，你说，我该拿什么来回报乡亲们呢？"

廖美香的眼眶也湿润了，说："彦庆，乡亲们对咱这么好，咱就继续好好教他们的孩子呗。代课老师的帽子，看来一年半载也摘不掉，咱们当着老师，就得管好我们的学生，想方设法让他们学到更多的知识，让更多的大力山的孩子走出这大山，就是对他们最好的报答。我们不是正式老师，只要他们不嫌弃咱们，我们自己就不应该感到自卑。工资不一样，福利不一样，职称评不了，模范也当不上，这算不了什么，反正我们不是冲着这些来的！"

看着廖美香一脸的知足和幸福，卓彦庆的心里平静了许多，他喝完红糖姜水，又吃了一碗妻子煮好的鸡蛋面条，安然睡下了。

也许是一路的奔波劳顿，实在太累，也许是回到亲人的身边有安全感，卓彦庆的头刚挨上枕头，就进入了梦乡。在梦里，卓彦庆再次回到那条崎岖湿滑的山路上，只不过，他看到的是许许多多的大力山人在跟着他一起爬山，有人爬着爬着，突然像一片枯黄的树叶一样飘向山谷，卓彦庆伸手去抓，却怎么努力也够不着，急得他大声喊了出来，可他张着嘴，却一个字也喊不出来，他想站起身来，却发现自己的身体像被什么东西束缚着，动弹不得。

卓彦庆从睡梦中惊醒，才知道自己刚才是在做梦。卓彦庆心里明白，自己是遇上"鬼压身"了。

卓彦庆拭去额头冒出的冷汗，随即暗暗笑了——他记得在一本书上看到过，世界上根本就没有什么"鬼压身"，这应该叫"梦魇"，原因是人在睡眠时神经处于休息状态，大脑却在睡梦中活动，大脑发出的信号，不能通过神经系统传送到身体各个部位，才会出现大脑指挥不了身体的行动，造成身体不协调，加上人睡到酣处，身体各处的关节和肌肉都已经完全松弛下来，根本使不出力气，所以才会出现这种身体像被束缚住的情况。

想到这里，卓彦庆干脆不去考虑梦境里见到的那些奇怪的现象了，他琢磨起一个大家以前经常念叨，但从来没有人敢提起的话题——修路！

关于修路的话题，自从卓彦庆能听懂大人说的话开始，就一直往耳朵里灌，而且，卓彦庆相信，这个话题从大力山有人居住开始，就已经存在，只不过几百年来，它仅仅是个话题而已。在很多人眼里，在大力山上修路，无疑是造一条天梯。从山脚到山顶，高度差将近 800 米，中间隔着起起伏伏的大小山峰，像一颗颗狼牙一样立在那里，地上是泥土石头，山上是石头泥土，在这里修路，简直就是在山神爷的牙缝里绕圈子，不知道什么时候，山神爷一发怒，所有的努力都将化为乌有。所以，乡亲们提起修路，都把它当成一个遥远的梦想来期盼。平时说起做事没了指望，往往就拿修路来当例子——什么时候咱大力山通上公路，愿望就实现了。比如家家都能变得富裕起来，像城里人一样过上"楼上楼下、电灯电话"的好日子；比如山里的娃娃能够考上大学，走出大山；比如城里的姑娘嫁到大力山来做媳妇……这些愿望，统统都与大力山修路一样，没有一点盼头！

可是今天，卓彦庆竟突然冒出了这样一个念头：修路这个事，真的只能是一场梦吗？他仔细琢磨起回来的路途，哪里有坑，哪里有坡，哪里有弯，哪里是悬崖绝壁，他闭着眼睛都能一一想得出来。卓彦庆躺在床上，在自己的脑海里修起了一条路：一条能够让大家平安快捷进出大力山的路；一条能把山里的宝贝运出去，把外面的好东西运进来的路；一条能够放飞大力山人千百年梦想的路……

想着想着，卓彦庆终于睡着了，跟上半夜不同，卓彦庆睡得很香，再也没有做噩梦。

第二天吃早饭的时候，卓彦庆的情绪十分高涨。他跟廖美香聊起昨晚做梦修路的事。

廖美香听卓彦庆绘声绘色地讲了一通，忍不住"噗嗤"一下笑了——在她眼里，卓彦庆就像一个天真率直的大男孩，经常有一些异想天开的点子。所以，当"修路"这个词从卓彦庆嘴里冒出来的时候，廖美香一点也没觉得惊讶。虽然廖美香也觉得，这事成功的可能性微乎其微，可她知道丈夫的脾气秉性，这时候给他兜头浇一盆凉水，他会闷闷不乐好长一段时间。所以，廖美香没有直接反驳卓彦庆的"异想天开"，只是笑眯眯地听着。

卓彦庆自然没有发觉妻子的小把戏，吃过早饭，他没有像往常一样和妻子一起收拾碗筷，而是拿来纸笔，在桌子上一笔一画地谋划起来：这儿应该填平，那里应该垫高，这边应该裁弯取直，那边应该顺着地势拐一个小弯儿，他都用笔一笔一画地标注出来。大半天时间过去，一条弯弯曲曲的黑线呈现在白纸上。卓彦庆把廖美香喊到身边，一个点一个点地指给她看：这里是花树岭村，这里是阴山坎，这里是大力山村，这里是咱们卓家村……

指着指着，卓彦庆的手指停了下来，顺着他的手指，廖美香看到一个熟悉的名字：大力山村小学。

廖美香惊喜地问："你打算把路修到小学门口？"

卓彦庆点点头，说："当然了，通往山外的路重要，修好了，咱们大力山的人才能过上好日子；通往小学校的路更重要，因为大力山的将来，大力山的希望，全寄托在这些孩子身上，先得让他们脚底下走稳了，咱们往后的日子才有奔头！"

看着卓彦庆一副指点江山的样子，廖美香却没有再发笑，她隐隐约约有一种预感——自己的丈夫并不是在做白日梦，说不定哪一天，他还真的能把这事儿干成呢！

廖美香没有给卓彦庆泼冷水，但并不代表别人不会给他泼冷水。

晚上，卓彦庆带着自己亲手绘制的图纸去找村里的干部商量，没过多长时间，他就回来了。廖美香一看卓彦庆的脸色就知道他准是碰钉子了。

果然，卓彦庆把手里的图纸往桌子上一扔，一屁股坐在床上，气哼哼地说："真不知道大家是怎么想的，不论是村里的干部，还是乡亲们，听我提了修路的提议，都跟听天书似的，好像咱们大力山村这个穷窝是老天爷给的赏赐，一点儿也动不得似的。这倒好，我好心好意给村里出主意，结果却落了个被人奚落的下场。"

"这不能全怪村里的干部和老百姓，"廖美香把卓彦庆画的那张图纸拿起来，看了几眼，叹了口气说，"修路造屋，对咱们老百姓来说，都是大工程，不是说干就干得了的。大家对修路不热心，也是有原因的，你算过没有？这段路修下来，需要多少钱，投入多少工，这些钱从哪里来？修路过程中会不会遇到拆迁问题？工程质量怎么保证……"

"这些当然需要考虑，但如果大家连修路的勇气都没有，那考虑这些还有什么价值？"卓彦庆不服气地说。

廖美香把那张图纸在卓彦庆眼前晃了晃："彦庆，你看看，你画的这张图，我估计除了咱俩，其他人很难一下就看明白。咱们连正规的图纸都画不好，怎么可能把路修好呢？我觉得你修路的想法是对的，可能是现在还不到时机吧？修路不是脑子一热就能办成的事，没有钱，没有壮劳力，大家的心不能聚在一起，那这事肯定干不成！"

听着廖美香不轻不重的话语，卓彦庆纷乱的思绪渐渐平静下来，思忖良久，他觉得妻子的话挺有道理——是啊，修路这事儿，大力山人盼了多少辈子，如果仅凭自己这么一想，这事儿就办成了，那自己不成了"神仙桥"那个神话传说里的神仙了吗？

现在，卓彦庆心里已经渐渐地明白，大力山的路一定要修，但时机也非常重要，虽然眼下还没有机会实现自己的梦想，但他愿意等待，并且，在等待的过程中，他会不断锻炼自己的能力，没有条件，也要创造条件，同时激发那股来自百姓内心的力量……

大力山山路

第十一章　国　旗

五更天时候，屋子外面还是黑咕隆咚的，儿子还在被窝里酣睡，卓彦庆和廖美香已经早早起床了。

卓彦庆匆匆吃完廖美香做好的早饭，穿好雨靴，准备出门——今天是星期一，他必须在早上 8 点之前赶到金村小学，这样才不会耽误给学生们上课。

"天气冷，路又滑，你路上一定要小心。"廖美香把卓彦庆送出门外，轻声嘱咐道，顺手把手电筒递给卓彦庆。

卓彦庆摆摆手，变戏法似的从身后拿出一支火把来，他朝廖美香笑了笑说："还是这东西顺手好用，手电筒你留着在家里用吧，呆会儿你上山的时候也许会用到，那条路也不好走。"说完，他点燃火把，顺着蜿蜒曲折的山间小路朝山下走去。

卓彦庆刚走出几步，廖美香突然喊住了他。卓彦庆不知道发生了什么事，马上转身走了回来。

廖美香犹豫一下，开口说："你下次回家的时候，能不能给我带一面国旗回来？"

"国旗？"卓彦庆有些纳闷，"你买国旗有用？学校里不是有吗？"

"前一阵子，山上天天刮大风，旗杆上那面国旗被风刮裂了好几处，我用缝纫机补过几次，没几天又裂开了，再补，国旗就不好看了。我问过中心小学领导，他们说，国旗是刚刚配置到位的，多久配一面，上头也有规定，损坏了是我没有保管好，而且，现在学校经费也挺紧张，什么时候给我们大力山小学配国旗，也没个准，所以……所以我想还是自己掏钱买一面吧，你看行不？"说完，廖美香赶紧又加了一句，"买国旗的时候，你可以开张票回来，将来可能的话，也可以拿到中心小学去报销。"

卓彦庆听后笑了——大力山小学的升旗仪式，他是亲身经历过的。自从他在这里上小学的时候起，每个星期一的早上，学校都要举行升旗仪式，那是每周最庄严隆重的日子，全校几十号师生一个不落地集中在学校门口的操场上，面对高耸的旗杆，旗杆是来自大力山上长得最高、最直的一根毛竹，顶上挂着一个木头制作的小滑轮。学校里没有高音喇叭，每次升旗的时候，都是老师们带着孩子们一起唱国歌升国旗的。后来，卓彦庆在这里当了老师，每周一的升旗仪式，依然雷打不动地保留着。如今，他离开了大力山小学，廖美香也把升旗仪式一直坚持了下来。

"好的，你放心，这个星期我抽空到龙游城里去一趟，下个星期天我带回来，大力山小学肯定会有一面新国旗的。"卓彦庆拍了拍自己的胸脯，转身出发了。

走在黑咕隆咚的山路上，卓彦庆的心却是透亮的。当初他刚到大力山小学，跟孩子一起举行升旗仪式的场景，一次又一次在他的脑海里浮现出来：每个星期一的上午10点钟，无论天气晴朗与否，几十个孩子就会齐刷刷地出现在教室前面，在六间低矮的教室的衬托下，那根毛竹旗杆显得特别挺拔。负责升旗的两个高年级同学，是他精心挑选出来的，她们的小脸红扑扑的，眼睛看着国旗，手里紧紧握住升旗的绳子，一点也不敢分神。旗杆下面的孩子们，个个全神贯注、精神饱满地站在一起，眼睛注视着旗杆上缓缓升起的国旗，跟着老师一起唱着国歌："起来，不愿做奴隶的人们……"于是，稚嫩的歌声就在大力山顶上响了起来，虽然没有音乐伴奏，歌声也不是很整齐，甚至有些孩子的声音腔调都不太准确，低年级的孩子们也许还不明白歌词的含义，但每个孩子脸上的表情都是那么地神圣庄严，他们在用自己全身的力气去唱，歌声随着缓缓上升的国旗，飘上了天空，飘过大力山中的村庄林间……

想到这里，卓彦庆突然醒悟过来——国旗，在大力山孩子的心目中，代表的就是国家，这些孩子从来没有走出过大山，也不知道外面的世界究竟有多大，他们只是从课本的描写和老师的讲述中知道一点点，"我爱北京天安门，天安门上太阳升……"是他们唱得最熟的歌曲，首都北京、天安门，在他们幼小的心灵中，显得是那么庄严，却又是那么遥远，但每次看到飘扬的国旗，他们又会觉得北京天安门离自己是那样近，仿佛眼前升起的这面国旗，就是北京天安门广场上升起的那一面……

"莫言下岭便无难，赚得行人错喜欢。正入万山圈子里，一山放出一山拦。"每次走山路，卓彦庆的心里，都会情不自禁地跳出这一首杨万里的诗，他觉得，杨万里的诗就是给大力山人写的。

人们总觉得下山的路肯定比上山的路省力好走，但是，对于大力山的山路，却完全不是这样。在有些陡峭的山路上，上山可以手攀脚登，手脚并用。而下山的状况就不一样了，脚用不上力，只能"坐而下脱"。一不小心就有可能坐上"滑滑梯"，那样就惨了，轻则皮破血出，重则掉下悬崖。好在卓彦庆已经在这里走了十几年的山路，对这里的山路了如指掌，哪里是陡坡，哪里是悬崖绝壁，哪里有急弯，他都一清二楚。

不知不觉中，卓彦庆翻过一山又一山，东方的天空才渐渐发红发亮，不大一会儿，太阳就露出小半张脸来。山间的寒风依旧有些清冷，但他的胸膛里却流淌着一股暖意。他转回头去，大力山顶上那座只有六间房子的小学校，只显露出一个小小的白点，此刻，学生们还没有到校，国旗也没有升起。但他似乎看到，有一面鲜红鲜红的国旗，正在大力山小学的上空，呼啦啦地飘着，仿佛在向他招手，在给他鼓劲……

回到金村小学的第二天上午，卓彦庆早早地把一天的课程与刘老师换了，他跟校长请了假，搭上一辆手扶拖拉机，一个人去了龙游县城。

那时的龙游县城还是一个小镇，人口少，城区面积也不大，城里只有新华书店有卖文具。卓彦庆来到新华书店，跟营业员要了一面国旗，他付了款就要往外走。售货员看到了，连忙喊住他："喂，同志，还没给你开发票呢，你不报销？来买国旗，都要收据报销的。"

卓彦庆愣了一下，回头冲售货员笑了笑，说："哦，谢谢，不用了。"说完，他把国旗装进自己的怀里，转身出了商店。

看看天色还早，卓彦庆就在太平路上转了一会儿。突然，他想起廖美香说过想买几本书，他又跑回书店转了一圈，斟酌了好久，买了两本自己认为廖美香最需要的书籍，然后朝着跟拖拉机手约定的地方赶去。

卓彦庆赶到约定地点的时候，才下午1点多。那是一个不大的菜市场，这时辰，正是生意清淡的时候，市场上的人，有的在闭目养神，有的在一起小声聊着天，市场边上有几个卖小吃的，生意倒是正红火，软软糯糯的发糕、香喷喷的北乡猪肠、葱花馒头、烤饼等，让人垂涎欲滴。

龙游是一座历史文化名城，春秋时期为姑蔑国的文化、经济、政治中心。公元前221年（秦始皇二十六年）置大末县，建县已经有2000多年。据说，龙游古城最早修建于春秋时期，旧版《辞源》"姑蔑"一词解释："姑蔑，春秋越地，故城在今浙江龙游县境。"据《浙江省通志》记载，姑蔑古城为夯土城墙，东西长212步，南北长168步，高1丈7尺，厚为4尺，周长470步。龙游商帮发轫于南宋时期，成形于明朝初期，到了明朝中期已处于巅峰时期，根据《衢州府志》记载："龙游之民多向天涯海角，远行商贾。"因为交通四通八达，做生意的人特别多，他们对精致生活的迫切追求，在龙游小吃上体现得尤为明显，色香味俱全的小吃，让卓彦庆的肚子开始咕噜噜叫了起来。

卓彦庆躲进一个角落，尽量不去想那些好东西，可食物的香味却好像知道他饿了似的，追着赶着往他的鼻孔里钻。卓彦庆兜里是还有几块钱，可他真的舍不得再花了，这几块钱放在学校里，足够他两周的伙食费，要是在大力山，甚至可以办件大事，有些村民连整张的10元人民币都没进过口袋里呢。

龙游城实在太小了，只有太平路与平政路组成的十字形两条街，两边店铺林立，有大街的味道。按理说，龙游是一座古城，为什么古迹会那么少？

因为大家说好下午3点搭拖拉机回家，卓彦庆看看日头，感觉时间还早，就想到街头再逛逛。卓彦庆来到街头，抬头看到街边有一个小人书摊，就走了过去。

看书摊的是一个留着白胡子、戴着老花镜的老人。卓彦庆一边翻看小人书，一边与老人攀谈起来，聊着聊着就聊起为什么龙游古迹那么少的缘由来了。

老人看看卓彦庆，说这该怨古代的战争。接着，他给卓彦庆说了一段传闻。

老人说，清朝咸丰年间，太平军自广东开始起义，深得民心，一路攻城略地，队伍不断壮大。其中有一支起义军部队在侍王李世贤的带领下，看中龙游这个交通要道，多次攻破龙游县城，并派重兵把守。

时任浙江巡抚的左宗棠受清政府的委派，率清兵与太平军交战。龙游地处金、衢之间，有举足轻重的战略地位，清军要沿衢江东下，非先夺取龙游不可。左宗棠把龙游的太平军看作"如骨在喉，非探取之不快"。他首次进攻龙游时，派总兵刘培元军驻扎在龙游城西十里的贵塘山，派其副将率四营人马助战，又调江西道员屈蟠、王德榜两军扼守全旺，做刘培元后援；亲率清兵进驻距城十里、位于衢江边的水上要道团石湾，指挥所属各部，策应两路，与占据县城的太平军李世贤部激战，企图一鼓作气，速战速决，一举拿下龙游城。可是，清军三番五次向龙游发起进攻，都被太平军击退。

城中太平军被清军围困日久，油盐薪炭俱缺，只得拆屋为炊。龙游是太平军西撤的重要门户，地理位置非常重要，洪秀全下达死命令，让李世贤固守待援，不得轻言放弃。为了守住龙游，侍王李世贤集结各路太平军数千人，在龙游西门和北门列兵布阵数十里，与清军对垒。太平军依凭龙游城坚固的城防工程，英勇善战，频频出击，左宗棠军倾尽全力，两军仍然相持不下。左宗棠深知龙游地理位置的重要，认为龙游为三衢要道，必须攻下龙游后才可放心进攻金华、兰溪、严州等地太平军，龙游成为事关浙江全省战局的焦点。可是，太平军据险死守，不肯放弃。左宗棠指挥清军轮番攻城，损失惨重，仍然没有进展，战争陷入僵持之中。无奈之下，左宗棠向清廷修书一封，请求速派援军。无奈太平军分散于各地，清政府疲于奔命，兵力分散，一时难以调集，遂给左宗棠发了一纸命令。

左宗棠打开清政府的命令一看，见上面只有四个字："烧城而过。"左宗棠一看大喜，是啊，这么简单的办法自己怎么没想到？于是，他让人从各地调集了大量的清油、蜡油，利用弓弩，把燃烧物投入城内。霎时间，大火在城内燃烧起来，并迅速蔓延，龙游城上空顿时火光冲天。看到大火熊熊燃烧，左宗棠知道，龙游城砖木结构的古建筑鳞次栉比，大火到处蔓延，孤城已经不攻自破，这才率领军队继续攻打金华、兰溪等地的太平军。

事后，左宗棠写了一份捷报，并附上皇帝下的圣旨，向清政府邀功请赏。皇帝拿到捷报一看，大火让龙游城几成废墟，心中大惊，自己明明是命令部队"绕城而过"，怎么突然变成"烧城而过"了呢？可叹一座历史文化名城和城内的百姓、众多的古迹、精美的建筑都毁于战火，导致生灵涂炭，民众怨声载道。皇帝拿过那写有命令的字条一看，差点把他气死，原来这该死的传令官在写自己的口谕的时候，把"绕"字写成了"烧"字。

为了息事宁人，平复民愤，清政府官员赶紧派人把传令官抓来，让传令官看看自己写的命令。传令官一看，才知道自己因为一时疏忽，粗心大意，把"绕"字写成了"烧"字，犯下了假传圣旨的大罪。传令官吓得当即跪下，磕头如捣蒜："皇上饶命！皇上饶命！"皇上头一抬，冷冷地说："饶命是不可能的了，为了让你长长记性，我只能像你一样，把'饶'变成'烧'字。"就这样，倒霉的传令官成了替罪羊，活活被烧死了……

故事生动有趣，卓彦庆听得入迷，不知不觉中等来了回村的拖拉机。他坐上拖拉机，一路颠簸着回到金村小学时，正好赶上晚饭时间，这一餐，他吃下了两大碗米饭。

回到宿舍，卓彦庆正在琢磨明天给学生讲课的事，同宿舍的小李老师凑了过来，神神秘秘地问他："卓老师，这次去城里，是不是给你媳妇买新衣服了？我真佩服你，我就不敢一个人去给老婆买衣服，万一买了不合适，回头去退去换多尴尬。"

卓彦庆摇了摇头，说："没有呀，我媳妇从来不让我给她买衣服的，她当代课老师之前是裁缝师傅，家里的衣服大多是她亲手做，省钱是一方面，关键是穿着合身！"

"给老婆买件衣服又不是犯法的事，用得着藏藏掩掩？这有什么不敢承认的？"小李冲卓彦庆做了个鬼脸，"我早就看见了，你回来的时候，怀里鼓鼓囊囊的，里面藏着一件衣服，是大红色的，你刚刚把它藏到枕头下面呢！"

卓彦庆听后"噗嗤"一声笑了："小李，是你看错了，那是一面国旗，我媳妇学校里用的，旗杆上的国旗让大风给刮坏了，她让我给她买一面新的，星期天回去的时候给她捎上山去。"

"什么？你请假去了一趟县城，就是为了买一面国旗？"小李的脸上露出不相信的表情。

"哦，还有别的呢，我给我媳妇儿还买了两本教学参考书，大力山上太潮，学校里的旧参考书，用了好多年，字儿都快看不清了，我媳妇儿怕教错，误人子弟，让我给他找几本，我们学校哪有多余的？我只好去新华书店给她买两本了。"

小李的嘴里发出了啧啧的声音："卓老师啊卓老师，可真有你的，我以为你到城里是想给老婆孩子买点儿稀罕物呢，谁知道你买的是这些！去趟城里多不容易啊，我还指望沾你点光，蹭你几口好吃的，谁知你买回来的这些，既不能吃，也不能用。"

"可这些是我老婆最需要的啊！"卓彦庆一本正经地说，"你不知道，参考书的事，她跟我说过好几次了，国旗这事，是我这次回去的时候，她才跟我提起的，虽然她只说了一次，可从她说话的语气里，我听得出来，这买国旗的事，可比买衣服和好吃的重要得多！"

小李摇着头，叹了口气，失望地走了出去。

当天晚上，卓彦庆是枕着国旗睡着的。晚上，他又做了一个梦，梦里，他回到了熟悉的大力山小学，梦见妻子带着一大群孩子跑出校门来迎接他，当他把那面崭新的国旗拿出来的时候，所有的孩子都欢呼跳跃起来，那面崭新的国旗，伴着宏亮的国歌声，缓缓地升上了湛蓝的天空，五星红旗，迎风飘扬，猎猎有声……

大力山之路

第十二章　入　党

转眼间，1990 年的春天来了，春风吹绿了大力山村。

卓彦庆从金村小学来到梅树坞小学任教已经一年多了，几年代课老师的教学实践让卓彦庆变得愈加成熟。金村小学毕竟比大力山小学规模稍微大一些，任课老师也比大力山小学多一些。卓彦庆在这里不但学到了更多教书育人的本领，也耳濡目染地学会了一些管理学校和学生的门道，虽然他的身份还是一名代课老师，但学校已经把他当成台柱子来用了。1988 年 9 月，因为大力山的梅树坞小学缺少老师，卓彦庆被分配到了梅树坞小学任教。

这天，卓彦庆回到家里，突然神秘兮兮地把廖美香喊到屋里，说："美香，有件事我想跟你商量商量，我……我想……我想申请入党。"

"好啊，"廖美香听后，高兴地说，"这有什么需要商量的，我绝对支持你！"

"关键是我到底在哪里入党。"卓彦庆挠挠头说，"我是个代课老师，在学校里申请入党，人家肯定不同意。"

卓彦庆的情绪明显低落下来，甚至有些沮丧："我想入党，其实也没啥别的想法，就是觉得跟党靠得近点，以后有机会多学习，提高自己的思想觉悟，将来有机会为大力山的老百姓多干点实事。我仔细观察过，和我一起共事过的老师里面，党员老师往往都是比较优秀的，我要向他们看齐。谁知身份不一样，却成了一道过不去的门槛。更可气的是，有人居然说我有野心，想通过入党为自己转为正式老师拿印象分，你说可气不可气？"

廖美香看着丈夫那张淳朴的面孔，感到有些心疼——对于她和卓彦庆两个人来说，从代课老师的身份转成正式老师，的的确确是他们盼了又盼的好事，但如果说他们为了转成正式老师去走所谓的"捷径"，那可就太冤枉他俩了。

最近几年，外面的世界越来越开放，大力山里到外面打拼的人也越来越多，他们都说，在外面，只要能吃苦、肯用心，挣的钱绝对比正式的公办老师还要多得多。甚至有人到处传唱"拿手术刀的不如拿杀猪刀的，造原子弹的不如卖茶叶蛋的"，连医院里主刀的医生和国家的大科学家，日子都过得紧巴巴的，一个代课老师的日子就更加可想而知了。虽然还有那几亩山、几亩田地，两口子闲暇时再采些山茶子、竹笋什么的，但生活还是非常拮据，一直有人动员他们两口子到山外面去发展，随便干点什么活，挣得都比正式老师多。但卓彦庆和廖美香心里就是放不下山里的孩子，于是都拒绝了。他俩没觉得当代课老师有什么低三下四的，所以，多赚钱"扬眉吐气"根本不是他们两个的追求。再说，他们两个都已经习惯了跟学生打交道，他们已经离不开大力山，离不开大力山的学生。

"你别泄气，学校里不让你在教师队伍里入党，那也许是因为人家有规定，你可以写一份入党申请书，交给咱们村党支部啊！咱们村里的干部都是看着你成长起来的，你的一言一行、一举一动他们都看在眼里，他们可以考察你入党的。"

"对啊！"卓彦庆一下跳了起来，之前的担心和犹豫一扫而光。他兴冲冲地拿来纸笔，坐在桌子前，郑重其事地写了起来。

看到卓彦庆写得这么认真，廖美香悄悄地退了出去。

一个多钟头以后，廖美香给卓彦庆端来一杯热茶。刚进门，廖美香就愣住了：卓彦庆面前的桌子上，扔着好几张稿纸，上面大多只写了一两行字。再看卓彦庆，正皱着眉头冥思苦想呢！

廖美香把茶杯放到桌子上，拿起一张稿纸看了看，只见上面写着："敬爱的大力山村党支部：我志愿加入中国共产党，因为……"

廖美香又拿起另外一张丢弃的纸，上面的内容和第一张几乎一模一样。

"怎么，你不会写入党申请书了？"廖美香问道。

卓彦庆点了点头，又摇了摇头，他告诉妻子，他曾经偷偷看过同事写的入党申请书，当时觉得好像并不难写，谁知轮到自己写的时候，却发现除了开头，自己脑子里竟然一片空白，原来想好了的话，也写不到纸上，卓彦庆自己也不明白这是什么缘故。

"其实，对你来说，入党申请书应该很好写的。"廖美香笑眯眯地说道，"别人怎么写，是他们的事，你只要把自己的心里话写出来就行了，你想咋说就咋写呗。"

"这，行吗？"卓彦庆疑惑地看着廖美香，"我觉得别人用的词可好呢，自己咋就写不出来呢？"

"听我的，没错！"廖美香信心满满地说，"咱入党，就是为了想和别的党员一样，能帮村里人多干点实事，多承担点责任，这是光明正大的事，咱就应该坦坦荡荡地说出来。对党说心里话，一定不会错。"

"对党说心里话，一定不会错。"这句话好像一下把卓彦庆的思路给打开了，他站起来，兴奋地搓了搓手，端起那杯茶水，一饮而尽："对！就按你说的办法写，我卓彦庆最擅长的，就是说自己的心里话！"

"那你就好好写吧，我不在这里打扰你了！"廖美香笑着离开房间。

卓彦庆再次把稿纸铺开，沉吟一会，下笔写了起来。

"敬爱的大力山村党支部：我志愿加入中国共产党……"

这次，卓彦庆再也没有犹豫，在入党志愿书里，他把自己的心里话全都写了出来：他是大力山的孩子，他爱这片生他养他的土地，虽然这里依然贫穷落后，可他愿意付出自己所有的心血，去改变这里的一切，让山村不再闭塞，让群众不再贫穷，让大力山焕发出她应有的光彩！在工作和生活中，他看到了很多共产党员，为了大家的利益默默地付出，他打心眼儿里羡慕他们，佩服他们，他也想像他们一样，成为一名光荣的共产党员，给学生和乡亲们多干点实事……

这份没有一句豪言壮语的入党申请书交到大力山村党支部后，卓彦庆如释重负。在等待回复的日子里，卓彦庆就按照自己入党志愿书写的那样，在任务面前，他总是冲在前面，从来不管身后的目光到底是赞许，还是嘲讽；在学生面前，他总是和蔼可亲，从来不因为孩子成绩的优劣、家境的贫富而区别对待；在大力山的乡亲面前，他总是有求必应，不管是帮对方修房造屋，还是调和家庭关系。两年的时间，有人说他变化不大，还是当初那个热心肠、有担当的卓老师；也有人说他变化挺大的，做事的时候考虑得更周全，说话办事更加让人信服。

两年之后，卓彦庆顺利通过了党组织的考验，成为一名共产党员。在乡党委的小礼堂里，面对着鲜红的党旗，他和几个一起接受培养的预备党员，庄严宣誓："我志愿加入中国共产党，拥护党的纲领，遵守党的章程，履行党员义务，执行党的决定，严守党的纪律，保守党的秘密，对党忠诚，积极工作，为共产主义奋斗终身，随时准备为党和人民牺牲一切，永不叛党。"

念着入党誓词，卓彦庆的心情久久不能平静，从一个初中毕业生，到大力山小学的代课老师，再到金村小学的骨干教师，然后来到梅树坞小学当"复式班"老师，到成为一名光荣的共产党员……回首这几年走过的路，虽然曾经离开大力山一段日子，但从这一刻起，他知道——自己这辈子，跟大力山永不分离！

从乡里回大力山的那段路，卓彦庆几乎是一路小跑回来的。山路两旁的小草，已经偷偷冒出嫩芽，小溪里也传来了水鸟唧唧咕咕的叫声，大力山的天空蓝蓝的，一朵朵白云互相扯着手，在空中变化出不同的姿态。卓彦庆一路唱着山歌，拾级而上，遇到每一个乡亲，他都略带羞涩地打招呼，他想放开嗓子告诉大家：从今天开始，我是一名共产党员！可他又怕别人笑话他得意忘形，只好把这份欣喜藏在心底，一路朝家里走去。

中午饭，廖美香特地加了两个菜，还给他倒了一小杯苞谷烧。看到廖美香满面春风的样子，卓彦庆心里却微微一酸，他起身又拿来一个酒杯，给妻子倒上小半杯酒，然后端起来，冲廖美香说道："美香，这几年真的辛苦你了。当初，我邀请你到大力山小学去当代课老师的时候，我记得，你说我是在给你画大饼。好几年过去了，别说成为国家正式老师，就是转成民办教师的事都没有一点影子，可你从来就没有埋怨过我。这几年，为了我能好好工作，你忙里忙外，教书的事、照顾老人孩子的事，都是你一个人扛在肩上，你还要种地、采茶、喂猪、喂鸡。今天，这杯酒，我先敬你！要是没有你这个贤内助，我也许坚持不了这么长时间，说不定，我早就成了大力山的一个逃兵！"

廖美香本来是不喝酒的，听了卓彦庆这番话，她先是笑了，随后眼眶也湿润了，她端起酒杯，对卓彦庆说："彦庆，跟你说实话吧，我当初答应你到大力山小学教书，并不是看中了你画的那张大饼，而是因为我真心喜欢教书，喜欢跟孩子打交道。人家说，两个人脾气秉性相同，才能成为一家人，我现在和你一样，只要让我做自己喜欢的事，穷点累点苦点忙点，我都不怕！"说完，她端起酒杯，一饮而尽，随即，一抹红霞飞上了她的脸颊。

卓彦庆也端起酒杯，大气地一饮而尽。以往辛辣异常的苞谷烧，此时已经变得醇香无比，小小的一杯酒下肚，他几乎就要醉了……

小学校升国旗

第十三章 抉 择

老百姓的眼睛是雪亮的，卓彦庆一心为老百姓着想，自然得到了越来越多的老百姓的看重。

1992 年 10 月，卓彦庆被大家推举为村民委员会主任，同时担任大力山村信用服务站会计。

村里的工作多了，学校的教学工作难免要受到影响，为了不影响学生的学习和村里的工作，卓彦庆必须做出选择。虽然，当代课老师的工资要比当个村干部高一些，但是，为了方便群众办事，为了不耽误学生的学习，他决定辞去代课老师的工作，一心一意为大力山村民服务。别看老百姓的事，大多是些鸡毛蒜皮的小事，可在老百姓眼里，哪件事都是大事、急事、要紧事，一旦处理不好，就有可能带来大麻烦。

在很多人眼里，村委会主任是个芝麻绿豆大的"官儿"，上面有支书、村主任管着，基本是"平时开会很少发言，就算发言也没人听"的那种角色，但卓彦庆却没把自己当成摆设，他早就给自己定了位："给老百姓当跑腿！"

在汉语里，"跑腿"本来是一个中性的词语，就是到处奔走，帮助别人办些杂事，从这个定义看，"跑腿"最大的特点有两个：第一是"跑"，也就是必须东奔西走；第二是"杂"，跑的事五花八门，而且大多是些不起眼的小事。现实生活中，有些人"跑腿"是为了获得报酬，有些人"跑腿"是为了获得别人的青睐，但在 20 多年前的大力山村，卓彦庆"跑腿"的原因只有一个，那就是因为大家需要。

在金村小学教书的时候，卓彦庆就没有少干跑腿的事，乡亲们需要买些常用的东西，向外面寄封信什么的，往往都托他带着去办。他呢，每次都乐呵呵地答应，从来不嫌麻烦，也从来没有出过差错。现在，他当上了村委会副主任，又辞掉了小学代课老师的工作，时间比以前更充裕了，"跑腿"也就跑得更勤了。

对于卓彦庆的辞职，廖美香的心里也起过一些波澜，毕竟两个人都在学校讲台上工作好几年，平常回到家，聊起天来，不是怎么上好课，就是怎么管好学生，共同语言多得是。现在呢，回到家，他们俩一个说的是学校里的教书育人，一个说的是村里的家长里短，共同话题自然也就少了许多。另外，卓彦庆当代课老师薪水虽然不高，但比起当这个副主任来，却又显得不低。现在他辞去了代课老师的工作，家里的固定收入一下变少了，日子过得也就有些捉襟见肘。更重要的是，卓彦庆当初请廖美香到学校教书的时候，曾经给廖美香画过一个从代课老师到民办老师，从民办老师再到正式公办老师的"大饼"，虽然这张"大饼"他们两个一直没有吃到，但只要挂在那里，两个人心里就有盼头，就像前方有一盏灯亮着。而现在，卓彦庆辞职了，那张"大饼"对卓彦庆而言，就没有任何意义。从有但不一定拿得到，转变成彻底没有了，廖美香的心里一时间觉得空落落的。

卓彦庆看出了妻子的心思，他也没有解释什么，只是做了一件事：每天早上，他都按照妻子的吩咐，把学校里给孩子做饭需要的菜准备好，然后送到山上的学校里去。这件事，从他回到村里就开始做了，一直没有改变。

日出日落，斗转星移，宁静的大力山在时光的流逝中沉睡着，而外面的世界却已经发生了天翻地覆的变化：市场越来越活跃，个体经济已经热火朝天地搞起来，"丢掉死工资，下海做生意"已经成为一股潮流、一种时尚，大力山这个交通闭塞的"安乐窝"，也不可避免地受到波及。

卓彦庆已经记不清接待过几波来访的朋友了，他们跋山涉水来到这里，只有一个目的，就是劝卓彦庆跟他们一起出去打拼。他们告诉卓彦庆，现在外面都在传唱一首粤语歌，叫《爱拼才会赢》，这首歌已经火遍全国，为啥？人活着就得四处打拼，困守在穷山窝里有什么意思？

卓彦庆听后，每次都是笑着摇摇头，婉言谢绝——他知道，现在外面改革开放的形势很好，在市场经济大潮中，冲浪的人多得不计其数，人家都说，现在是"十亿人民九亿商，还有一亿在观望"，那么大力山的人呢？留在大力山上的人连观望的队伍都没加入！村里年轻人跑到山外去下海了，挣钱了，发财了，就留在城里不再回来。这样下去，大力山的将来就只有一个结果——被时代彻底忘记。也许再过几十年，这个世界上就不会有人记得，衢州龙游石佛乡还有个叫大力山村的村子了。

有人见劝他不动，就想了个折中的办法：让卓彦庆在山外开一家收购站，专门收购村里的山货。大力山山里宝贝不少，板栗、茶叶、竹笋、各种药材……卓彦庆识文断字，交际面也比较广，最重要的是他在百姓中人缘非常好，大家一定能把最好的山货卖给他。这些山货转运到城里，一转手价格就会翻上几倍，这样，不仅老百姓能得到一定的收入，卓彦庆也可以赚些差价，是两全其美的事，卓彦庆该不会拒绝吧？

没想到卓彦庆依然不同意！办个山货收购站，固然可以让老百姓增加一些收入，但要想刨掉大力山村的穷根，却不是一个山货收购站所能解决的。大力山目前需要的，是要找出一条带领全村脱贫致富的路子来。虽然他卓彦庆的能力有限，但如果不去试一试，他这辈子都不甘心！

1994年10月的一天，乡里突然通知卓彦庆去开会。卓彦庆以为又有什么着急的任务要安排，急匆匆地赶到了石佛乡政府，当他推开乡党委书记办公室的那扇木门，抬眼向里面看过去的时候，他一下愣住了。

办公室里烟雾缭绕，飘着一股呛人的烟味，乡党委书记周石祥坐在最里面，脸色有些发青。在周书记的对面，就是卓彦庆的顶头上司，大力山村党支部书记廖光庆，他正埋头在吧嗒吧嗒地抽着烟，好像没有感觉到屋子里的烟雾已经盛不下了一样。

"周书记，廖书记，你们叫我有事儿？"卓彦庆进了门，先把窗户打开，然后用手在屋子里用力挥舞了几下，烟气顺着门窗冲了出去，过了好一会儿，屋里的空气才重新变得清新起来。

"彦庆，你坐下！"廖书记站起身，拉着卓彦庆来到了周书记跟前："周书记，这两年，虽然村里是我当家，可大部分活儿都是彦庆干的。说心里话，我觉得把大力山村交给彦庆，是最合适不过的了。你一定要相信我，更要相信他，相信他一定能改变大力山的面貌。"

卓彦庆看了看廖书记，诧异地问道："老书记，您——？"

周书记叹了口气，说："彦庆，你们廖书记是铁了心了，要去石佛村办一个塑料加工厂。现在国家提倡开办个体企业，廖书记这么做，我打心眼儿里是支持的，可他在大力山村的影响力你也是知道的，老百姓对他都特别信赖，我担心他走了，大力山的工作会陷入瘫痪。所以啊，我跟廖书记说，他是给我出了一个天大的难题。可廖书记却说，大力山可以没有他，因为他早就相中你了，他觉得你才是那个能带着大力山走上致富路的人才。"

卓彦庆的脸一下红了："廖书记，我可从来没有想过当支部书记的事，我只想跟着您一起，把分内的事情干好。"

廖书记拍了拍卓彦庆的肩膀，说："彦庆，我知道你的为人，我向乡里推荐你当书记，没有半点儿私心。咱大力山人就是这样的脾气秉性，一就是一，二就是二，你干不了，就是求我推荐也白搭。说实话，从你到大力山小学当老师的那一天，我就一直在观察你了。没问题，你绝对能当好这个村书记，我可以用我的党性作保证！"

古石桥

第十四章　担　子

　　从乡政府出来,卓彦庆的头微微有些发晕——在周书记的办公室里,卓彦庆说的都是心里话:他从来没有想过当大力山村的当家人,他不辞劳苦四处为大家伙奔波,只是为了报答村民对他的信任,老百姓看得起自己,咱就得为老百姓好好办事,仅此而已!

　　卓彦庆在村班子里已经工作一年多,大力山村有多少家底,他心里跟明镜似的。村集体没有一分钱的经济收入,翻看一下村里的账本,支出的数字远远大于收入,归拢起来算一下,账面上的欠债达到4万多。4万多,这个数字在现在看来也许不算什么,但在当时,村两委班子一年的误工补贴才几百元,这4万多的外债,就像一座压在大力山村百姓心头的大山,不用提办什么事业,就是这些欠债,也不知道猴年马月才能还清!

　　穿过黄堂源村,顺着崎岖的山路,卓彦庆一步步向着大力山顶爬去。虽然,这条路他已经走过无数次,但这一次,卓彦庆走得异常沉重。每走一步,他似乎都能感觉到,自己的脚在地上留下一个深深的脚印,不管脚下踩着的是潮湿的泥沙,还是坚硬的岩石……

　　卓彦庆抬头望去,大力山是绿色的,仿佛被一条碧绿的毯子盖住一样,这片绿毯,是由数不清的毛竹、松树、板栗树组成的,低矮一些的,除了碧绿的茶树,就是些说不清名字的野生灌木,每年都会开出一些并不太艳丽的花朵,结出一些并不太肥硕的果实,但这些果实,很多是可以果腹的。在最困难的年月,大力山人就是凭借这些野果存活下来的。可现在看来呢,大力山就像一个养在深闺的美女,没有人试图来揭开她神秘的面纱。而她呢，也根本没有想过把自己的绿、自己的美展示给外面的世界。时代在进步，社会在发展，但大力山呢，似乎跟这一切已经脱节，也许是外面的世界忘记了大力山的存在，也许，是大力山已经把自己和外面的世界隔绝开来了。

继续向上走，有几个村民在路旁的梯田里忙碌着，别小看这些零零碎碎的小块耕地，这可是大力山人祖祖辈辈精心经营留下来的财富。土地谈不上肥沃，但若撒下种子，勤于管理，肯定能长出庄稼、开出花朵、结出果实的。因为都是靠天吃饭的小块土地，地里的庄稼常常是一副无精打采的样子，这也难怪，它们的成长只能靠天。天旱，它们只能眼巴巴地看着清澈的泉水从山脚流过，却等不到水喝，地里的玉米只能长成一捆捆柴禾。要是涝了呢，水田里种的水稻，就连柴禾也收不着，甚至连沤肥都不可能，早被山洪冲进山沟里去了。

不知不觉间，卓彦庆已经走到大力山村，这是一座依山而建的村庄，解放几十年了，这里的房子大多还是老样子。黄泥土墙、竹木为顶，屋顶上铺着一层由于年代久远而变得发黑的茅草。每逢下雨天，这里的房子几乎都是"外面大下，里面小下；外面不下，里面滴答"。更让人心惊肉跳的是，这个村子里有些房子居然就建在山崖旁边，一旦出现山体滑坡，那后果简直不可想象。

回到家的时候，天已经黑了，平时走两三个小时的路，卓彦庆今天居然走了五个半小时！廖美香早已把晚饭准备好，儿子和女儿也早就喊饿了，可妈妈没有发话，两个孩子只能看着灶台上冒出的热气咽口水。儿子已经跑到门外看过好几次，他盼着快些见到父亲的身影，再听到妈妈说出那句熟悉的话语——"吃饭喽！"

看到卓彦庆带着一身疲惫走进家门，廖美香赶紧把热了几次的饭菜端上桌，两个孩子马上狼吞虎咽地吃了起来。没一会，两个孩子吃完了饭，抹了抹嘴，没等廖美香吩咐，他们就去房间休息了，没多长时间，两个孩子就进入了梦乡。

卓彦庆的晚饭却吃得心不在焉，显得心事重重。

廖美香看到丈夫攒在一起的眉头，心疼地问："怎么，咱们村支书说的那件事是真的？"

卓彦庆点了点头："是，他已经下定决心辞职了。辞职前，他向周书记推荐了我，想让我接下这个摊子。我知道他是好意，可我心里一点底都没有，大力山的乡亲们苦了那么多年，要是因为我没本事，让大家继续受苦，那我就是大力山的罪人，会让大伙戳脊梁骨的。可要想让大家不再受苦，我又没有想好到底该怎么办？要是咱们村支书再坚持两年就好了，至少能给我一个深思熟虑的时间。"

对于卓彦庆被推上村支书的位置，廖美香是早有预感的。之所以用"推上"这个词，是因为廖美香知道丈夫的脾气秉性——卓彦庆不是一个对权力感兴趣的人，你把他放到一个岗位上，他就知道踏踏实实地干好自己分内的事情，至于其他的，比如拉帮结派啊，勾心斗角、争权夺利啊，他一概不闻不问不参与。用卓彦庆的话说，就是："你信得过我，让我干什么，我肯定付出百分之一百二的力气去干好，如果没有干好，那不怪别人，就是我卓彦庆没有那两下子。除了替老百姓把事干好，我对其他的一切都不感兴趣。"所以，尽管在日常闲谈中，乡亲们有说过希望卓彦庆来做"当家人"的想法，但廖美香心里清楚得很，卓彦庆肯定不会主动去"跑官"的，只有当"做官"成为一个没有人愿意捡起来的"苦差使"的时候，这顶乌纱帽才有可能落到卓彦庆的头上。只是让廖美香没想到的是，这一天还是来了，而且来得这么快，让大家都觉得突然。

"彦庆，村里的事，我一个女人家不好说什么，这事，还是你自己看着办。"廖美香说道，"不过，我有个要求，你要是觉得实现不了，我想你还是别硬撑着去当这个支书。"

卓彦庆的眼睛一亮，他冲廖美香点点头，示意她继续说下去。

"第一，咱们一家人，都是土生土长的大力山人，你的父母和我的父母一样，都很在乎名声，你可以选择做或者不做村支书，但你必须要保证，就是咱们两家在大力山的名声不能坏了，让人家戳脊梁骨的事，就是给咱1万、10万、100万，咱都不干！"廖美香说。

"那是当然，没能耐，干不好事情，让老百姓骂几句那是应该的，要是因为一些烂七八糟的事儿让老百姓骂，我立刻辞职！"卓彦庆说。

"第二，每年收农业税的时候，我不想看到你去逼迫别人，前几年我看到很多次，因为收农业税，乡里的干部和咱村里的老百姓斗气，有哭鼻子抹泪的，有蹦高骂娘的，还有因为这事动起手来的。都说干部和老百姓一个是水，一个是鱼，我不想看到你们被水煮了，更不想看到你们把水抽干，让鱼儿活不下去。"廖美香说。

听了妻子的第二个条件，卓彦庆的心猛地一沉：这种事，他也看到过很多次。大力山村是名副其实的穷乡僻壤，虽然每年收农业税的任务不是太重，但还是有很多人家拿不出来，乡里有些领导觉得老百姓是在耍滑头，老百姓觉得乡里村里的干部没有人情味，双方一头为了完成征收任务，一头想尽力省下个块儿八毛的税费，矛盾自然愈演愈烈。妻子要求卓彦庆把这件事给解决了，他心里还真的没底。所以，当廖美香提出这个问题之后，卓彦庆一时间竟然无话可说了。

"我……在乡里的时候，其实，我是想……想推辞的，可周书记不同意，说他把全村的党员干部都捋了一遍，还召集乡里村里的主要领导研究讨论了小半天，最后结果还是倾向于让我……让我接下这个担子。要不，明天一早，我就再到乡里去一趟，把村支书的担子辞了！"卓彦庆一边擦着额头上的汗，一边语无伦次地说着。

"你啊！"廖美香"噗嗤"一下笑了，"乡里村里的意思，你还没看明白？这差事只有你来干，现在就是让咱们大力山村的老百姓们来选，你当选也没什么悬念。我刚才给你提的第二个条件，只是想提醒你一下：要想让乡亲们不再为征收农业税发愁，你就得想办法带着大家尽早富起来，大家兜里都有钱了，谁还在乎那三五十元的农业税？"

卓彦庆拍了一下自己的脑袋："带着老百姓发家致富，那是肯定的，要不我早就跟着同学下山做生意去了。这事你不用说我也肯定能干好，你放心，不出三年，我就能让咱们大力山村百姓不再为缴农业税而发愁！"

"行，记住你这句话。"廖美香说道，"彦庆，大家都说你是个言必行，行必果的硬汉子，你要是能把这事干成了，那咱大力山的未来就有指望！我支持你！"

卓彦庆皱着的眉头舒展开来，他看了看躺在床上熟睡的两个孩子，暗暗下定决心：大力山世世代代吃苦受穷，这种滋味，再也不能让下一代人品尝！既然上级领导和乡亲们看得起我，愿意把这个担子交给我卓彦庆，我就干出个样子来给大家看看！

第十五章　誓　言

　　"修路！"当这两个字从卓彦庆的嘴里说出来的时候，破旧的村委会办公室里的空气似乎微微一震，阳光透过破损的窗子照射进来，在那道光柱里，数不清的尘埃漫无目的地飘荡着，大家都盯着那光柱看着，谁也不开口说话。

　　多少年了，祖祖辈辈的大力山人吃够了无路可走的苦，在那条或泥泞不堪、或蜿蜒曲折、或陡峭险峻的山路上，有多少人背着山货下山摔得鼻青脸肿；有多少人患了疾病，却因为不能在最短的时间里及时被送下山就医，导致终身残疾，甚至丢掉性命；有多少花样年华的女孩，因为看到这条"鬼见愁"的山路，来过一次就再也不肯上山，哭着和大力山的好小伙分道扬镳，各奔东西，了断海誓山盟的情分；有多少外出打工、思乡心切的大力山儿女，因为担心这条路遭遇山崩、雪阻走不通，而放弃了一年一次的探亲假期！从刚刚懂事的孩子，到满头白发的老人，谁都知道"要想富，先修路"，可这么多年过来，一直还是停在口号上，愣是没见影，原因是什么？原因就是这里的环境太恶劣，人心不齐，村集体没钱，山里人生活太苦，连温饱都没有解决……

　　看到大家沉默着，谁也不说话，村委委员黄金土干咳了两声，他和卓彦庆的年龄相仿，两个人又是同时进入村领导班子的，自然有些惺惺相惜。

　　黄金土知道，新官上任，开会最怕冷场，大家都不说话，有时候表示的可不是默许，而是持怀疑态度的不配合！

　　"阿土书记的意思，咱们可以先修一小段总路试试看，如果方法可行，咱们再大胆去干。"黄金土解释说。

大家的神情仍然没有多大变化，因为试着修路这事，他们担心的是走走样子。新官上任三把火，要是卓彦庆用这个来表表决心，那这么干的结果，可能只有一个，就是热热闹闹开个场，灰头土脸结个尾。劳民伤财，到头来还是留下一个烂摊子、一副老样子，啥也成不了，大力山人还是无路可走。

"我卓彦庆不是来表表决心的！"卓彦庆冲大家摆了摆手，"我卓彦庆说要干的事，就想轰轰烈烈地干一场，小打小闹改变不了大力山的面貌！我们现在既然提出修路，就不会再像以前那样，填个坑挖个沟的！要修就要修一条像像样样、能开汽车的机耕路，而且，我们还要让大力山22个村的村路都跟外面的公路连起来，村村通上路！"

黄金土听了，急得直搓手，他对着卓彦庆不停地眨眼睛，心里暗暗叫苦：阿土啊阿土，你真是个教书先生！说话一点儿也不给自己留余地。你不知道自己现在是大力山的主心骨吗？你得对自己说的话负责！修路是件最没把握的事，你现在把大话喊出去，将来修不成路，你再说什么，老百姓也不相信你的这一套了，看你以后在村里怎么开展工作！

卓彦庆似乎没有看透黄金土焦急的心情，此时的他，已经完全沉浸在修路这个宏伟的计划里："我知道大家心里没底，咱们修路要钱没钱，要技术没技术，要想在一穷二白的基础上把路修起来，的确是件难事。可这世界哪有不费力气、不费周折就能干成的事？更何况，咱们要干的，是关系咱们大力山百姓，尤其是咱们子孙后代幸福的大事、好事！我们这一辈人多吃点苦怕什么？咱大力山人什么时候怕过吃苦？多受点累又有什么？咱大力山的祖辈父辈受得累还少吗？大家抽空可以问一问咱们身边的老人们，村里有多少人连四十公里外的龙游县城都没去过，没有看到过火车甚至汽车！他们辛辛苦苦把儿女养大，却一辈子都没走出过大山，不知道外面的世界怎么样，他们还有多少年可以等？咱们的孩子们，还有没有时间和耐心继续等下去？"

"路，当然应该修，"一位村民代表挠着头皮说，"可咱们拿啥修？就凭上嘴唇碰下嘴唇？"

话音刚落，另外几个村民代表跟着笑了起来，继而窃窃私语。

卓彦庆没有笑，他站起身来，举起右拳，说道："说得不错，咱们是啥都没有，但咱们有力气，只要肯下功夫，大力山再高，也是石头垒的，我就不信挖不动它！明天我就到乡里找书记，让他帮忙联系联系县里，看能不能申请到一点资金来，如果能，那最好，如果不能，咱们就自己用锄头挖，用肩膀扛，实在不行，咱们就是用牙咬，用嘴啃，也得啃出一条机耕路来。"

"好！"黄金土率先鼓起掌来，大家看了看黄金土，也跟着鼓起掌来，可掌声仍然是稀稀落落的。

散会以后，黄金土找到卓彦庆，张嘴就开始埋怨他："阿土，你今天可有点儿太冒失了，跟谁也没商量，就放出大话来说要修路，而且还要修连通所有自然村的机耕路，你不知道这工程有多难吗？我好心给你找了个合适的台阶下，你硬是不买账！我知道，新官上任三把火，你刚上台，想为老百姓干点儿实实在在的事，可你别一开头就挑这么硬的骨头啃啊！到时候收不了场，我们怎么办？"

卓彦庆一点儿也不急，他嘿嘿一笑，说："你说，咱们以前修路，为啥老是修不成？"

黄金土摊开双手："这还用问，大家不是说了吗？没人、没钱、没技术。"

"你只说对了一部分。"卓彦庆说，"最重要的原因，是村里的党员、干部没有拧成一股绳，没信心、没决心，跟村里的老百姓一个样，都觉得这条路一定修不成，没有愚公移山的决心，干活哪能来劲！再加上人心不齐，自然什么事都干不成了。今天，我把修路这话喊出去，为的就是向大家伙表明我卓彦庆的态度——这条路一定要修，而且一定要修成！在这个问题上，我卓彦庆不能给自己留后路！因为我知道，我这个做支部书记的稍微一犹豫，这件事就可能泡汤！为官一任，造福一方，辜负了乡亲们的期望，我卓彦庆岂不成了大力山的罪人？"

黄金土点点头，但心里还是没底，甚至感到有些不解："可……可是村里没人提出，你当上支部书记就一定得修路啊？你是自找麻烦、自寻苦吃哦。"

卓彦庆拍了拍黄金土的肩膀，说："咱不拣着老百姓最需要的事做，那还怎么给老百姓当这个家啊？其实，最近这些天，我也一直在琢磨，自己当了支部书记，到底应该干些什么？琢磨来琢磨去，我发现，其实答案很简单：那就是老百姓最需要咱们干什么，咱们就得干什么！这样去找工作干，准错不了。要是图轻松，让我一天到晚喝喝小酒、哼哼小曲，给老百姓办点儿事就邀功请赏，我卓彦庆是不会来当这个村书记的。"

"可是，光凭有一股子干劲，那也修不成路啊！"黄金土心里还是有些顾虑，可他看到卓彦庆信心满满的样子，他又不忍心再泼卓彦庆的冷水，到了嘴边的话，又咽了回去。

回到家里，卓彦庆的心绪还是难以平复下来，他找来几张稿纸，俯下身子认认真真地写了起来：关于大力山村修建机耕路的请示……

一篇关于修路的请示，卓彦庆光是开头就写了好几遍，刚写了几十个字，他就觉得不满意，于是换纸重写；铺开便签又写了几十个字，还是觉得不满意——他唯恐自己把理由说得不够充分，到时候，报告交上去，领导不给批。

廖美香给丈夫端来一杯热茶，看到卓彦庆坐在桌子前，急得六神无主的样子，她"噗嗤"一声笑了。卓彦庆抬头看到妻子，就像看到救兵一样。他站起身来，拉住廖美香的手，说道："对了，你上过高中，文凭比我高，还是你来替我写这个报告吧。"

廖美香摇了摇头，说："你啊，写报告又不是绣花，不是写得越花哨越好的。大力山早就该修路了，乡里县上的领导又不是不知道，你心里怎么想的，手里就怎么写就行，别把简单的事儿弄复杂了。"

卓彦庆一拍脑门，对啊，心里想什么，笔下就写什么，自己平时教学生写作文，不就是这么要求的吗？想到这里，卓彦庆拿起笔来，"刷刷刷"写了起来。不一会就把两页的修路申请报告写出来了。他在请示报告里，写了大力山百姓的苦，大力山老百姓的渴望，大力山修路的急迫，大力山修路的规划，更重要的是把他修路的信心和决心，全都一股脑儿写了进去。

这次，卓彦庆一气呵成，写完之后，他又反复读了几遍，改了又改，自己觉得满意了，这才拿给廖美香看。廖美香并没有接那几张纸，她只是浅浅一笑，说："你是支书，村里的事儿你做主，我不掺和，我和我娘家都是大力山人，我掺和你的事儿，容易让别人说闲话。不过，只要你决定做的事，我都支持！"

廖美香的态度让卓彦庆吃了一惊，他根本没有想到妻子会说出这么一番话来。之前，他从来没有想过这个问题，他觉得两个人一起教书的时候，遇事总会互相商量，自己当了支部书记，遇事互相商量一下也是顺理成章的，可没想到妻子的敏感性这么高！他印象中，好像有个成语，是专门形容这种做法的。他搜肠刮肚，终于想出来，这个词就是——深明大义！

廖美香找出一个信封，让卓彦庆把请示报告装进去。

看着卓彦庆满脸的欣喜，廖美香隐隐约约有一丝担心——明天，丈夫会不会吃个闭门羹呢？

走访农户

第十六章　碰　壁

廖美香的猜测是错的。

当卓彦庆把大力山村修路的请示报告交到乡里的时候，周书记眼睛一亮——大力山上通公路，这也是几届乡领导一直想促成的事儿，但每次都因村干部有畏难情绪，无果而终。现在卓彦庆刚上任，自己就敢把这件事提起来，这勇气就值得褒奖。

周书记看看面前这个文质彬彬，身材有些瘦小单薄的年轻人，倒有了几分欣赏。他拍拍卓彦庆的肩膀，让卓彦庆在椅子上坐下，给他泡了一杯茶，然后拿起卓彦庆写的那份请示报告，逐字逐句地看了起来。看完请示，周书记点了点头，才让卓彦庆说说修路的打算。

关于修路计划，卓彦庆在脑子里已经想过千百遍。大力山的那条山路，卓彦庆最熟悉不过了！哪里有个坑，哪里有个弯道，哪里是个陡坡，哪里有条水沟，他都了如指掌、一清二楚。他站起身，用手指蘸着杯子里的水，就在周书记的桌子上点画起来：路从黄堂源村起头——这是他孩提时就想好了的。

黄堂源村是龙游北乡有名的千年古村。村民主姓胡，据《龙游县志·氏族考》记载："始迁祖行十四，民则，子为法，宋仁宗庆历二年（1042年）由金华永康迁县北二十六都黄堂源，是为龙游胡氏鼻祖。"宋宝祐户部侍郎胡大昌即其后裔。村口有神仙桥，呈"八"字形，桥长 8.3 米，宽 1 米，没有桥墩，用条石凌空搭建，依靠互相压力挤紧，六块条石，两两相依而立，因为设计奇特，《胡氏宗谱》载为高人所建，称神仙桥，还载入了《中国桥梁史》呢。

　　黄堂源村口的神仙桥,卓彦庆是最熟悉不过了。因为大力山道路差,村里人条件好一点的,也买来了自行车,平时就寄放在黄堂源的村民家里,出门下山办事,走完 20 多里山路,来到这里就可以骑自行车出门了,省时省力不少。每次经过黄堂源,看到神仙桥和溪边的古樟树,卓彦庆就会情不自禁地想起那个关于神仙桥的美丽传说。

　　传说很久以前,黄堂源村坐落在黄堂源溪西边的山脚下,村民无论下田干活,还是走亲访友,都得趟水过溪。一旦到了雨季,山洪暴发,泥石俱下,浊浪滚滚,给村民的生产和生活带来诸多不便。为此,村民联合,共同出资,造桥十余次。无奈,桥造好了,山洪一来,桥又被冲毁。以致年年造桥,年年不见桥,许多村民便对造桥失去了信心。

　　村里有位寡妇,聪明能干,丈夫去世得早,她硬是凭自己灵巧双手,勤劳苦干,成就了一番家业。她发誓,一定要为村里造一座牢固结实的石桥。

　　那年秋后,她单独出资,雇了 10 多个石匠,凿岩采石,造起桥来。桥该怎样架?她心里也犯难了。筑桥墩吧,山洪来了,桥墩又会被泥石流卷走;不筑桥墩吧,又到哪儿去取那 3 丈多长的石条?造拱桥吗,家里并不富裕——正在大家为造什么样的石桥绞尽脑汁、争执不休的时候,山里走来一位银发披肩的老人。他一手柱着拐杖,一手捋着长长的白胡须,口中念念有词:"寡妇造桥,真不简单,佩服,佩服!"

神仙桥

"哪里，哪里，老人家，我这也是没有办法。你看，这里溪狭水急，年年造桥，年年不见桥，要想造座不坍的石桥，实在太难，太难了！"寡妇摇着头说。

"难吗？我说，说难也难，说容易也容易，"老人像是卖关子似的接着说，"这就要看你的了，呵呵！"

"老人家，这话从何说起？"寡妇疑惑地问。

老人在溪边的石头上坐下接着说："说难嘛，的确是难，像你，一个妇道人家，雇这么多石匠造桥，开销不说，即使桥造好了，每年洪水一来，桥又不见踪影，几十年的积蓄又付诸东流，实在是难——难能可贵呀！说容易嘛，也容易，只要你能够在半个时辰里，为老夫烧好九菜一饭，让我填饱肚子，不劳大家动手，我老头子一个人为你造座桥，而且包你从今往后，再也不用担心过不了溪，看不到桥了。"

寡妇听了老人的一番话，心里想，这老头信口开河，大概是想弄碗饭吃吧？看他偌大年纪，既然开口要饭吃，就给他一碗——咱龙游人，向来上门不煞客。寡妇便笑着对老人说："老人家，你说话算数，我这就给你做饭去！"

走到路上，寡妇犯难了：半个时辰烧好九菜一饭，怎么烧？九个菜就算拿来就熟，凑齐也得个把时辰，何况要洗要炒？正想往回走时，寡妇一眼看见菜地里长着那嫩绿的韭菜，心里有了主意。她顺手割了一把韭菜，用泉水洗净，切碎，再拿来三个鸡蛋，啪啪啪打在碗里，拌匀，炒在米饭里，用碗装了，往饭篮里一塞，拎起饭篮就往溪边赶……

这时，老人还在跟石匠们神聊呢！看到寡妇双手捧上的热气腾腾的韭菜蛋饭，老人哈哈大笑，连连称赞寡妇聪明能干。吃完了蛋炒饭，老人揩揩嘴，把手里的拐杖往溪岸上一插，捋起衣袖，双手捧起石匠们凿好的石条，像抱稻草似的，这边斜放两块，那边斜放两块，双手再举起两块长条石，中间一搭，呵，一座"八"字形的石桥眨眼功夫就完成了。

寡妇和石匠们看到这凌空架起的石桥，真是又惊又喜。可是，他们担心，这么六块石条，浮里悬空的，可牢固？可能走人？

老人像是看出了大家的心思，就说："放心好了，包你万万年！"话音刚落，老人倏地不见了。大家这才明白，老人是山里的神仙。于是，村里人就把这座石桥叫作"神仙桥"。更奇的是，到了第二年春天，老人插在溪岸上的拐杖竟然长出了嫩芽，不久长成了一棵挺拔的樟树，而且越长越高、越长越粗，村里人说，那是神仙的化身，他在保护这座石桥呢！

每每在这个时候，卓彦庆心里就特别佩服寡妇的智慧，他想，如果自己有寡妇的能耐，就可以请求神仙替大力山开出一条大路来。那样，他们的自行车就可以直接骑到家里，下山时，也可以骑自行车下山，那就跟坐汽车一样了……

然而，盼了多少年，谁都没有遇到过神仙，大力山之路一直没影……

现在，卓彦庆成竹在胸，他在周书记的办公桌边上，一边介绍，一边画——公路从哪里开始起步，第一期工程穿过哪个村，通向哪里，后面每期工程往哪个村方向延伸，他都画得清清楚楚，说得明明白白。

看着桌子上弯弯曲曲的水印，周书记的眼眶湿润了——这样详细的计划，他还从来没有见到过。以往大家研究的，能够修条主路已经是了不起的大事了，可卓彦庆却把大力山22个自然村，一股脑儿全盘考虑了进去，而且他的每一步计划都那么合情合理，作为乡里的主要负责人，他有什么理由不全力支持呢？

"彦庆，你放心，我马上向县委、县政府和县交通局递交报告，争取他们最大力度的支持。你放心，修路这件事，我亲自给你当跑腿，督办这件事，只要有一丝希望，我就一定要为咱大力山村，把这项惠民工程拿下来！"周书记拿起请示报告，吩咐办公室马上派车，他要立刻赶往县城。

看着周书记匆匆离去的背影，卓彦庆感慨万分——看起来，大力山村修路，的确是件众望所归的事，大家对这条路的期盼，已经像一锅即将烧开的热油，只要有一根火柴，就能燃起熊熊大火。而他——卓彦庆，就心甘情愿当这根默默奉献的火柴！

因为大力山山高路远，当时还没有拉上电话线，山上连一部手摇电话机都没有，传递消息就靠人跑腿。

此后的一个月，卓彦庆几乎隔天就跑一趟乡里。而周书记也不断给他带来好消息：县委、县政府的领导对修路报告做了批示；交通局已经进行研究；交通局在局党组会上进行了具体安排；外聘的专家工程师即将来现场勘察……

那些日子，卓彦庆高兴得不得了，觉得浑身上下有使不完的力气，虽然每次探听消息，来回都要跑几十公里的山路，但他怎么也不会觉得累。每次从乡里回家后，他除了忙工作，一到晚上，他躺在床上，就闭上眼睛想，明天肯定会得到好消息。以致每天早上，他甚至一个人会站在村口，往远处张望，他多想看到有几个人扛着测绘仪器，出现在弯弯曲曲的山路上……

可一个月时间过去，这一幕景象却一直没有如期出现在卓彦庆的眼里。他等不及，再次跑到乡里，找周书记探听消息。当得知还没有得到交通局通知的时候，卓彦庆就像孩子似的，缠着周书记不放，催促周书记再去问问情况……

没过两天，卓彦庆又来了。周书记见到卓彦庆，递给他一张纸，轻轻地叹了口气，说："彦庆，这是刚才接到的县交通局领导打来电话的记录，领导说，经过工程师的反复论证，大力山山高路陡，地质条件差，有引发泥石流和山体滑坡的隐患，这条路修不了！"

几个月的等待，等来的是这样一个坏消息，仿佛是一个晴天霹雳。卓彦庆霎时懵了，他感觉自己的脑袋像被人狠狠打了一拳似的，大脑一片空白——盼星星，盼月亮，卓彦庆没有盼来修路工程师，却等来了这么一个冷冰冰的坏消息，这让他怎么受得了！

卓彦庆一把攥住周书记的手，急切地说道："周书记，他们不会是搞错了吧？我这些天一直在村里等着他们来现场勘察，可连个人影都没见到，他们没有到现场看过，凭什么说大力山不能修路？"

周书记也有些无可奈何："彦庆，修路的事，不是我们想修就能够修的，这个要从安全考虑。专家说了，千里岗山脉大部分山体属于火山岩，你们大力山村白佛岩附近的饭甑山就是一个火山颈哦。"

对于饭甑山，卓彦庆是最熟悉不过的了。

饭甑山，海拔660米，还没有大力山（又名马槽山，海拔940米）高。但是，饭甑山一直名闻遐迩。据专家论证，饭甑山是几千万年前火山喷发后留下的"火山颈"，目前全国仅发现两处，饭甑山便是其中之一。饭甑山的旁边便是有着"江南第一瀑"之称的"白佛岩瀑布"，水流落差近百米，声闻数里。岩下乱石嶙峋，到处可见火山岩地貌的流纹岩、凝灰岩特征。这些都是实情，但是，大力山不是还有许多山体都是花岗岩的吗？

周书记看卓彦庆沉默不语，知道他心里不好受，就安慰说："关于地质状况这事儿，我也问过专家，县交通局也已经尽了全力。以往，咱们县里的工程师总说工程不好干，这次他们还特地从外面聘请来一个专家，专家看过地图，直接就把这个计划给枪毙了，主要是在技术上根本不可行，你也知道，大力山海拔比较高，岩石结构……"

没等周书记说完，卓彦庆就把话头抢了过来："地势太陡峭，地质情况复杂，直路修不成，盘山公路工程量太大，需要大量人力物力财力，是不是？这些话我们都听多少年了，困难还是那些困难，一样也没增加，可咱们的社会进步了，机器也比以前先进得多，我们常常说'办法总比困难多'，为什么对付这些困难还是没有办法呢？"

周书记拍了拍卓彦庆的肩膀，说："彦庆，你刚上任，想干出一番事业，让大家看看你的能力，这心情我能够理解，可公家办事有规则，你也懂的，如果专家研究论证通不过，那上级是不敢批复的，更不会给咱们工程拨付资金；此外，专家还说，这条路非同一般，如果强行要修，那投入也不是咱们小小的龙游县财政所能负担得起的，那将是个巨大的天文数字，是个无底洞哦！领导们慎重一些也是可以理解的。不过，你放心，虽然路修不成，但大力山可以发展各种产业，多举措增加山里农民的收入，尽快脱贫致富也是很有希望的。这个，咱们乡一级就能够大力支持，不管是资金还是技术，我绝对优先支持你们大力山村！"

从乡政府回来的路上，卓彦庆的脑子里成了一团乱麻。虽然他对申请失败有一定的思想准备，但让他接受不了的，却是县里做出决定的方式——凭什么要那么迷信专家的话？专家一句话，毁掉的可能就是大力山村发展的希望啊！

回到家的时候，天已经完全黑了，廖美香早已经把晚饭准备好，看到卓彦庆的脸色，她就猜到事情的结果。廖美香没有再打听什么，只是一个劲儿地给卓彦庆的碗里夹菜。

廖美香做饭的手艺很好，可现在的卓彦庆，哪里还有心思吃饭？他甚至有些后悔——自己上任第一天发表的"施政宣言"，看起来真要成为一个笑柄了。要是当初自己听取黄金土的建议，稍微收敛一些，也不至于落到今天连个下台阶的机会都找不到的地步。卓彦庆隐隐觉得，用不了多长时间，全村的老百姓都会在他的背后指指点点，说他这个书记是个"吹牛大王"，说话不算数，那自己这个支书还怎么干下去？周书记给出的支持大力山村的政策，看上去很美，可没有路，就算大力山真的发展成为一座金山，那又能怎么样，老百姓还不是照样端着金碗讨饭吃？

"美香，给我倒杯酒！"卓彦庆红着眼睛说道。

"阿土，现在好像还不是喝酒的时候吧？"廖美香慢声细语地说道，"我记得你说过，咱们大力山修路就得拿出愚公移山的那股子劲头来，可愚公还没有开始移山，应该不是喝酒庆祝的时候吧？听说，愚公当年没有喝酒的，他是忙着给他的妻子、邻居们做工作，让他们相信他一定能成功，并且齐心协力来帮他。后来，他好像还跟一个聪明的老头辩论过，那个聪明的老头也没能够辩赢他。虽然故事里没有说起喝酒的事，不过我觉得，愚公喝酒，最起码应该是在移山完成之后，大家庆功的时候才喝的。像你这样，刚碰一点难题就开始喝闷酒，要是真的修起路来，那难处肯定比现在多得多！到时候，恐怕把大力山所有人家的苞谷烧都买来，也不够你浇愁吧？"

"你……你怎么也……"听了廖美香的话，卓彦庆先是有些着急，不过很快，他的脑子就清醒过来，终于没有对着妻子发脾气。

一阵凉风从窗户吹进来，卓彦庆看了看外面如水的夜色，那颗烦躁的心慢慢地变得平静下来。

是啊，妻子说得对，愚公移山靠得是自己的信心和决心，也没见愚公给上级领导打报告申请资金啊！的确，这条路不能修，那是专业施工人员的结论，如果所有大力山人都认为这条路可以修，大家心往一块想，劲往一处使，办法肯定比困难多。甭管外面支持不支持，先把这把火烧起来再说，让外面的人看看大力山人的决心，如果能开个好头，事实胜于雄辩，不愁上级不支持！

想到这里，卓彦庆猛地一拍桌子："对，从今天开始，我不再喝酒，啥时候咱大力山的主路修通，我再喝酒庆祝。我就不相信，活人会让尿憋死！咱大力山人，难道就眼睁睁地看着自己被这条路困死在山窝窝里吗？修路，一定要修路！直路修不成，我就修弯路；大路修不成，我就修条机耕路！"

廖美香笑了，此时此刻，这个原本带着几分斯文气的汉子，好像一下变得血脉偾张，那并不强壮的身板，也显得渐渐高大强壮起来。

不出卓彦庆所料，第二天，整个大力山村已经传遍了县里不支持修路的消息。这个消息，对于很多老年人来说，他们已经见怪不怪了，换言之，这是他们意料之中的事。

可一些年轻人却开始阴阳怪气地说闲话了：想修通大力山村通往外面的路，那简直就是痴人说梦——做梦坐飞机！如果他卓彦庆能办成，那咱们点根柴火就能把火箭发射到月亮上去！

黄金土听到这个消息，赶紧来找卓彦庆，让他好好琢磨琢磨，下一步怎么跟老百姓做好解释工作，实在不行就把责任推到乡里、县里去，总之，要告诉大家，这事的错不在村委会，不在村干部，不在卓彦庆。

卓彦庆听后，摇了摇头说："不用推卸责任，路，我们一定要修！"

"还要修？上级都不支持，你拿什么修？出了问题怎么办？！"黄金土问。

"上级不支持，咱们就自己修！我们就是要做出个样来，让外面的人看看，大力山人不是孬种，不是一盘散沙，咱们要想干一件事，就一定能干成！兄弟，为了修好这条路，我豁出去了，大不了，搭上我这条命也值！"

衢州日报报道

第十七章　心　痛

在卓彦庆的字典里，是没有"认输"这两个字的。

卓彦庆每天出门的时候，总忘不了在衣兜里装上一个小本子，到乡里开会，替村里的老百姓到山外采买货物，把自己家的山货送到集市上去，进山出山，他都会边走边琢磨。有时走着走着，会突然停下来，皱着眉头思索一会儿，然后"噗嗤"一下笑了，又在小本子上写下几笔；有时候，想了很久，却把要办的什么事忘了，最后叹一口气，把本子往兜里一塞，继续赶路——他要办的事情实在太多了。有几次，他甚至走到了悬崖边，这可让跟他同行的乡亲们吓坏了。

"美香啊，上头不让阿土修路，阿土的脑子会不会想不开？我们看他都有点懵懵懂懂了！"邻居蔡阿婆特地拄着拐杖来美香家串门，看到美香后说，"我听说，他老是往别人不敢去的地方去，你可得看好他，千万别出事。阿土每天忙里忙外的，还经常给我这个没用的老婆子捎东西，他要是出点什么事，我可活不了。"说完，蔡阿婆又有些懊悔："阿土媳妇，我是怕阿土出事，才这么提醒你的，你可别计较我老太婆嘴笨，不会说话啊！"

廖美香拉蔡阿婆坐下，笑着说："阿婆，我哪会怪你的，阿土这些天啊，一直还在琢磨修路的事呢。我嘱咐过他，让他一定要小心。"

蔡阿婆听了，一个劲地摇头："阿土媳妇，阿土晚上回家，你告诉他，咱大力山这路啊，不是一天两天就能修成的。修不成，咱就再等等，这辈子等不到，那就等下辈子。有些事儿啊，是倔不得的。就算这条路修不成，村里人也不会埋怨他的，大伙儿心里都明白——他已经尽力了！"

廖美香不知道自己该对蔡阿婆说些什么——卓彦庆对于修路的执着，让她这个做妻子的也有些担心。支持他吧，这也许就是个连百分之一成功的希望都没有的活，一旦干起来，到时候失败了，半途而废，收不了场，卓彦庆能受得了这个打击吗？不支持他吧，他现在就像一个天真的孩子一样，每天吃饭睡觉的时候都在琢磨着修路，你突然打断他的思路，告诉他别琢磨这件事了，他会更加受不了的。因为修路一直是他梦想，是他的精神支柱，即使不能实现，他心里总还有一点希望在闪着光。这时候，谁要是刺破他心头上的那个美丽的肥皂泡，他肯定会跟谁拼命，要么就是自个儿颓废下去，一发不可收拾。无论是哪一种情形，都是廖美香不想看到的。

还没等到廖美香想好该怎样破解这个难题，卓彦庆那里却已经顾不上再琢磨修路的问题了，因为一个更大的挑战在向他、向多灾多难的大力山村袭来。

清明过后，大力山村的早稻田里早早就插下了秧苗。按照往年的情形，几场春雨过后，这些秧苗就该蹭蹭地往高里钻的。可谁知，那年的天气特别怪，连续两个月，山上居然一滴雨都没下。每天早晨，村民们起床看看窗外，看到的都是湛蓝湛蓝的天空，连一丝云彩、一团云雾都没有。

这么多年了，大力山人已经见识过很多次山洪暴发，甚至遇到过滚滚而来的泥石流。对付过于充沛的降水，他们已经有一套自己的办法，但他们几乎还没有遇到过"没水"这种情况。

以往的这个时候，大力山似乎从来没缺过水，有片云彩就能带来一阵降雨，没有云彩，有团雾也能让山上山下、里里外外的草木都湿漉漉的，竹林下，石缝里，茶树旁，随便用锄头挖个坑，里面就能冒出水来。可现在，这些水都不知道跑哪里去了。竹林还要好些，只是叶子有些微微发蔫，而石头缝里已经没有一丝潮气，茶树的叶子也已经开始发黄。最为凄惨的是村里那450亩稻田，田地已经干裂，土表已经发白开裂，稻苗从发黄直至枯死，剩下的绿苗已经没有几棵，活着的也只能与杂草为伍，人们已经分辨不出哪是稻苗，哪是杂草了。

绝收！450亩稻田全部绝收！

为了救活这些庄稼，卓彦庆四处奔走，跑得眼里、嘴里、心里几乎都要冒出火来。他四处求爷爷告奶奶，希望能挽救这些庄稼，可哪有什么办法？大力山上没有水库，这也怪不得大力山人，因为每年雨季，山上百姓考虑最多的就是泄洪。山高谷深，筑坝蓄水，那不是没事找事吗？山沟泉水已经断流，动用设备从山下往上抽水，更是不可能的事，且不说要用多少柴油机、抽水机，需要多少长的水管，就是有机器和水管，光是抽水要用的柴油，大力山人也买不起——成本之高，高到大家都觉得不值得去救那些庄稼。

乡里听说大力山村遇到了百年不遇的旱灾，周书记带人来看过几次，也无计可施。最后，周书记也只能拍拍卓彦庆的肩膀："算了，庄稼是保不住了，你保障了村里的人畜饮水，已经是大功一件！"

卓彦庆的心头在滴血，保障人畜饮水，也只能靠村民们到山脚下的泉水坑里去挑、去背，这么崎岖难行的山路，让大家吃尽了苦头，要是能够把山下通往山上的机耕路修通，大家就不必吃这样的苦头了——拖拉机突突突一开，一大车水就从山下拉上山来，别说人畜饮水，说不定还能救活几百亩庄稼呢！

路啊路，就是你卡住咱大力山百姓的脖子啊！老天爷，你是想要咱大力山人的命啊！

整个1995年，卓彦庆似乎只做了两件事：一是想方设法给村里找水，二是想方设法给村里百姓打气——要想不受老天爷的气，那就必须修路。现在大力山的羊肠小道，就像是一条弯弯曲曲的绳子，拴住了大力山的一个个村庄，系着大力山老百姓的脖子，随时随地就可能要了大力山人的命！将来如果修成了公路，汽车可以上上下下，那路就是一条漂亮的花围巾，不但能让咱老百姓感到温暖舒心，还能让咱大力山的每一个村子变得漂漂亮亮！

卓彦庆每天一个自然村一个自然村地走，一个村小组一个村小组地开会，一户人家一户人家地去拜访，他不会说什么华丽的言辞，他只是把他最朴素的想法告诉大家：不修路，大力山人就会被困死在这个山窝窝里，将来孩子们都不愿意回来，等他们这一辈渐渐老去，村子就变成一个空壳子，再过几十年，龙游的地图上，可能就没有大力山村的标记了！

一开始，大家都觉得这位阿土书记说得有些危言耸听、不着边际，这边卓彦庆说着说着，再看听他讲话的人，已经变得稀稀落落。顾及他面子的，悄无声息地溜了；不顾及他面子的，直接告诉他自己要做饭，要喂鸡鸭，或者直截了当说要去砍柴，然后一哄而散，只留下几个走不快、听不太清楚的老人呆坐在他身边或闲聊，或打瞌睡……

卓彦庆从来没有气馁，自打他下定决心要把大家的心气都汇聚到修路这件事上来的那一刻起，他就知道自己选择了一条异常艰难的路，可这条路，他卓彦庆必须咬着牙走下去，因为，这条路的那一头，连接的是大力山百姓的希望和幸福！

因为每天必说，每会必谈，渐渐地，大家慢慢开始认同卓彦庆的理了，一些和卓彦庆年龄差不多的青年人，经常来往山里山外，对路有着切身的感受。他们开始跟卓彦庆沟通，一起探讨起怎样修路才最省力、最省钱，有些小青年干脆直接撸起了袖子：阿土书记，咱们赶紧干吧，再不干，我们就会成为大力山的小光棍了！你再不开始修路，我们就得出去打工去了！我们不想在大力山等着做光棍！最让卓彦庆动容的，是村里的那些从没有出过远门的老人，他们对卓彦庆的话听多了，他的每一句话都已经成为口号，熟记在心头。每次外出的孩子回家，他们就会把卓彦庆的话，一字不漏说给孩子们听，一遍又一遍，不厌其烦，让这些在外面打工孩子知道：村里要修路，每个人都应该为修好这条路出一把力！

卓彦庆的话，犹如一团小小的火苗，在大家的呵护下，慢慢变成一支火把，再后来，这火把由一支变为两支、四支、几十支、几百支……整个大力山 22 个自然村，千余名村民的心，全都被这火把照亮了，整个大力山，都被照亮了！

一年多的时间，大力山的修路工程看起来一动没动，但在卓彦庆和大力山百姓的心里，这条路已经开始修筑。毕竟，每个人都向往着美好的生活，没有一个人愿意一辈子被封闭在这大山里，眼睁睁看着外面的世界，却走不出去；眼睁睁看着幸福就在门口，却走不进来。

转眼间，秋天到了，大力山人过了一个没有收获的秋天。在卓彦庆和乡亲们的共同努力下，大力山并没有出现粮荒，外出打工的村民成了大力山人最为可靠的经济来源，靠着源源不断的外部"输血"，大家总算熬过了灾荒。

入秋之后，几场秋雨降下来，大力山又恢复了往日的景象，小溪开始淌水，连岩石的表面都变得湿漉漉的，竹林、茶林又恢复了生机，它们跟饱经磨难的大力山人一样，对创伤有着天生的自愈能力，只要有一口气在，它们就能再一次站起来。

鉴于大力山遭遇的严重旱情，乡里经过研究，最终由周书记拍板，对大力山的农业税适度减免。周书记把卓彦庆叫到乡里，语重心长地对他说："彦庆，照理说，大力山的农业税全部免除也是应该的，可你也知道，这次旱灾，全乡各村都受到了严重影响，免了你们一个村的，必然会引起其他村庄的攀比，造成连锁反应，给乡里的农业税工作带来负面的影响。乡里向上级打了请示报告，但免除全部农业税的希望不大。为了不影响全乡农业税收缴的进度，乡里决定，在上级批准之前，你们村也只能进行一些小范围的减免，你觉得能顺利收起来吗？要不要我给你派个助手？"

"要！"卓彦庆回答道。而这个回答，也的的确确出乎了周书记的预料。

第十八章　喜　讯

每年乡里催缴农业税，总会遇到个别农户不配合的问题，有的嫌税费高，有的借口家庭经济困难，还有的拿村里干部不清正、不廉洁、不办事说事……理由五花八门。负责征收税费的村干部和村民之间难免有些磕磕绊绊，有时候，村里的干部甚至会和脾气暴躁的老百姓发生语言、甚至肢体冲突。每逢这个时候，乡里也会派出一些干部帮着催收。但卓彦庆上任后，第一次征收农业税，村民非常配合，任务完成得非常顺利。今年大力山村遭了天灾，周书记自然相信卓彦庆不会有畏难情绪，没想到，他试探着提出给卓彦庆派个人帮忙收税费，卓彦庆居然就接受了。

以周书记对卓彦庆的了解，如果不是遇到真正的难题，感到有实实在在的困难，卓彦庆是不会向乡里伸手求援的。为了帮助这个"新手书记"做好工作，周书记派出一个副乡长带着两个综治委的干将到大力山村蹲点，驻村帮忙。临出发前，周书记把三位乡干部叫到一起，开了一个短会，嘱咐他们上大力山以后，遇到问题，一定要替卓彦庆多出主意、多想办法，协助他做好乡亲们的思想工作，让大家心服口服、心甘情愿地把农业税缴齐。如果遇到那种蛮不讲理、有炮筒子脾气的主，在耐心说服教育的同时，用条条款款的法律法规给卓彦庆撑腰，不能让个别人搅乱大力山村收缴农业税的工作……

工作组派出去整整一个星期，周书记每天都在忐忑不安中度过：大力山的严重灾情是明摆着的，征收农业税肯定有难度。他一方面继续向上级打报告，请求对大力山村进行减免税，扶贫帮困；另一方面焦急地等待着工作组的消息。

　　终于，在一周后的星期一下午，王副乡长带着两个部下回来了，三个人风尘仆仆，一脸疲惫，更让周书记感到担心的是：三个人的眼圈都是红红的，好像是受了很大的委屈似的。

　　"怎么样？征收工作不顺利？"周书记看到他们三个人的状况，第一感觉是遇到了难题，于是急切地问。

　　"顺利。"王副乡长坐在周书记对面的椅子上，声音有些低沉，"所有农户名下的农业税都交上了，一户不少，一分不差。卓彦庆带着会计和我们一起回来的，他俩先去财政所交钱去了。"

　　一户不少，一分不差，这怎么可能？这个结果，让周书记感到很有些意外！

　　其实，在周书记的脑子里，他根本就没指望大力山村能够百分之百完成这次农业税征收任务。他在心里想着，如果大力山村可以完成一半的农业税任务，他就可以在全乡干部会议上当典型给予表扬，促进全乡各村的农业税征收工作，他怎么也没想到，大力山的村干部居然完成了一个不可能完成的任务！

　　周书记高兴得不得了，当即起身亲自给王副乡长三个人倒了三杯水，分别端到他们面前，递到他们的手上，心疼地说："这一个星期，你们三个也辛苦了，吃不好，睡不好，看得出来，你们都瘦了一圈了！"

　　王副乡长把水杯放下，眼泪一下涌了出来，他站起身，对周书记说："周书记，这次征收农业税，我们是做了一些工作，可功劳主要还是大力山村两委班子的，我们只是配合他们宣传讲解党的政策。通过这次蹲点大力山协助征收农业税，我们几个至今心情不能平静，我们感受最深的，就是大力山的百姓真的太朴实、太善良、太好了。他们生活那么苦、那么难，有些人家里已经没有了粮食，吃的都是番薯、玉米这样的杂粮，许多农户根本吃不上白米饭，可没有一个人抗税不交的，看着他们把压在箱底、藏在酒坛里的钱拿出来缴农业税，说着'生儿养娘、种田交粮、天经地义'的话，我们心里实在不好受啊！周书记，面对这么一群深明大义的大力山人，咱们真的该替他们想想办法，彻底解决大力山村的贫困问题，不然的话，咱们对不起这么好的老百姓啊！"

　　"哦？你们快说说，这一个星期，你们都看到了些什么？"周书记的话语急切而低沉。

从王副乡长他们几个人的叙述里，周书记渐渐理清了头绪：原来，在这一个星期里，卓彦庆带着他们，从山脚到山顶，从山腰到山坳，一户一户地走访了大力山村所有的村庄，走访了大力山村每一家农户。说实话，虽然王副乡长他们在石佛乡工作的时间也不短，大力山村也去过几次，但他们没有想到，当他们踏进一些农户的家里的时候，他们才突然发现，这世界还有一种贫困，叫做"大力山的贫困"。

那些贫困户，大多是留守在山里的老人们，他们住的是四处漏风的泥墙茅草房，一阵风吹过，房顶上就会掉落黑乎乎的烟尘和已经腐朽了的茅草碎末；屋子里的摆设，看不到有新置办的家什，一把把竹椅子都是紫红发亮的，可能比这些老人家的年龄都大；干裂的桌子上，缝隙可以掉下筷子；黑黝黝的凳子也是缺胳膊少腿；床铺上的被褥，已经碎成丝丝缕缕的，甚至看不出原来的底色。不少老人每天只吃一顿饭，中午晚上就用番薯和老玉米对付，下饭的菜只有腌辣椒、腌萝卜、霉豆腐。可就是这样的一些贫穷人家，看到卓彦庆进门，他们也并没有太多抱怨，简单聊上几句后，或者骂几句刻薄的老天爷，然后就把农业税交上。

"周书记，你是没看到那些老人家交钱的样子，"王副乡长说，"他们的钱，大多藏得很严实，有的藏在床脚下面，有的藏在柜子底下，还有的放在佛龛下面，用手绢或者土布包得严严实实。他们拿出一个大大的布包来，我们看着他们放在桌子上，然后一层层地打开。起初，我还以为里面有很多钱，可打开厚厚的布包之后，里面只有一两张 10 元的票子，这一二十块钱，就是他们全部的积蓄！从钞票的颜色看，已经有些发灰，有的已经霉渍斑斑……

"看到他们的双手哆哆嗦嗦的样子，不知道为什么，我竟然会联想到我年迈的爹娘，虽然现在他们的日子好多了，可我觉得，如果我的爹娘如今还是这么一副样子，我心里肯定受不了。

"改革开放已经这么多年，山下的农户在银行里大多有了或多或少的存款，可是交通闭塞的大力山上，许多人还没有进过银行……咱们不能忘了，在乡镇企业发展迅速的石佛乡，竟然还有一个这么穷困的大力山村，咱不能让这些和我们父母年龄相仿的老人们，再这么苦下去了！要是咱们连温饱的生活也给不了他们，那咱这乡官也别做了！"

王副乡长说完，右手的拳头狠狠锤在办公桌上，桌子上的水杯跳动了几下，里面的茶水跳了出来，在桌面上留下几个扁圆的水珠。

"老王，你说的对！"周书记听着听着，眼睛里也泛出了一丝泪花，"大力山今天还这么贫困，我这个当书记的也有责任！这几年，我们都在抓经济，促发展，眼睛就盯在山下经济条件好的村庄，带领他们勤劳致富，副业搞得红红火火，带出了不少万元户。对像大力山村这样山高路远的村庄，我们关注太少了！有时候，我们还因为他们拉了全乡经济发展的后腿而指责埋怨他们，实在太不应该了。以前上级来视察，咱们也是尽量把领导带到条件好的村庄去参观，得到表扬还沾沾自喜。老王啊，我得好好谢谢你，不是因为你们用一周的时间，收齐了大力山村的农业税，而是因为你们的一番话点醒了我，只要咱们石佛乡还有一户老百姓没有脱贫，咱们就没有资格说自己的工作做好了！今后，咱们必须把工作做到农民的田间地头、牲口棚边和屋檐下，只有这样，咱们才能知道老百姓需要什么，咱们应该干些什么，怎么干！"

周书记的话音刚落，办公室的门被推开，卓彦庆走了进来，看到周书记和王乡长，他憨厚地笑了笑，冲大家点了点头："这次能把农业税收齐，可是辛苦王副乡长他们了！"

"彦庆，你不用遮掩，你的心思，我早琢磨透了！"周书记起身倒了一杯水，双手捧着递到卓彦庆手里，接着说，"其实，以你在大力山村的威望，收农业税尽管有一些难处，但还没有难到需要咱们乡干部去协助收缴的地步！当初我提议让王副乡长他们去给你帮忙，原来也只是客套一下，看你会不会被这小小的困难难倒，没想到你答应得挺利索，当时我还真有点儿失望。刚才我听王副乡长他们说，你带着他们，走遍了大力山村的每一村、每一户，每到一户，你不是让他们协助你收农业税，你是想让他们看看大力山的贫穷，看看大力山人的苦，让他们走一走大力山的路！对不对？"

卓彦庆的脸微微一红："周书记，别看我们大力山的百姓日子过得困难，可大家都是识大局顾大体的。虽然大力山今年遭了旱灾，家家户户都缺少粮食，可大家心里亮堂着呢，对上缴农业税都没有太大的抵触。老人都说，自古以来，种地上缴'皇粮国税'是天经地义的事，刚解放那会，为了支援国家建设，咱们大力山人就做过只留下种子、余粮全部上缴的事！这次受了灾，乡里决定减收部分农业税，乡亲们心里挺感激党和国家的。我觉得，大力山的老百姓是有觉悟的！只是，这么好的老百姓，却被一条路困在了山窝窝里，实在太可惜，我卓彦庆对不住他们哦！"

周书记擦了擦眼角的泪花，冲卓彦庆竖起了大拇指："彦庆，你的苦心我们明白了，咱们做基层工作，就得到最基层做调查研究，就得做到老百姓的家里去。你放心，大力山的情况，我们会立即形成报告，报到县里去，让全县都知道大力山村群众的愿望：大力山需要路，大力山需要帮扶，需要脱贫致富！"

"那，我们修路的事，也快要有指望了？"卓彦庆惊喜地问。

"我们一定会尽力争取！我相信，大力山老百姓离好日子肯定不会太远！"周书记斩钉截铁地说。

不久，一个振奋人心的消息传到大力山村百姓的耳朵里。经过乡里积极向上反映情况，大力山的困境引起了县委、县政府领导的高度重视，县政府研究决定，大力山村的农业税全部返还到村里，专项用于特困户救济和基础设施建设，大力山村集体经济的账目上，终于有了一笔"巨款"。

在保障特困户的温饱前提下，剩余的资金，卓彦庆已经想好，他们要启动一项大力山人盼了很多年的大工程——修路！

修　路

第十九章 钉 子

卓彦庆的修路大计终于从纸上落到了地上，两道白色的石灰线，穿过崎岖的山坡，从山脚下一直延伸到了大力山上。卓彦庆隐隐约约记得，不知在哪个神话传说里，曾经有过这么一个故事，说有人编织了一条"通天索"，顺着"通天索"爬上去，就能进入如诗如画的仙境。对于大力山村的百姓来说，这两条弯弯曲曲的石灰线勾画出来的，就是一道通往富裕之门的"通天索"！

可是，让卓彦庆没想到的是——这条"通天索"才刚刚画出来，就有几处被村民掐断了，原因很简单——即将修建的道路，圈占了他们的田地，划破了他们的茶园，蹭开了他们的围墙……

对于祖祖辈辈生活在山村里的百姓来说，那几步宽的田垄，那几棵不大不小的茶树，还有那用石块垒起来的歪歪扭扭的院墙，就是他们家的私有财产。有的人放出风来：要想占用我家的地盘修路，那村里必须出点血，能多给点儿补偿款最好，拿不出补偿款，用低保户的指标来换也成！总之，自己绝对不能吃亏！

看到几个平时和自己称兄道弟、勾肩搭背的乡亲在这节骨眼儿上跟自己为难，卓彦庆的心里觉得有些凉飕飕的。

怎么办？村里连修路的钱都凑不起，哪有钱给村民补偿！用低保户的指标去兑换？那更不成，低保指标是党和政府用来照顾弱势群体的。自卓彦庆上任以来，他就从来没有拿低保户的指标做过任何交易。这个时候，如果为了修路放弃了原则，那今后谁还相信他办事是公平、公正、透明的？可如果这两条都不答应，路怎么办？总不能硬闯蛮干吧？修路是造福大力山百姓的好事，好事办不好，让村委会跟老百姓成了仇敌，这也不是卓彦庆想要的结果。

为了解决占地的问题，卓彦庆和他的村委班子可是费了不少力气。他们一家一户地去讲道理、做工作，可没想到啃了五六天的硬骨头，居然一块地都没啃下来。

最让卓彦庆不能接受的是，他在原本以为最容易说服的老丈人那里也碰了壁——有一段路要擦着老丈人家的院墙过去，必须拆掉老丈人家的一段院墙。这下廖美香的家人可不愿意了——自打廖美香嫁给了卓彦庆，她就成了大力山小学的女儿，一天到晚不是教学生，就是进修学习，平时难得回家一趟。好不容易盼到卓彦庆当上大力山村的父母官，本指望着能从他那里沾点光，谁知道这个姑爷还是个拗相公，公家的便宜自家人一点都沾不着！沾不到光不说，这遇到修路，自己家还得带头拆掉院墙，哪里见过这样当官的？就算胳膊肘不往里拐，也不能总往外拐吧？跟支部书记做亲戚，就得干等着吃亏？

当初，听到丈人家不同意的时候，卓彦庆并没有太着急，老丈人廖荣林的脾气他是知道的，老人家识文断字，通情达理，他觉得自己做通他的工作没问题。但当他提着礼物亲自去过一趟之后，他才知道自己有些过于乐观了——老丈人没有露面，只让邻居给他捎了一句话——修路占地这事，廖家没意见，但绝不带头，用句俗话说，那就叫"不骑马，不骑牛，骑着毛驴赶中游！"只要卓彦庆能做通一半人的工作，不用卓彦庆动员，廖家自己就把围墙拆了！

卓彦庆没办法，只好垂头丧气地往家走，刚走了几步，他就隐隐约约地看到不远处的墙角里有几个人影闪过，顺着微风，还隐隐约约听见了几声轻微的讥笑声。

"想白占咱们的地，没门！"

"嘴上说办事公道，决不优亲厚友，到节骨眼上，这不给补偿白占地的事遇到自家人，大家有好戏看了，看他怎么摆平！"

不用猜，卓彦庆知道这准是那几户"钉子户"在一旁偷着看热闹。看到他在丈人家吃了闭门羹，这几户才会这么幸灾乐祸。

卓彦庆的脸微微有些发烫，上任以来，这是他第一次遇到这种尴尬的情况，他也有点儿不知道该怎么办了。

　　晚上回到家，卓彦庆连饭都没吃就倒在床上。这修路刚摆上议事日程，就遇到这么多磕磕碰碰，他都有点灰心丧气了。廖美香见状，知道他遇到了烦心事，连忙给他端来了热饭，卓彦庆摇摇头，不吃；廖美香给他端了洗脚水，他摇摇头，不洗。廖美香看他那副心灰意冷的样子，冲他后背轻轻拍了一下，说道："阿土，你整天跑东跑西，修路的事还是摆不平，现在往床上一躺，不吃不喝，就能把修路的事摆平了？"

　　听了廖美香的话，卓彦庆一翻身坐了起来："你还说我？现在修路最大的难题就在你家。美香，你应该也能看出来，那几户不同意修路占地的，都在看着我怎么处理你家墙外那段路。如果我连自己丈人家的工作都做不通，那几户的工作就别指望有进展了！"

　　廖美香思忖了一会，说道："阿土，你别生气，我觉得这事儿还没到不可收拾的地步。你看，今天你去我家，我爸没有露面，况且他也没说不同意，只是说不愿意做第一个拆的。我知道，我们家事是我爸爸说了算。你和我爸爸当过几年同事，你应该知道他的脾气，他不是个不明事理的人，我觉得他之所以会这样，应该是有人在背后撺掇他的。老人家又特耿直，担心带头拆了院墙，会被人笑话，说是讨好你，所以才会为难你一下。其实，他心里肯定也不好受——一边是低头不见抬头见的乡亲，一边是自己的姑爷，所以他才会躲到一边。"

　　卓彦庆听了，脑子渐渐清醒起来，他拍了拍脑袋，说道："对啊，这点儿我怎么没想到，明天一早，我继续到你家去，看看老爷子是不是在家，如果在家，我就跟老爷子直接说，这事儿没有谁讨好谁的问题，为了给全村人修出一条幸福路，咱们村的每个人都应该抱着'吃亏是福'的想法，再说了，将来路修通了，出门就能走上机耕路，多方便，今年这次修路，只能修主干道，有些村暂时还不能通上路，咱应该觉得沾光了才是啊……"

　　廖美香"噗嗤"一下乐了："你说的这些道理我都懂，赶紧起来吃饭！"

　　卓彦庆一骨碌翻身起床，走到餐桌前，大口大口地吃起饭来。

　　奔波了一天，忙得脚后跟打后脑勺，卓彦庆真觉得有些饿了，而廖美香的一番话，又仿佛是一针兴奋剂，让他的心情变得爽快起来，饭菜吃到嘴里，也变得格外香甜。

　　第二天一早，卓彦庆刚要起床，却被廖美香拦住，她告诉卓彦庆，早饭已经做好，让他看着孩子们吃饭，她要马上回趟娘家，替他去说服父亲。

　　"没事儿，美香，我昨晚都想好了，这做工作的事，还是由我来做。"卓彦庆一边穿衣服一边说道。

　　"还说呢，"廖美香淡淡一笑，"昨天晚上，你一开始翻来覆去睡不着，睡着了不久，又开始说梦话，不是在求我爸爸支持你的工作，就是招呼着大家上工地干活。彦庆，我知道这条路在你心里的分量。现在学校还在上课，孩子们的功课耽误不得，修路的事，我帮不上大忙，但在劝说我爸爸他们这事上，我能帮你一把就帮你一把。那些人说的不错，当干部的，不能优亲厚友，可有一个例外，就是需要咱们做出一定牺牲的时候，干部家属就得走在前头！"

为群众办事

第二十章 帮 手

看着廖美香走向晨曦的身影，卓彦庆的眼睛湿润了。这几年，自己的妻子太不容易了，当初是自己画了一张"大饼"，把妻子"糊弄"到了大力山村小学教书，一转眼十几年过去，自己的儿子都快10岁了，可当初自己说的，让廖美香"从代课老师考民办老师，再从民办老师考正式的公办老师"的事，却一点影子也没有。这些年，廖美香把一大半心思放在学校里，一小半心思放在照顾自己和孩子上面，甚至连自己的娘家都变得疏远了。可她却从来没有抱怨过，每天总是笑眯眯的，当自己遇到困难的时候，又是她挺身而出，替自己去解决那些难题。卓彦庆心里对廖美香总是怀着一种愧疚。有时他也会想，等到下山的路修通，大力山小学跟外面的世界连接起来，解决廖美香工作的事或许会有着落，那时候，他内心的愧疚也许会减轻一些……

吃过早饭，卓彦庆准备去老丈人家看个究竟，刚出门，就看到黄金土急匆匆地跑了过来，一边跑一边高声喊道："阿土，县交通局的徐烈局长带人来了，已经到村队部了，你赶紧去看看。"

徐局长？卓彦庆的眉头一下紧皱起来，他记得很清楚，之前在申请修路的过程中，县交通局总说这里修不成、那里修不了的，现在，大力山村打算自己修路，徐局长来干什么，莫不是又来阻止修路？

卓彦庆本来不想去见徐局长，可黄金土还是拉着他朝村委会走去。卓彦庆是个明白事理的人，毕竟人家是县交通局的当家人，今后少不了要跟人家打交道，人家大老远过来，如果连面都不跟人家见，于情于理都过不去，何况人家也是一番好意，万一今后再有什么事需要人家帮忙，自己怎么张嘴？

卓彦庆来到了村委会门口，抬头看去，只见一个中年人站在那里，正在四处张望，身旁还跟着两个戴眼镜的小青年。三个人的裤脚上，沾满了露水和草叶，衣服已经被汗水湿透，紧紧地粘在身上。两个小青年的衣服上，还有几处泥道道，也许还摔过跤，一看他们的样子，就知道是起大早赶过来的，而且路上没少吃苦头。

看到卓彦庆过来，徐局长紧走几步迎了上来，一把握住了卓彦庆的手说："卓书记，听说你们真的要修路，我们赶过来看看。"

卓彦庆脸上几乎没有什么表情，他冷冷地说道："徐局长，来看看可以，但我可不想再听到你们说这路不能修的大道理。你可知道，我们下了那么大的决心，才把修路这件事定下来。说实话，这条路究竟能不能修成，大家心里都没底。现在，大家的心好不容易聚在一起，要是有个人站出来说一句'这路不能修'，我担心大家的心气一下就泄尽了，那样的话，大力山人就永远没有出头之日了。"

徐局长冲卓彦庆竖起了大拇指，然后指了指身后的两个小伙子，说："卓书记，你放心，县上乡里对大力山修路的事也非常重视。虽然由于规划的事，暂时不能为这条路拨款，可上级一直在想方设法解开这个死扣。这不，我亲自带着小张和小黄两个技术员过来了。别看他们年轻，可他们在学校里的时候，可都是高材生。我带他们过来，就是想告诉你卓书记，请你放心，在修路这件事上，咱们县交通局一定尽力帮助你们！我们一边帮你们修路，一边向上头争取资金。从今天开始，大力山的修路工地，就是我的第二办公室，也是他们俩的实习阵地！"

卓彦庆根本就没有想到，徐局长会说出这么一番话来。他紧紧握住了徐局长的手，说道："徐局长，您说的都是真的？多少年了，咱大力山人一说修路，听到的都是嘲笑，泼来的都是冷水，我们还从来没听过这么暖心的话呢！"

这时，旁边那个瘦弱的戴眼镜的小伙子小张说话了："卓书记，我们一大早跟着徐局长过来，上山的时候，就是顺着你们画的石灰线走的，我们越走越纳闷：都说大力山闭塞，可你们究竟从哪里请了高人，居然在这么复杂的地质条件下，规划出来这样一条路线？我和小黄看过，你们规划的这条路，看似普普通通，但仔细研究下来，却应该是当前条件下最科学、最合理的线路了。"

旁边的小黄也一个劲儿地点头。这下卓彦庆倒觉得有些不好意思了，他挠了挠头皮，说："我们这里哪有什么高人，这条线路就是我们几个村干部琢磨着画出来的，基本就是按照老百姓踩出的路线稍微做了一下修整。你们要说这条线路科学合理，那还真是夸奖我们了，充其量也就算是瞎猫碰到死耗子了。"

"错！这可不是瞎猫碰上死耗子的事儿。"徐局长打断了卓彦庆的话，他转头对两个小伙子说道，"今天是你们第一天上山，你们就学到了一个在课堂上学不到的真理：最科学、最合理的设计，应该是符合大多数人心意的设计。大力山村百姓世世代代走过的所谓的路，虽然崎岖不平，但却是这里的百姓一脚一脚踩出来的，这条路上的每一个脚印，都记载着大力山人对路的选择。就像鲁迅先生说的那样，这世上本没有路，走的人多了，也便成了路。凡是大多数人长时间选择走的路，一般都是科学合理的，可以说，这条路的设计者，就是一代又一代大力山人。"

小张和小黄听了，连连点头。卓彦庆听了，心里也顿时觉得敞亮许多。他搓了搓手，指了指大队部，不好意思地笑了："徐局长，你看看，光顾着说修路的事，连让你们进屋坐会都忘了，走走，赶紧进屋，我请你们喝咱们大力山的高山香茶。"

"现在哪儿还有工夫喝茶？"徐局长笑了，"眼下已经是深秋，山里道路施工不比平地上，一旦下雪就啥也干不成了，我觉得咱们是不是该考虑动工的事了？"

说到"动工"，卓彦庆脸微微红了，他犹豫了一下，说："动工，还……还急不得，还有几户群众没……没谈好。修路是好事，也是急事，但越是这样，就越应该做得稳妥些，不能把好事急事办成坏事。"

"修路这可是祖祖辈辈大力山人期盼已久的事儿啊，怎么，还有人想要当拦路虎？"小张瞪大眼睛问道。

"也不叫拦路虎，"卓彦庆说道，"就是……就是思想一时想不通，只要我们耐心做工作，让大家主动退出田地宅基来修路，我觉得还是没问题的。"

徐局长叹了口气，拍了拍卓彦庆的肩膀，说："卓书记，拆迁的事，公平最重要！你可不能小看这几户不配合工作的，以前我们修公路的时候，遇到过这种情况，有一户不拆，就会带来一大片不拆的，答应了一户的额外要求，那些原本答应配合拆迁的也会找上门来索要高额补偿，提前拆迁的就会觉得吃亏。为了这事，我们没少伤脑筋，有时候为了赶工期，甚至要请公安同志来帮忙。"

"我们村应该不用这样的。"一句清脆的声音从身后传了过来。

不用回头，卓彦庆也听出来了，正是妻子廖美香的声音，她去娘家做工作，这么快就回来了？

廖美香走到卓彦庆面前，伸出两只手让卓彦庆看。卓彦庆仔细看去，只见廖美香的手上还沾着不少青苔，右手的食指指甲有些发青发紫，他愣了："美香，你这是……"

廖美香扬了扬手，说道："没事儿，刚才回娘家，和我爸爸一起拆院墙的时候，不小心被石头砸到，有点儿淤血。"

"怎么，你们家同意不要补偿就拆掉院墙了？你是怎么做到的？"卓彦庆欣喜地问。

"当然，而且现在已经拆完了，你放心，在修路这件事上，我帮不上大忙，但小忙还是能帮得上的。至于怎么让我爸同意，不要任何补偿就拆掉院墙，办法也很简单：如果这条路修不成，我将来就没办法走出大山去进修，将来我们的孩子也只能困在这大山里。你说，孩子姥爷能看着自己的外孙被困在这山里？人心都是肉长的，其实大家都明白，修路不是为了一家一户，为的是咱们大力山的后人不再被大山困住！"

周围的几个人都欢呼起来，只有卓彦庆没有欢呼，他知道，妻子话虽然说得轻巧，但说服岳父一家人的经过绝不会那么简单、那么轻描淡写的。她一定费了很多口舌，说不定还在老人面前流过眼泪——卓彦庆知道，这个平时不多言不多语的女人，总是习惯把委屈藏在肚子里，一个人默默地消化掉。

卓彦庆岳父家的围墙拆掉后不久，剩下几户不肯退让的百姓也主动砍掉了自家的竹子，清理了田地的作物，卓彦庆画好的那条"通天索"，终于通畅地出现在了大家面前——路，终于要动工了！

正当卓彦庆与村干部一起，准备对村民宣布大力山公路要开工的时候，村委会门口来了一群外村人，闹着要见卓彦庆。他们是谁？来干吗？

原来，来的一帮人是石佛村的胡氏村民，他们听说白色的石灰线围住了胡氏祖先的坟墓，于是来讨说法。

说起坟墓，村干部们起先都没怎么在意。因为那只是一个垒着石头的土堆，像是一座古墓，却没有墓碑，看来已经是有些年头了，因为已经多年没有人来扫过墓，墓地杂草丛生。村干部曾问过村里的老人，大家都说不知道是谁家的祖坟，村里就准备把它当作无主墓处理掉。

现在，石佛来人说，这是他们家的祖坟，而且说，那里是一处风水宝地，是他们的祖宗用命换来的。

这是怎么回事？

石佛村是一个历史悠久的古村，至今村里还保存着一座古建筑，叫探花厅。该厅坐北朝南，前后三进，柱、梁、檩、枋等用材粗大。梁架结构为五架抬梁接前后廊，次间山缝穿斗武，在该进二间前檐柱牛腿上各雕狮子一尊，铜钱二枚，钱面刻有"嘉庆通宝，岁次丙子"字样，是当年石佛村最气派的房子。

听石佛胡氏族人说，探花厅是他们的祖先建造的，这个人就是探花胡琨。他被皇帝派往重庆，成了戍边总兵，掌管着30万人马。这个土堆里埋的就是胡琨的父亲。

据说胡琨的父亲是一个货郎，长年在外走村串户，卖些针头线脑之类的日用家什，补贴家用。

这年冬天，虽然已近年关，胡氏仍在外面做生意，虽然天上飘着雪，他仍然挑着货郎担上了大力山。大力山的住户不多，住的也分散，他已很长时间没上山了，眼看就到年底，家家户户都要买些东西。来到山上，地上已经积了厚厚的一层雪，山坡上、田野里，到处白茫茫的，可让他觉得奇怪的是，有个山坳的一块地方，面积不大，地上的草木上竟然没有积聚一点雪花，仔细一看，似乎还冒着热气。回去后，他把这个奇特景观跟一个风水先生说了。风水先生信口说，那是一处千载难逢的风水宝地，如把先人葬在那里，可以荫荫子孙，高官任做，出人头地。胡氏听在心里，愁绪却涌上心头。

原来，胡氏身居石峰山脚下，住的是破房子，他虽然做着小生意，却因为家里有个浪荡公子，入不敷出，生活都难维持。胡氏的妻子早逝，留下一个8岁的儿子胡琨，因为没有母亲看管，儿子被爷爷奶奶娇生惯养，衣来伸手、饭来张口，什么事都依着他的性子，以致到了十六七岁，谁说的话也不听，什么事都不干，跟着他的几个狐朋狗友到处找拳师学拳术，然后凭借三脚猫的功夫惹事生非，父亲赚的几个铜板不够他一个人花，胡氏恨铁不成钢，却也无可奈何。

这天，胡氏再次上大力山，正遇上下大雨。他找寻着避雨的地方，看到山坳里有棵大树，便连忙挑着货郎担来到树下。这时他才想起，这个地方就是下雪天看到的不积雪的风水宝地。现在，天上下着大雨，这里的地上竟然滴水不见。于是，他更加相信风水先生的话，觉得这里确是一块风水宝地。

雨停后，胡氏挑着货郎担进了村。跟村里人打听到那个山坳的主人。天快黑了，胡氏来到他家门口，说雨天路滑，想在他家借宿一晚。主人心善，觉得货郎出门在外，行走八方，也不容易，便收拾了一间偏房让他歇下。

晚上，胡货郎想起自己那个不争气的儿子胡琨，越想越睡不着，忍不住泪雨滂沱。他起了床，抚摸着跟着自己几十年的货郎担，泪流满面，竟鬼使神差地解下捆扎货郎担的绳子，用方凳垫脚，挂上门框，套上自己的脖子……

第二天，房主发现昨晚借宿的货郎竟然无缘无故吊死在自家的房子里，又听说他家还有一个天不怕地不怕的儿子，怕惹上官司，便立即派人来到石佛要求私了。

没想到一向无赖的胡琨这次却出奇的大度，他说父亲是自己吊死的，与主人无关，只求主人把他的父亲下葬了就成。房主感激不已，便问胡琨有什么要求，他父亲的坟地葬哪里，由胡琨说了算。胡琨便说要把父亲葬在他说过的那个山坳里，房主一口答应了，体面地给胡琨父亲下了葬，还给了他一笔补偿。

很快到了冬季，胡氏家族一直有个习惯，每年的冬季那天，祠堂会举行盛大的祭祖仪式，祭品由村里的富户提供，结束以后再举行分馒头的仪式。馒头是家族财力雄厚的人家奉献出来祭祀祖宗的。那馒头比平时大了好几倍，最大的馒头有小脸盆大，村里胡姓的人每人都可以拿到一个，18岁以上的男丁还可以拿双份。时年胡琨才17岁，凭借自己会点拳脚，也要求拿双份。这让太公头很气愤，说他好吃懒做，不务正业，还害死了父亲，是一个败家子，是家族的耻辱，并当场踩碎了递上去给胡琨分馒头的竹篮。

胡琨没有分到馒头，还挨了族长一顿臭骂。一气之下，他带着家传的一支竹烟筒，离家出走了。临走的时候，他对太公头说，不混出个人样绝不回村。

胡琨带走的竹烟筒是他父亲的传家宝，这竹烟筒样子很特别，9 寸 18 节，烟竿紫红，油光可鉴，每吸一筒旱烟，能够吐出 18 个奇特的烟圈，每个烟圈都是一个生动的佛像，令人叹为观止。

胡琨这一去到了京城，在京城的一个客栈包了间房住了下来，因为他口袋里的钱不多，每天在街上游荡，很快就用完了。于是他只有硬着头皮住着，因为当地旅店有个不成文的规矩，客人包了房，房租得在客人走时一并结清，客人住着，中途不会催要房租。

这天傍晚，旅店里有人在争吵，胡琨过去一了解，原来有个上了年纪的客人来住店，因为来迟了，已经没了空的房间，主人让其换个旅店，那客人就是不依，于是双方便争执起来。胡琨见状，便走上前去说："老伯，如果你不介意，就跟我同住一宿吧！"老人一看，一个仪表堂堂的年轻人，竟然愿意与老人同宿，便答应了。

店主看事情得到了圆满解决，心里满是感激。

这一夜，两个素不相识的人竟然成了忘年交，胡琨拿出旱烟筒让老人抽一筒，老人看到吐出的烟圈竟是一个个栩栩如生的佛像，惊叹不已。

天亮了，老人起床上厕所，要胡琨把旱烟筒给他过个烟瘾，胡琨大方地给了他。老人看着吐出的烟圈成了一个个活灵活现的佛像，升上天空，慢慢消失，便对这管旱烟筒爱不释手。他上完厕所，故意去街上转悠，一直溜达到中午，他觉得年轻人该离开旅店了，才回到客栈。他想，那年轻人等待不住肯定会离开，那样烟筒就成他的了。老人没想到，这时候胡琨还没起床。老人便尴尬地向他解释说，他在街上遇见了熟人，聊着聊着就回来晚了。

胡琨是个聪明人，看老人的言谈举止就知道他不是一个普通人，便大度地对老人说："没事，如果长辈喜欢就送给你吧。"

老人听了，一时竟说不出话来。过了一会，他才拍了拍胡琨的肩膀说："小伙子，有气量，不错！"

当老人听说胡琨是一个人进城的，便说，如果你不介意，我就认你当我干儿子吧。胡琨听后，正是"打瞌睡遇上枕头"，当即纳头便拜，认了干爹。

胡琨随老人来到家里，这才知道，老人竟是皇帝的老师。

从此，胡琨住进了太傅的家里。老人知道他喜欢武功，就给他请了武师教学十八般武艺。胡琨勤奋好学，不久便练成了一身好武艺。他白天练武，太傅晚上教他读四书五经，期望他来年能参加科举考试，走上仕途。

这年殿试，太傅一直忙碌着替皇帝准备试卷，结果直到考试结束，他才想起忘了替胡琨报名。

胡琨失去了考试的机会，太傅心有不甘，那天他去金銮殿评卷，特地带上了胡琨。

胡琨在殿外踱着方步，被皇上看到，便问太傅此人是谁。太傅说是他干儿子，并在皇帝面前把胡琨天花乱坠地夸了一通，说胡琨一表人才，能文能武，是国之栋梁，可惜错过了今年参加选拔的机会，如果不是他的失误，他状元及第都有可能。

皇帝看胡琨气度不凡，怜生爱意，就说，那就封他个探花吧。皇帝开了金口，胡琨没有参加考试竟得了个恩贡，成了探花，被委以重任。

后来，他被皇帝派往重庆，成了戍边总兵，掌管30万人马……

这块墓地竟然有这么大的来头，是大家都没有想到的。

于是，卓彦庆把他们请进村委会，反复做他们的思想工作。卓彦庆说："既然墓主人是你们胡氏的祖宗，首先你们就应该感到羞愧。这么多年来，你们当中有几个人每年都来给祖先扫墓，可曾抔香拜祭过？可曾烧过纸钱？"

现场顿时鸦雀无声。沉默了好久，才有一个老人站起来说："我小时候跟父亲来拜过几次太公，因为路途遥远，加上路难走，每次上山来，20多里山路，一个来回就要大半天，大力山上又没有什么亲戚，没有地方吃饭，还得饿肚子走回家，实在太累，来过几次之后，走路怕了，就再没有上来过。后来也就没有跟自己的儿子交代过，所以，直到现在，许多胡氏的后人都不知道大力山上还有他们的祖坟呢。"

卓彦庆听后，清了清嗓子，大声说："就是了，作为子孙，敬祖敬宗是本分，不忘祖宗恩德，那才是孝子贤孙。我觉得，你们这些胡氏子孙都是孝子贤孙，不知道祖坟，这不是你们的错，也不是你们父亲、爷爷的错，而是大力山的错——大力山的路不好！大力山人吃尽了没有路的苦头。现在大家既然知道了自己的祖坟在此，就应该借此机会，把祖先的坟墓迁到山下去，方便子孙后代敬祖敬宗。大家如果同意，迁墓的费用，我们村里破例给你们适当补助，那样你们祖宗也心安了，他在那个世界会感激你们，保佑胡氏家族的子孙后代更加出息……"

卓彦庆的一番话，胡氏后人听得心服口服，马上同意了迁墓下山的方案。

卓彦庆看到事情圆满解决，长长地舒了一口气，他仿佛看到了大力山的路已经在山里铺开……

跑腿书记

第二十一章 开 工

人生就是这样，当你刚刚起步的时候，你遇到的困难层出不穷，感觉所有的人、所有的事，都在和你作难，都在想方设法地阻挡你走向成功，如果你选择了放弃，那么你就可能从此一蹶不振。但如果你咬着牙扛过来，冲破最后一道关口，你会突然发现，几乎所有的人、所有的事，都会向着你之前设想的方向发展。

卓彦庆此时的心情就是这样的，尽管经历了众多可以预见到的和无法预见到的困难，尽管其间他也曾经产生过动摇，但他就是凭着一股子犟劲，终于挺过来了。希望就像早晨刚刚升起的太阳，当它冲破黑暗，跳上天际的时候，那些阻碍它的乌云，早已经被它刺得千疮百孔，甚至逃得无影无踪……

大力山人永远不会忘了这个日子——1996年1月20日，腊月初一，星期六，大力山从头到脚都已经被寒风紧紧包裹，山间的草木一片萧瑟。往年的这个季节，大家早已经猫在家里，围着炉火取暖闲聊，但今天的大力山村却是另外一番景象：山脚下站着一大群人，老年人、中年人，男人、女人，凡是能够走动的，几乎全都来到了这里，500多名村民，手上都有一两件工具，他们决心就靠着肩上的锄头、大锤，手上的钢钎，背后的畚箕，向沉睡了千百年的大力山发起挑战！

卓彦庆和交通局局长站在队伍的最前面，他们焦急地朝着远处望去，不一会，小黄和小张拉着电线，顺着山路走下来。

他俩来到卓彦庆跟前，将手里的起爆器放好，冲交通局局长点了点头，说："徐局长，雷管和炸药都已经安放完毕，我们已经检查过好几遍，没有任何问题，可以按时起爆。"

徐局长指着起爆器，对卓彦庆说："卓书记，现在由你摁下这个起爆器的按钮，咱们大力山修路工程就算正式开工了。"

卓彦庆的脸被寒风吹得微微有些发红，他一把拉过徐局长的手，说："徐局长，大力山之路是我们共同努力的结果，这开山第一炮的按钮，应该由咱俩一起摁下去，大家说对不对？"

"对！团结协作，一起摁，一起摁！"大家挥舞着手里的工具，齐声呼喊起来。

徐局长头一次看到这样简陋而又不同凡响的开工仪式！他的眼眶有些湿润，他的心情有些复杂——以前，每一场开工仪式都是领导齐聚，铲车、推土机搭台，四面彩旗飘扬，锣鼓喧天的，可大力山村的这场开工仪式，却相对显得有些寒酸，甚至有些冷清：没有一台铲车、挖掘机、推土机，只有这些手持简陋原始工具的山里老百姓。这些年龄、身体状况参差不齐的山里群众，居然敢凭借手中的锄头大锤，向沉睡的大山发起挑战！

卓彦庆似乎知道徐局长在想什么，他拉着徐局长的手，使出全身力气摁了下去，徐局长隐隐感到自己的手掌有些疼痛，跟着看到远处的山崖上腾起几股白烟，随后传来几声沉闷的爆炸声，山间的竹林、茶树的叶子都微微晃了几晃，上面凝着的白霜簌簌落了下来。

"成功了！成功了！"小张和小黄一边蹦跳着，一边欢呼起来。刚才那几声炮响，对他们而言，就像刚学会扛枪的战士，一枪就打出了"十环"，那股兴奋劲可想而知。

硝烟渐渐散去，大山又恢复了沉寂。

徐局长刚才已经默默地数过，炮声的数量是正确的，所有的炸药都已经炸响，没留下一个哑炮。他朝底下的村民挥了挥手，大家一起呼喊着，朝着刚才的炸点冲了过去。

中国古代有个寓言，叫"愚公移山"。说的是古代有一位老人，住在华北，名叫愚公。他的家门南面有两座大山挡住他家的出路，一座叫做太行山，一座叫做王屋山。愚公下定决心率领他的儿子们，要用锄头挖去这两座大山。有个自认为聪明的老人看后发笑，说你们这样干未免太愚蠢了，你们父子几个人，想要挖掉这样两座大山，是完全不可能的。

愚公回答说:"我死了,有我的儿子,儿子死了,又有孙子,子子孙孙是没有穷尽的。而这两座山,虽然很高,却是不会再增高了,挖一点就会少一点,为什么挖不平呢?"愚公批驳了智叟的错误思想,每天挖山不止。这件事感动了玉帝,玉帝就派了两个神仙下凡,把两座山背走了。毛主席讲过的《愚公移山》,徐局长几乎可以倒背如流,但直到这一刻,他才真正体会到老一辈无产阶级革命家的智慧和良苦用心。

当年在毛主席的领导下,中国人民推翻了帝国主义、封建主义和官僚资本主义"三座大山",现在,中华人民共和国成立就快50周年,几百名新中国的"愚公",面对连绵不断的大力山,难道就挖不出一条路来?能!一定能!

尽管没有举行一场轰轰烈烈的开工仪式,但这并不影响大家修路的劲头。

腊月的大力山非常寒冷,时不时还会飘起一两场雪。下了雪,原本崎岖的山路就变得更加难行。不过寒冷和冰雪都挡不住大力山人修路的热情,每天一早,不用卓彦庆招呼,大家都会自觉来到工地上干活,午饭是各人自带的,配菜是几块酸笋或几根萝卜条,或者是一小块霉豆腐,家里生活困难的,甚至没有米饭,只带一两个番薯……一直干到天黑,大家才拖着疲惫的身体,三三两两地回家。

从开工一直到腊月二十二,徐局长带着小张和小黄,一直呆在修路的工地上,和大力山的百姓一样,他们吃的也是简单的饭菜。徐局长体质好,还能够坚持,小张和小黄却有些顶不住了——两个人正是长身体的时候,再加上每天爬坡过坎,体力消耗很大,没多久两个人就瘦了一圈。最近这几天,因为长期吃不饱,身体缺少营养,两个人更是面黄肌瘦,走路都有些摇摇晃晃了。

卓彦庆看在眼里,觉得特别心疼,他决定给大家放假——按照当地的传统习惯,农历腊月二十三就算是小年,到了这一天,就应该是进入过年的节奏了。大家在工地上已经忙碌了将近一个月,很多人身体都已经吃不消,再不休息,恐怕有人会累倒在工地上的。

腊月二十三这天,工地上静寂下来,卓彦庆把徐局长和两个小伙子请到家里。学校已经放假,廖美香今天在家里包起了圆粿,说是要好好招待一下徐局长。

徐局长早就听说过北乡圆粿，都说味道不同凡响，可是一直没有尝到过。

圆粿是龙游北乡最有名的特色小吃，平时难得吃到。以前，农村生活苦，一年到头难得闻到猪肉香。在龙游北乡，到了农历的腊月廿四，就标志着进入过年模式了。据说，这一天是灶王爷"上天呈善事"的日子。为了"糊"住灶王爷的嘴，"上天呈善事"，多说人间的好话，让玉帝布施更多的吉祥，祈求来年风调雨顺。所以，在农历的腊月廿四，家家户户一定会想方设法买些猪肉，磨豆做豆腐，上山挖冬笋，下地拔葱蒜，准备起圆粿馅，用"七日粉"搓成圆粿，用来感谢各路神仙老佛，"贿赂"灶王爷。那用糯米做出来的圆粿，自然就成了最理想的祭品。后来，随着人们生活条件的改善，圆粿渐渐成了当地最有风味的特色小吃，用来招待"新女婿"和尊贵的客人。

圆粿所用的米粉，有一个专用的名字叫"七日粉"。这种粉的制作很特别，每年的三伏天，正是一年气温最高的时候，家庭主妇便拿出了去年秋收留下来的上好糯米，放入木桶或水缸里，灌满井水，连续浸泡七天七夜，然后捞起、沥干，再放进石磨，磨成米粉浆。用垫上滤布的竹筐接着，滤干水分，再把粉块放到竹匾上，在烈日下连续暴晒七天，再经过石磨磨成细粉，"七日粉"才算大功告成。

要包圆粿了，先是准备圆粿馅料。以前农村生活水平低，馅料档次稍低，但是，圆粿大多是用来招待上客的，一般人家都会尽其所能，猪肉、豆腐是必不可少的，其他馅料随时令季节变化而有所不同：萝卜、冬笋、春笋、笋干、嫩南瓜、青豆，甚至是冬瓜。普普通通的蔬菜，都可以成为圆粿的食材。接下来是和粉、揉搓。先把七日粉倒入大盆里，然后一边加温开水，一边和粉搅拌、揉搓，直到把松散的米粉揉成一坨光溜溜的粉团。和粉的用水很有讲究，不能用滚烫的开水，水太热，米粉就直接熟了搓不成圆粿皮；和粉水太凉，粉皮的硬度虽然也有，也可以包成圆粿，但是这样的米粉包出来的圆粿，一下锅就会皮开馅漏，那样一锅好看的圆粿，马上就成了一锅米粉糊了。

搓圆粿是一道重要工序，先从大粉团上掐下一个小粉团，搓成圆球状，左手托住，右手大拇指在中间的位置摁下一个洞，其他手指配合着大拇指在粉团周边的地方如做陶碗一样，把粉团捏成酒盅状，四周粉皮厚薄均匀，没有破洞，然后再用勺子往里面加馅，再给小酒盅一样的圆粿收口。收口是一个技术活，不同于给包子收口，包子用手指，圆粿收口靠的是虎口，一路过去，收口才光洁平滑，最后留住一个尖尖的小尾巴，像个桃子。

接下来就是圆粿下锅。下锅也有讲究，得先把锅里的水烧开，然后把圆粿一个个放入锅里。开始的时候，放下的"圆粿"都沉在水底，随着水温的升高，圆粿的粉皮会从外到内渐渐地熟透。由于圆粿是一个密封的球状体，里面的空气受热膨胀，不久就变得圆鼓鼓的，然后一个个浮出水面，这时候就可以装碗了。

锅里的圆粿很快被装进大碗，上面再浇上由葱、蒜、酱油等调味品配制的汤料，一碗浓香扑鼻的圆粿就来到了徐局长的面前。

原来，廖美香听说明天徐局长就要回家过年，想起徐局长来到大力山后，自己一直在学校忙碌，没有好好招待徐局长吃过一顿饭，心里很是过意不去。于是，她特地把搓圆粿的日子提前，目的就是让徐局长也尝尝北乡圆粿味道。

知道了廖美香的用意，徐局长心里十分感动——这些天，他和两个部下一直吃着"百家饭"，大力山村老百姓的家庭条件如何，他心里一清二楚，他们都拿出家里最好的东西招待他们。今天，廖美香还特意为他们包圆粿，徐局长觉得很过意不去，就冲卓彦庆说道："卓书记，我们三个来大力山村的时候就商量好了，我们就是来帮忙的，谁也不许给老百姓添麻烦，可你们——"

卓彦庆笑了："对啊，徐局长，今天咱们吃的就是家常饭，每年腊月二十四，我们大力山家家户户都要改善一下生活的，我这个也是家常便饭，只不过提前一天，你们三个只不过是赶巧碰上而已——"

徐局长摇了摇头说："卓书记，真是太感谢您了！明年开春，咱们的修路工程还得继续，依照现在的进度来看，我觉得竣工通车的日子还得往后拖。我不是说咱们大力山村的老百姓干活不卖力气，实在是年轻人太少，能干重活的人太少了。"

卓彦庆苦笑了一下，说："徐局长，我也发现这个问题了。一开始，我想过把村里的在外面打工的年轻人都喊回来，可这样做对大家的生活影响太大。大力山村的百姓，家家日子都过得挺清苦，要不是靠着青壮年在外打工，有的人家可能连锅都要揭不开了，路要修，日子也要过下去不是？"

"我明白你的心思，"徐局长说，"现在是冬天，马上过年了，工程进度慢已成定局，可明年怎么办？雨季基本上不能施工，我们有效的施工时间也就是七八个月。工程上的技术问题，我和小张、小黄来负责，实在不行，我还可以从局里派人来。资金的问题，我也看清楚了，以你们现在的实力，根本支撑不到明年夏天，我已经向县里打了报告，把你们的情况写明白，请求县委、县政府特事特办，给予支持，但人力问题，我真的解决不了。"

卓彦庆叹了一口气，他转过头去，目光投向了窗外，他自己知道，刚才跟徐局长的解释，其实他只说了一半：村子里的很多年轻人，对这条路能否修成，一直抱着怀疑的态度。别说自己没有喊他们回来修路，就是喊了，他们也未必会积极响应。放弃在外面给自己家挣钱的机会，跑回家来为大伙修一条前途未卜的路，这事儿搁在谁心里，都要反复掂量一番。卓彦庆不怪他们，但这条路，如果没有他们，要想按时修成，的确是太不容易的！

替村民办事

第二十二章　成　功

春节到了，在外地打工的青壮年们如同迁徙的候鸟一般，又回到了大力山村。

经过二十几天的紧张施工，筑路工地上还是一片狼藉——凌乱的石块、疏松的泥土、不成形的路面，比原来的路还要难走。

不少回乡的青年人甚至抱怨起来：古老话都说，这座山上修不了路，可这届村委会非要梗着脖子跟老天爷对着干，这不是没事找事嘛！

也有人趁拜年的机会回来一趟，跟卓彦庆说些"修路是得民心的好事，一定会全力支持，如果有时间，一定留下来帮忙，只不过外面老板催得太紧，不得不赶紧走"之类的话。

画外音卓彦庆自然听得出来，无非就是"能修好路的话，我们一定支持，但如果像现在这个样子的话，我们也只能口头支持了"。

事情的发展正如卓彦庆意料的那样。春节过后，还没有过正月十五，村里青壮年们大多告别了家乡父老，走出大力山，或坐车或乘船，走进或陌生或熟悉的城市，为他们理想中的幸福生活打拼去了。

过年的喧嚣消失了，工地上却再次热闹起来。来自大力山各个自然村的百姓们，没等卓彦庆招呼，就再次回到工地上来了。

徐局长也带着两个部下赶来，而且他这次来，还给卓彦庆带来两个好消息：第一是向上级申请修路资金的事儿有了着落，经过乡里、局里的大力跑办，终于引起了上级的重视。据小道消息透露，县委、县政府主要领导已经表态，就算勒紧裤腰带，也要挤出资金来支持大力山村的修路工程。第二呢，县里明确安排他暂时放下局里其他的工作，专心致志在大力山村做好定点指导工作，路修成后，再回局主持工作。

面对这天大的喜事，卓彦庆却高兴不起来！他红着脸，吭哧了老半天，才对徐局长说道："徐局长，县里、乡里对修路这么支持，可是在发动群众方面，我们村两委班子做得却不够，眼下正是赶工用人之际，可青壮年们又都走出去了。劳力不足，这路越修我心里越没底，要是最后弄出个半拉子工程，你说，我怎么向村民们交代？怎么向上级领导交代？上级投入的资金，岂不打了水漂？"

看到卓彦庆的情绪有些低落，徐局长反倒劝起他来："卓书记，这可不像你平常的作风。前两年，你跑办修路项目的时候，在我的办公室跟我瞪过眼珠子，使过性子，就差没跟我拍桌子了。后来方案迟迟不通过，你又张罗着靠自己村的百姓修路，怎么，现在好不容易开工了，又想打退堂鼓？我告诉你，没门！这条路修也得修，不想修也得修！"

"可……可村里的主要劳动力不肯留下来，怎么办？我总不能拿枪逼着他们留下来吧？"卓彦庆没有底气地说。

徐局长笑了笑："卓书记，你知道年前咱们刚开始修路的时候，我想到了什么吗？我想到了毛主席的'老三篇'里那篇《愚公移山》，咱们就是现代的愚公，而且咱们跟古代的愚公比起来，条件要好多了。青壮年的问题，你不要着急，大家暂时不理解是正常现象，我记得《愚公移山》里还有这么一段话：'我们一定要坚持下去，一定要不断地工作，我们也会感动上帝的。这个上帝不是别人，就是全中国的人民大众。'对咱们大力山村来说，咱们的上帝就是全体村民，只要咱们苦干、实干、拼命干，大家看在眼里，也一定会被感动的，等到大家都被感动的那一天，修路就再也不难了！"

对于卓彦庆这一代人，毛主席的《为人民服务》《愚公移山》和《纪念白求恩》三篇文章，是他们在学校里必学的，卓彦庆也一样，对这三篇文章也是倒背如流，不过他也没有想到，文章中的内容，会对今天的修路有这么直接的指导意义。

是啊，眼下对自己和大力山村村民来说，只有咬着牙关继续修路，只有让大家看到希望、看到拼搏、看到成绩，才能引起更多人的感动，吸引更多人参与到修路中来。

既然这样，那么好吧，卓彦庆相信，自己带着大力山这群并不强壮的大力山修路人，一定能够感动天，感动地，感动大力山的一草一木，感动大力山的每一个人！拼了！

从那一天开始，卓彦庆就像变了一个人似的，锁住他眉头的愁容不见了，无论走到哪里，无论遇到什么难啃的硬骨头，他总是笑眯眯的，仿佛笑一笑，问题就能迎刃而解。

好心情是会互相传染的，工地上的工作虽然很累，但大家的心情却跟着卓彦庆一起变得愉悦起来，以至于在干活之余，还有人唱起山歌，或者开一些半荤不素的玩笑。而那条路，就伴着这欢声笑语，慢慢向山里延伸……

转眼间，半年的时间过去了，从山脚通往山顶的主路修了不到一半，但已经初步有了路的样子：原本崎岖的石头路，变成了盘山而上的坡道路；原本坎坷的路面，也变得平坦了许多。当然，和县城里的柏油马路相比，大力山村道路的平坦还不值一提，但对于大力山村的百姓来说，这样的道路，已经足以将他们和外界连接起来了。靠近山脚的几个自然村，已经有推车挑担的商贩进来做生意了，山里的茶叶、毛竹、"龙游两头乌"土猪都成了香饽饽，都能换成一张张"大团结"。

看到修路带来的好处，大家的干劲更足了。离工地最远的白佛岩自然村，百姓到工地要翻三个山头，走 10 多里路，可全村人没有一个叫苦的。每天清晨，站在修路工地上看到最壮观的景象，就是各个自然村的老百姓，打着手电，举着火把，排成十几条闪亮的长龙，从四处向工地集结。黄昏的时候，这些长龙又顺着原路返回，一直消失在山坡尽头，亮光慢慢融入天上璀璨的星河……

这天上午，卓彦庆正在工地上忙着搬运石头，徐局长过来找他。两个人走到一旁，徐局长指了指热火朝天的工地，说道："卓书记，告诉你一个好消息，县委、县政府有一笔扶持资金马上就要到位，我觉得火候到了，上帝已经被感动，下面该你发号施令了，让在外面的村民赶回来，加入咱们的修路大军。只有这样，咱们的工程才能如期完工。"

卓彦庆的脸上缀着密密麻麻的汗珠，他思忖片刻，拍拍手，说："行，我这就安排人给外面的村民打电话、发电报，让他们马上赶回来！"

当天下午，上百封写着"修路速归"的电报、信件（当时，大力山连一部手摇电话机都没有），从龙游县邮政局飞向了全国各地。

消息发出去后，卓彦庆的心就一直砰砰砰地跳个不停，这道"召集令"能起到想要的效果吗？那些电报和信件，能在第一时间送到村民手里吗？那些在电话里答应马上回来的村民，他们会真的回来，还是在应付呢？

想了一会儿，卓彦庆突然笑了——都是相处二三十年的乡亲，他们怎么会放自己的鸽子呢？大力山的路修到现在这个地步，只要是大力山的子孙，就一定能够赶回来的！

果然，一天之后，第一批青壮年村民从外地归来了：他们背着行李，带着一身的疲惫，从山脚下走上来，到了工地上，把行李一放，就加入了修路大军。从他们的话语里，卓彦庆才知道，很多人都是接到消息立刻启程的，为了能够赶回来，他们有的放弃每天几十元的高工资，有的放弃了在企业的管理岗位，有的甚至连当月的薪水都没结算就连夜买票赶了回来。卓志成家兄弟四个，手艺精湛、为人厚道，都在首都北京打工，一个人一天能挣三四十块钱，哪一个干一年都能成为一个"万元户"。可接到电报后，哥儿四个婉言谢绝了老板的挽留，联络了好几个同乡，一起赶了回来。

短短几天时间，筑路大军的人数就翻了一番，更重要的是，这些新鲜血液，要体力有体力、要技术有技术，再加上县委、县政府、县交通局和乡里的全力支持，工程进展得更快了。

转眼间，时间到了1997年1月26日，大力山村7.2公里的盘山公路终于建成通车。建成这条拥有149个大小弯道，15座山涧石拱桥、60多个山溪排水涵洞的大力山村"致富路"，卓彦庆已经记不清到底投入了多少人力物力，记不清度过了多少个不眠之夜，甚至，也记不清他曾经多少次伤心落泪，但看到这条公路，他觉得一切都值了。

"突突突"，一辆拖拉机在众人的欢呼中，从山脚开了上来。在欢呼的人群中，大家却没有看到卓彦庆的身影。

此时的他，站在大力山的最高处，面对着群山，看着山下欢呼的人群，他的眼泪就像山泉水一样淌了出来。这是幸福的泪水，更是宣泄的泪水，一年半的时光，他一直在山上埋头苦干，而当成功来临的那一刻，他吃过的所有的苦，受过的所有的委屈，一股脑儿涌上了心头，其中的酸甜苦辣只有他自己知道……

第二十三章 摩 托

通车仪式结束之后，卓彦庆和廖美香就搭车去了城里。和他俩一起进城的，还有好几位从来没有出过门、下过山的老人，他们在家人的陪伴下，第一次进了龙游县城，第一次看到了高楼大厦，第一次看到了红绿灯，看到了你来我往的汽车，看到了震耳欲聋、吐着白烟、呼啸而过的火车……

卓彦庆这次进城是有目的的：妻子已经一年多没有进城了。为了他能够把全部的心思放在修路上，她放弃了许多许多。妻子不但要照顾学校里的学生，还要承担家里的全部家务，一有空还要到工地上去帮忙。别看她长得并不壮实，但她在工地上干起活来却从不惜力。每当收工的时候，她也是一身土一身泥的，几乎看不出原来俊俏的面孔。她是真的没有一天休息时间的。今天卓彦庆带她进城，目的就是想带她去百货公司看看，也买上一两件时尚点的衣服穿一穿，算是对她的奖励吧。

来到城里，卓彦庆没有在别的地方耽搁，就直奔百货大楼而去，他想让廖美香先去看看服装，可是廖美香却怎么也不肯进去。

原来，廖美香这次愿意跟卓彦庆一起进城，她心里也有自己的一个小算盘。以前，大力山的路没有修建，山路是石级，只能步行，卓彦庆到乡里开会，每次都得提前一两个小时起床。从大力山下来，走路到黄堂源村，把寄存在朋友家里的自行车拖出来，然后骑着去乡政府。现在公路修好了，农用拖拉机可以直接上山。廖美香听人说，摩托车也可以上大力山。于是，她悄悄地取出了家里的存款，准备给卓彦庆买一辆摩托车，方便他出门办事。现在，卓彦庆却想着给自己买衣服，这让廖美香深受感动。

廖美香没有听卓彦庆的话，却拉着卓彦庆来到了摩托销售区，指了指那一辆辆闪着亮光的摩托车说："先看看这个吧，你不是盼了好多年了？"

卓彦庆顿时愣了：的确，他打心眼儿里喜欢摩托车。当初他借调到金村小学任教的时候，刘老师有一辆自行车，他就羡慕得不得了，有空就在操场上练习，竟然很快就学会了骑自行车。后来，新派来的舒老师骑着一辆摩托车来学校上课，他看到后，眼睛都直了，经常去舒老师面前说好话，帮他打水、搞卫生，终于得到了舒老师的认可，同意他在操场上练习摩托车。卓彦庆悟性好，竟然很快就学会了摩托车驾驶技术。后来当了村里的党支部书记，每每到乡里开会的时候，看到别的村的书记都骑着摩托车来开会，心里羡慕得不得了。碰到有特别熟悉的支书，他就会借人家的摩托车，出去遛两圈，过把瘾。有人说，男人天生就喜欢车，喜欢跟车打交道。不过，卓彦庆喜欢摩托车这事儿，他可从来没有跟廖美香提起过，她是怎么知道的呢？

看出卓彦庆的眼神有些疑惑，廖美香狡黠地一笑："还说呢，咱俩也不是第一次下山了，无论在乡里，还是在路上，你只要看见摩托车，那眼珠子就像钉在上面一样。以前我没想给你买，是因为咱山里的路不能骑摩托车，现在路修好了，拖拉机都可以进出，摩托车自然也能骑了。你经常到乡里、城里去办事，光凭一双脚、一辆自行车怎么行？有了车，路上耽搁的时间自然就少，可以节省下更多的时间替大家跑腿办事，为别人节省时间。所以啊，这摩托车必须买，必须马上买。"

"真是知夫莫如妻啊！"卓彦庆从心底里佩服廖美香的细心。他怎么都没想到，自己做梦都想买的摩托车，妻子早已经暗暗记在心底，并且早早做好了计划。不过，卓彦庆的心里还是有些舍不得，一辆摩托车要几千块，对于每个月只挣几十块钱的妻子来说，一家人要生活，拿出这几千块，该下多么大的决心，要有多么大的勇气！

想到这里，卓彦庆拉了拉廖美香的手，说："美香，你说的对，我早就想买摩托车，可是，我们家现在的条件……这事儿，你怎么也得提前跟我商量商量吧？咱孩子还小，家里用钱的地方还多着呢，这摩托车晚些时候买也不打紧的。"

"晚些买不打紧？"廖美香心疼地看了看卓彦庆，"这几年，你的脚板还没有跑痛？人家到乡里开会，骑摩托车十几分钟就到，你得花一两个小时。乡亲们托你到乡里、县里买点东西，哪次不是你靠肩背手提地往回弄的？自己累得腰酸背痛不说，还捎不了几个人的。有了摩托车就不一样了，办事效率肯定可以提高几十倍！依我看，咱们就是啥都不买，这摩托车也非买不可！"

看着妻子，卓彦庆再也说不出话来，他不知道该怎么反驳妻子——廖美香的话，句句在理，担任村党支书这几年，因为没有合适的交通工具，他很多时候都要提前计划好时间，提前出发，要是能把浪费在路上的时间，用在给村里百姓多办点儿事上面，那该多好！

看到卓彦庆默认，廖美香突然眉头一皱，说道："不过——买了摩托车，咱还得约法三章。第一，山路虽然修好了，但弯多坡陡，没有路灯，你必须戴着头盔骑车，必须注意安全。第二，摩托车是给你用的，但如果山上学校里需要到山外面买书本、买菜，你得无条件帮忙，随叫随到；第三呢，将来要是有机会，你要骑着摩托车带着我到更远的地方看看……"

"没问题，这都是必须的，这样的条件你就是再提三个、十个、一百个我都答应你！"卓彦庆笑着回答道，"这辆摩托车是我卓彦庆的，也是你廖美香的，是大力山小学的，更是咱们大力山村老百姓的！不过，我也有个条件，那就是咱们先去给你买衣服，给孩子买点好吃的，然后再来提车，今天，我就用摩托车载着你回家！"

廖美香点头答应了，两个人定好了摩托车，这才到其他柜台去转悠。在服装柜台前，卓彦庆看到了好几件中意的女装，可都被廖美香否决了，她不是嫌衣服颜色太艳丽，就是说穿着不合身，尽管售货员姑娘都夸她，穿着一点儿毛病都挑不出来，她还是抱歉地冲售货员说声"我们再逛逛"，然后放下衣服离开。

一连走了几个柜台，卓彦庆都觉得有些不好意思了，他悄悄捅了捅廖美香的胳膊肘，小声说道："咱不是说好了，买两件称心的衣服吗？放心，我算计过了，兜里的钱够用，我看明白了，那几件衣服穿在你身上都好看，可你就是嫌贵，对不？咱不能再这样了，你刚才没看见？那几个售货员直冲咱俩翻白眼！人家做生意也不容易，咱不能故意为难人家。"

廖美香摇了摇头："挑剔是买家，那些衣服是花哨，可我觉得在咱们大力山村穿不出去，还是家常的衣服更好。对了，要不咱别在这里转悠了，咱去买几块布料吧，我自己会裁缝手艺，买衣服的钱用来买布，可以做几身衣服，自己做的衣服合身，穿在身上舒服……"

"算了吧，我的夫人！"卓彦庆的脸一下红了，"咱们是来逛商场的，就得有个逛商场的样子，你这么抠门，会让人笑话的！这次听我的，下一个摊位只要我看到合适的，不管多贵，咱都买下来！"

话虽这么说，但廖美香一旦拿定了主意，别人是劝不回她的。

两个人逛了大半天，最终廖美香还是只给自己买了块布料，再给老人和孩子买了一些日用品，然后，两个人去提了摩托车，骑着回家。

卓彦庆的摩托车开得又快又稳，廖美香坐在后座上，双手紧紧地抱着卓彦庆的腰，身子紧紧地贴在他的后背上。廖美香的心里好激动，结婚怎么多年，两个人好像还从没有这么浪漫过，她感觉这是她最幸福的一天。摩托车在公路上飞驰，头一次坐摩托车的她并没有感到害怕，因为前面有她坚强的依靠！她忍不住再一次紧紧地抱着卓彦庆，并把脸紧紧地贴在他的后背上……

摩托车离开城市来到了乡村公路上，廖美香感到特别新鲜，一双眼睛看着两边不断往后退去的树木，耳边响着呼呼的风声，但是她心里没有一点害怕的感觉。说来也怪，路两边的草啊树啊花的，平时看着都那么不起眼，可今天坐上快速行驶的摩托车，好像一下就变得漂亮了。看着两旁的景物飞快地朝后面闪去，廖美香突然觉得有些害怕，她下意识地紧紧抱着卓彦庆的腰，这时她才发觉——看似瘦弱的卓彦庆，后背竟然那么宽，那么厚，有前面这个山一样的男人，她什么都不害怕。

傍晚的时候，两个人来到了大力山山上，天色渐暗，卓彦庆打开了车灯，摩托车轰鸣着上坡，每过一个自然村，卓彦庆都会摁响几声喇叭，听到喇叭声，不时有村民和孩子都从屋子里跑出来看稀奇。卓彦庆看到有人出来，就会马上停下摩托车，和大家唠上几句，告诉人家他买摩托车了，以后有什么需要帮忙的尽管开口。有些好奇的村民会上来摸摸摩托车，问他这铁家伙咋有这么大劲儿，卓彦庆就耐着性子解释一番，尽管对方没有听明白，但还是心满意足地冲卓彦庆竖起了大拇指——支书就是有能耐、有学问，这么复杂的事儿都能搞得清楚。

一连过了几个自然村，都走走停停的，廖美香对卓彦庆说："彦庆，你这是不是太张扬了？这样影响不好，你一路滴滴滴摁喇叭，搅了大家休息不说，还会让别人说闲话，说咱是在炫耀……"

"我就是要炫耀！"卓彦庆大声说道，"我这是在做广告，就是要让咱大力山村的老百姓看到，都知道我卓彦庆买了摩托车，这样，今后大家有事，就会来找我帮忙了，那样，村民办事就更方便了！"

廖美香听后，"噗嗤"一下笑了："我早看透你的小心思了，不过，你根本就用不着这么张扬，买摩托车这稀罕事儿，明天一早，准能传遍整个大力山村的角角落落的！"

两个人一边说着笑着，一边朝家的方向行进。

夜色更重了，天空中的星星亮闪闪的，好像在冲着两个人微笑，几片淡淡的云彩飘来飘去，似乎想给星星蒙上一层薄纱。在大力山弯曲的山路上，一道光柱像一把利剑，随着轰隆的马达声，刺破了黑夜，照亮了前程……

直到今天，每当廖美香想起那天回家的场景，依然历历在目：卓彦庆兴奋的呼喊，乡亲们好奇的目光，孩子们怯怯的表情，年轻人羡慕的目光，一切都已经深深刻进了她的脑海里。

那一刻，她和卓彦庆都没有想到：这将是一个新的开始，一个为老百姓跑路办事的起点，在后来的日子里，这条路将会印满卓彦庆匆匆忙忙的身影，征程万里，这一跑，就是20多年……

但是，廖美香知道：这条路，卓彦庆跑得无怨无悔！

第二十四章 跑 腿

　　站在大力山脚向上望去，那条弯弯曲曲的主路上，不断生长出一根根枝丫般的岔路，通往散落在山上、山谷里的各个自然村。

　　18个月的修路磨炼，把卓彦庆和他的领导班子凝成了一个紧密的拳头，拳风所至，所有困难都被扫荡得无影无踪；18个月的修路历程，让整个大力山村的百姓认准了一件事：跟着卓书记往前奔，肯定会有好日子；18个月的修路经历，让大力山人都明白了一个道理：自己的事情自己干，吃得苦中苦，方能换来甜中甜。

　　这，也是卓彦庆最希望看到的。中国的农民是最能吃苦的群体，性格是最坚韧的，天性也是最乐观的，如果能把这些淳朴百姓的力量凝聚在一起，那么，他们所迸发出来的力量，将会远远超越"1+1=2"，而且还会翻上几倍、十几倍、甚至几十倍！他们积聚能量创造的奇迹，有时候，是你我想像不到的。

　　修路，不仅仅是一项建筑工程，更是一项凝聚民心的工程。一条路把大力山人拧成一股绳，显示出非凡的凝聚力。这样的工程，大力山会坚持做下去，不但要修好、保养好来之不易的村路，更要维护好百姓那条团结一致、共同前行的心路！

　　修路难，再难也是一段时间的事儿；养路更难，难就难在随时随地都需要保养，保养时间是一辈子、甚至几辈子……

　　卓彦庆常年待在施工一线，领着施工队伍，在主路上引出一条条支线，与此同时，他也把眼光放到了保养那些筑好的路上。他常常利用难得的空闲时间，把大家召集起来，商量起怎么让已经修好的路不再损坏。

卓彦庆没有费太多的口舌，大家就形成了一致意见：主路的保养，全体大力山村人人有责；支路的保养，由各个自然村村民负责，道路出现了小问题，随时进行处理。每年冬闲时节，村里开展一次为期20天的集中保养，全村凡是18岁至60岁的村民，不论男女，每年必须投工义务修路20天，对于那些在外打工不能及时回来的，允许自己花钱，雇人代为出工。

这个意见传达到各个自然村后，大家纷纷表示赞同。

从此，大力山村形成了这样别具一格的"村规民约"。每到义务修路的时节，全村的党员干部没有一个请假的，全部亲自到场参加劳动。在党员干部的带动下，大多数村民都能够按时回来参加劳动。开始几年，也有村民花钱雇人代为修路的。后来，这些村民改变了以往的方式——他们情愿花钱雇人替自己"代班"打工，自己则按时赶回村里，参加义务修路劳动。

修路，俨然成了大力山村村民一个特殊的"劳动节"。

对于集体财力非常紧张的大力山村来说，这种办法可以说是没有办法的办法，但卓彦庆却觉得这是最好的办法：百姓自己亲自修筑、亲手养护自己修的路，才会倍加珍惜，这比在路边竖上几个宣传牌子，刷上几条宣传标语要管用的多。

事实也证明了这一点——村路上有了坑洼，不用卓彦庆安排，就有人自觉挑土把它填平；下雨天，路面有了积水，不用卓彦庆开口，就有人把积水排走；路基上有松动的石块，很快就有人自觉拿来水泥重新浆砌好；路侧山崖上有了松动的石头，谁在第一时间看到，就会马上清除；崩塌的岩石掉在路上，谁见到了都会撸起袖子，把石头移到路基外面妥当的地方……

卓彦庆每天都被这一点一滴、看似平常的小事感动着——面对如此淳朴敦厚的百姓，自己还有什么理由拒绝他们？如果自己不能带着他们走上一条奔向富裕、奔向小康的道路，那就是自己的失职！

怀着一颗报答老百姓信任的感恩的心，再加上一辆飞驰的摩托车，卓彦庆开始了他"跑腿书记"的生涯。

前面已经提到，大力山村通了机耕路，但需要注意的是，那是一条实实在在的机耕路，一般的农机拖拉机行驶起来没什么问题，可吉普车要想上山，就得轰大油门才成。至于载人的中巴客车，想也不要想，没有一个中巴司机敢载着一车人在这样的路上尝试，即便有个胆大包天敢把中巴车开进来的，那也一定没人敢坐。因此，骑行方便的摩托车就成了大力山人最重要的代步工具。另外，还有一个重要的原因——卓彦庆读书识字，见过的世面也多，别说乡里，就连龙游县城，他也熟悉得很。出去办事，他知道找哪个部门，跑得对路，懂得怎样跟人家打交道，很多难办的事情，他笑嘻嘻地跟人家聊着聊着就办成了。要是让留守在山里的那些老弱病残户自己去办，恐怕还没走到山下，人已经散架了，就算是侥幸走出大力山，也没几个人能分出东南西北来。所以，村民们需要办的事，比如落户口、修理家用电器、购买日常百货、交电费甚至银行存款取款，都愿意委托卓彦庆去代办，而卓彦庆呢，也总能顺顺当当地办好。

在廖美香眼里，卓彦庆骑着自家的摩托车，在出去办事的时候，顺便帮村民办点事，是件非常普通的事，可随着卓彦庆"跑腿"变得越来越频繁，廖美香隐隐约约感觉到有些不大对头——没过多长时间，卓彦庆的顺路"跑腿"居然变成了经常性的专门"跑腿"了。

开始的时候，卓彦庆只是在去乡里开会、去县城办事的时候，顺便帮着村民办些事，买了摩托车以后，逐渐演变成了村民有事就直接来找他跑一趟，他的摩托车俨然成了随叫随走的出租车了。接了村民托办的事，大多数情况下，卓彦庆是二话不说，丢下手里做着的工作，起身就走，有时候连自己家的农活都耽误了。这让廖美香心里有些不是滋味——自己每天在大力山小学教书，本来就没时间照顾田里的庄稼和山上的茶树，卓彦庆又这样不顾家，家里的庄稼怎么办？总不能眼睁睁看着地荒了、茶老了吧？

廖美香不是个爱唠叨的人，开始的时候，她只是想用自己的行动提醒卓彦庆。她每天早早起床就去田里干活、上山采茶，遇到周末更是整天扎在地里，忙这忙那，干着男人的力气活。廖美香希望用自己的忙忙碌碌，把卓彦庆的注意力，从村里的工作和给村民"跑腿"上吸引一些过来，哪怕只吸引一部分过来也行啊！毕竟男人才是家里的顶梁柱，才是家人的靠山啊！

但廖美香没有想到，卓彦庆对自己的忙碌却压根儿不为所动，廖美香没有看到自己想要的结果。

卓彦庆依然每天都在忙忙碌碌，一趟又一趟地跑在路上，大部分日子，他的工作时间都超过 12 个小时。卓彦庆仍然乐此不疲地"跑腿"，一个星期几乎有六天都在骑着摩托车四处奔波。因为卓彦庆的无暇顾家，廖美香只好把儿子卓秉举寄居到了娘家，一年到头难得回来几次。

对卓彦庆每天不顾家四处"跑腿"，廖美香一直隐忍着。

有一次回娘家，儿子的一句话，让她觉得很意外，感到很委屈，她觉得必须跟卓彦庆谈一谈。

那天是个周末，廖美香回娘家去看儿子，当她陪着儿子在家里玩的时候，儿子突然问她："妈，我是爸爸亲生的吗？他是不是不喜欢我了？"

廖美香觉得很奇怪："谁说的？你当然是爸爸亲生的！爸不喜欢你喜欢谁？"

卓秉举摇了摇头，说："那他为什么很少来看我？"

廖美香听后苦笑了一下，指点着儿子的鼻子尖说道："你爸爸是忙啊，每天东跑西颠的，没时间来看你，不过他在家里的时候，也老念叨着你的！"

卓秉举还是不相信："爸爸每天东跑西颠，是不是因为他爱当官啊？"

廖美香吃了一惊——这样的话，绝对不应该是从孩子的嘴里说出来的，她马上追问儿子，这话是从哪儿听来的，儿子说是跟着姥爷出去玩的时候，听别的大人这么说的。

一股怨气从廖美香的心头升起来：卓彦庆是大力山村的支部书记，他"跑腿"的对象是大力山村 22 个自然村的 1000 多名百姓，骑着自己家的摩托车，耗着自己家的汽油，搭上自己的时间和精力，办事不顺利的时候，还得低声下气地去求人家，图的是啥？咱是图名还是图利来着？凭什么说我们家阿土为的就是过当官的瘾？

廖美香还想仔细问问儿子，这话到底是谁说的，她要找上门去跟对方理论一番，可儿子说记不清了。

廖美香没有再责怪儿子，她走到儿子身边，蹲下身子，双手揽过儿子，紧紧地把他抱在怀里，眼泪吧嗒吧嗒掉在儿子的脸上、头发上。廖美香就这样抱着儿子，久久没有放手。这一刻，她想了很多，琢磨透了，心里的火气也慢慢消退了。

　　廖美香知道，如果自己是个普通的山里村妇，在村里大吵大闹一番是没什么问题的。可现在自己是一名小学老师，虽然只是一个"代课老师"，毕竟也是为人师表，如果因为这样一点小事跟村民吵闹起来，学生们会怎么想？家长们会怎么看自己？另外，自己还是卓彦庆的妻子，虽然，作为妻子维护丈夫的声名，是件再正常不过的事，但作为党支部书记的妻子，就因为别人背地里议论丈夫，就要跟人家争个对错，会不会给人家留下"仗势欺人"的口实？那丈夫的工作以后还怎么开展？

　　思来想去，廖美香决定让这件事烂在肚里，不再去追究。毕竟嘴巴长在人家的脑袋上，人家说什么，自己也管不了，只要做好自己的事就成，不是有句老话叫"脚正不怕鞋歪"吗？

　　但让廖美香没想到的是，不久之后发生的一件事，让她彻底爆发了。她忍不住把别人在背后的议论告诉丈夫，而卓彦庆听后，沉默了好一会，只说了一句话："别人对不住我没关系，可我们不能对不住大力山的老百姓！"

媒体采访

第二十五章　争　执

春回大力山，各家各户都开始农忙了，和往常一样，大家忙着打理油菜田、护理水稻秧苗，准备栽种早稻。可是，卓彦庆却别出心裁，在几块边角地上支起草棚，养起蘑菇，种上了药材，还在家里专门腾出一间房子开始养蚕。

这突如其来的举动，让廖美香觉得丈二和尚摸不着头脑：多少年来，山里人什么时候为吃蘑菇发愁过？想要吃蘑菇，等到下了雨之后，随便到树林里、草丛中去转一转、找一找，什么样的蘑菇没有？干嘛还要费那么大的劲自己去种？蘑菇种了，采收了又卖给谁？中药材也一样，山里人不像城里人那么金贵，有点儿小毛病，随便到山里扯一把草药，简单一熬，喝下一碗就管事，没见过买中草药的。更不要说养蚕了，大力山上以前也有人试过，都没有成功，明摆着这都是拿钱打水漂的事，阿土这不是瞎折腾吗？

自从卓彦庆当上村支部书记之后，"阿土"这个词渐渐顶替了原来的"彦庆"，成了廖美香和卓彦庆打招呼最常用的称呼了。廖美香越来越觉得"阿土"这个称呼太适合卓彦庆了：他每天风里来、雨里去，带回一身尘土，他说的是家乡土话，办的是乡亲们的土事，完全成了一个土得掉渣的土疙瘩。

廖美香劝卓彦庆别这么折腾，毕竟村里的工作那么忙，每天还要跑乡里、县里，给村民当跑腿，办大事小事，像种蘑菇、养蚕之类的活计，往往是磨人的细致活，既占人手，又耗精力，他哪里顾得过来？

可卓彦庆怎么也听不进去，仍然我行我素，不肯罢手。他告诉廖美香：种平菇、种黑木耳、种药材、养蚕，都是县里准备在贫困山区开展的精准扶贫项目。课堂上，听传授技术的专家讲得挺好，但具体操作起来怎么做，大家都是"大姑娘上轿——头一回"，谁的心里都没底。

推广农业生产新技术，带领群众脱贫致富是造福乡邻的好事，可一旦项目不对路，环境不适合，肯定种不好，就会让大家遭受损失。大力山村民本来经济条件就不宽裕，一旦受挫，生活就会雪上加霜，更加艰难了。那样，大家就会埋怨政府的精准扶贫政策，影响党和政府的形象。所以，卓彦庆决定先在自己家里做实验，进行小规模的试种，记录下数据，成功了，再手把手教给乡亲们，那样保险系数会更大。这样做，即使不成功，那受损失也只是自己一家一户，影响要小得多。

"成功算大伙儿的，失败算自己的！阿土，要是当官的都像你这么折腾，估计没几个人愿意当官了。"廖美香还是念念不忘儿子告诉她的那件事。

"咱算啥官啊？"卓彦庆笑了，"老百姓信任咱，让咱做个领头人，领着大伙儿一起往好日子奔，咱是共产党员，又是村支书，就得带头往前闯。就算前面有刀山火海，咱也得第一个冲上去啊。没这股子劲头，老百姓谁跟着你干？当个光杆司令，孤家寡人，一天到晚没人搭理，甚至还被人戳脊梁骨，那才真没劲呢！"

廖美香不得不承认，尽管卓彦庆平时的话不多，但每次两个人发生争执的时候，他的话却有着非同寻常的力量，总能把自己说得心服口服。

但几天之后，一场更大的冲突发生了。

在廖美香的记忆里，这也许是她和卓彦庆相伴一生里，爆发的一次最大的冲突。

那天傍晚，廖美香去菜地里摘菜，回到家，却看到儿子正站在院子里哭成泪人。

廖美香赶紧走过去，关切地询问儿子发生了什么事。

儿子看到母亲，一下子扑进廖美香的怀里，一边哭，一边告诉她：今天下午，家里没其他人，儿子觉得没伴，无聊，就在家里到处寻找能玩耍的东西。最后，他从父亲的抽屉里，发现了村里记账用的空白账本，那种纸比平时写作业的纸要厚实得多，而且纸面也宽，正是折纸飞机的好材料。于是，他就小心地从账本上撕下两张空白的纸张，做成纸飞机，一个人拿到门口去玩。

正在他玩得开心起劲的时候，卓彦庆正好骑着摩托车回家，一架纸飞机正巧撞在刚刚下车的卓彦庆身上。卓彦庆看到纸飞机是账本纸折叠的，马上沉下脸，当即没收了儿子的纸飞机，并罚他站在院子中间，教训了半个多钟头！而且吓唬他，下一次再敢随便动用抽屉里集体的东西，就打断他的手臂！

看到儿子涕泗横流、满腹委屈的样子，廖美香心疼极了——当村支书的儿子怎么就这么难？不就是几张空白账本纸吗？能值几个钱？有什么值得大惊小怪？

廖美香看看儿子，伸手抚摸着儿子的头发，轻轻地叹了口气，说："儿子，这事也不能全怪你爸爸，你想想，最近这些日子，你可没让你爸爸省心。在家里，你不是翻墙上树，就是打鸡撵狗，要不就是睡懒觉；在学校，你不写作业，和同学打闹。今天你又撕了村集体的账本，他能不生气发火吗？"

儿子抽泣着，擦了擦眼泪，说道："妈！我也不愿意这样啊！可是，谁叫他一天到晚都难得在家，回到家，马上又坐到他的房间，在他的本子上记着什么，好像没有我这个儿子似的，我要是不捣乱，爸爸能知道他还有一个儿子吗？他可能连看我一眼的时间都不肯给的。今天我撕下账本纸做了纸飞机，我也知道不对，但我高兴这样做——今天，爸爸在家陪了我一个多钟头哩……"

"傻儿子！"廖美香一把把儿子抱在怀里，眼泪再也止不住，滴滴答答地落在儿子的脸上、身上……

看到妈妈落泪，卓秉举有点害怕了，他搂住廖美香的脖子，轻声说道："妈，你别哭，以后，我再也不会故意跟爸爸捣乱了！"

吃晚饭的时候，卓秉举吃一口饭，就偷偷用眼睛瞄一下卓彦庆，眼神里总带着一丝怯意。

廖美香看在眼里，把饭碗一撂，带着一股怨气说道："卓彦庆，咱商量一下，这支书咱还是不干了，行不？"

虽然廖美香刻意加重了语气，并且一字一顿地喊出了"卓彦庆"三个字，可卓彦庆并没有发现妻子情绪的变化，他满脑子全是村里的事儿，头也没抬，一边吃饭一边答道："美香，你跟我开什么玩笑？"

廖美香哼了一声，声音提高了好几度："没有！我没跟你开玩笑！别人当支书，一家老小连七大姑八大姨都跟着沾光，你当支书倒好，凡是有好处的事，不管是你们家亲戚，还是我们家亲戚，一律靠后排！有的村里的支书，人家每天都是迎来送往、喝酒吃肉的，你倒好，当了村支书，整天帮东家扶西家，一天到晚里找不见你的人影！你看看人家当支书的，连家里的狗走路都横着，你倒好，你当了支书，儿子没有人照看，一个人玩，没个伴，拿几张空白账本纸叠个飞机玩，还得挨你一顿臭骂……"

"够了！"卓彦庆猛地把筷子拍到桌子上，"美香，你当着孩子的面说这些话，是什么意思？你难道想让孩子每天看着我给别人走后门，收别人礼物，把公家的财物当成自家的东西随便糟蹋？"

廖美香怎么也没有想到卓彦庆会发这么大的火，卓秉举也被吓了一跳，眼圈里立刻泛出了泪花。

廖美香也急了："阿土，我也知道咱不该羡慕那些走后门、沾公家便宜的人，你当支书这些年，咱一个后门没开，一件礼物没收，除了儿子今天拿了几张账簿纸，公家的便宜咱可一丁点儿都没沾过，咱们家的孩子比一般人家的孩子规矩更多！可你这样做，背后还是有人在议论你，说你这么拼死拼活地干，是因为喜欢当官，有官瘾！阿土，当初我嫁给你的时候，看中的就是你的老实厚道，咱们两家在大力山生活了这么多年，什么时候让人家戳过脊梁骨？清清白白做事，干干净净做人，却被别人说三道四，这口气，我咽不下！"

听了妻子这一番诉说，卓彦庆笑了："美香，原来你生气，是因为别人再背地里说我的闲话啊？那可就得怪你的肚量太小。其实，我倒觉得，他们说的也有道理。没错，我卓彦庆这个人是有官瘾，而且官瘾很大……"

听丈夫这么一说，廖美香和卓秉举都瞪大了眼睛，他俩几乎不敢相信自己的耳朵，这话是从卓彦庆的嘴里说出来的。

卓彦庆夹起一筷菜，放进嘴里，细细品味了一会儿，这才继续说："大力山是生我养我的地方，打从懂事那一天起，我就惦记着，要给咱大力山人做点事情。别人都说支部书记是个官，我却觉得当支部书记，是为了让我更多更好地为大家办事。以前有句老古话，叫做'当官不为民做主，不如回家卖红薯'。我觉得，当官不为民跑腿，不如回家嗑瓜子。我要当，就要当个跑腿的官，这样的官，我才当得安心，当得舒心，当起来才过瘾！"

廖美香听后"噗嗤"一声笑了："阿土，你真是铁嘴钢牙铜舌头，有些话明明觉得没有理，可到了你的嘴里，三说两说就变得有理了！"

卓彦庆满脸慈爱地抚摸了一下儿子的头，说："儿子，你现在可能还理解不了爸爸，没事儿，爸爸不急，等你长大了，你慢慢地就理解了。不过，儿子，你一定要记住，清清白白做人，多为他人着想，只要咱认准对的事，就踏踏实实去干，不要怕吃亏，更不要怕别人说闲话，这就是咱们卓家的家风！"

卓秉举看着父亲，似懂非懂地点了点头，一家人又乐乐呵呵地吃起饭来。

当晚，卓彦庆在自己的工作笔记上，写下了这样一段话："村民的事不是小事，自家的事可以延误几天，村民的事可不能耽误……每次为村民办事回家，看到村民满意的笑容，我就知足了。"

跑腿进城

第二十六章　铁　律

卓彦庆说服妻子和儿子，理顺了家庭关系，获得了妻子的支持，他"跑腿"跑得更勤、也更带劲了。

山路耗车，尽管卓彦庆把自己的第一辆摩托车当成宝贝，平日里只要有时间就擦拭保养、爱护有加，村里人戏称摩托车是卓彦庆的"小老婆"。但是，山路崎岖不平、坡高路陡，还是让这辆摩托车损耗严重，轮胎换了一个又一个，发动机也经过了好几次开膛破肚的大修，就连刹车也开始失灵了。

卓彦庆的摩托车，俨然已经成为大力山人的"公交车"，经常带人出门办事，有时带的还不止一个，摩托车的状况直接关系到村民的安全。在廖美香的催促下，卓彦庆咬咬牙，购买了第二辆摩托车。

2003 年秋天的一天，卓彦庆到张家山自然村办事，听乡邻们说，村民徐荣贵从外地就医回来了，正在家里休养。卓彦庆闻讯后，特地绕道去看望他。

进入徐荣贵家，卓彦庆看见徐荣贵正半倚半躺地坐在床头，一脸愁容，两眼茫然地望着门外。

"荣贵，听说你动手术了？恢复得咋样？"卓彦庆关切地问。

"卓书记，您来了，快请坐！快请坐！"徐荣贵看到卓彦庆，一下来了精神，他努力欠了欠身子，想坐得更直一些，可身子动了好几下，却没能坐直。

卓彦庆赶紧走过来，半扶半抱地将他的身子扶正，然后起身给他倒了一杯水，递到徐荣贵手上。

"唉，我啊，现在就是个累赘！"徐荣贵叹了口气说，"卓书记，你说，我是不是活该命苦？这些年，山路修通了，日子一点点儿好过起来，可我偏偏就闹起了毛病，咱本地医院还治不了，只能跑到外地去治。俗话说，在家千般好，出门一时难呐。外地的医院，虽说条件好、技术高，可那都是拿钱垛起来的，每走一步都得花钱。不瞒你说，上了手术台，我就后悔了，早知道一场病会把家底儿花光，我还不如不治呢。咱一个老百姓的命，值不了那么多钱啊！"

卓彦庆拍了拍徐荣贵的肩膀，安慰他说："荣贵，你说的这是什么话？只要有命在，钱花了，咱还能挣。'身体是革命的本钱''留得青山在，不愁没柴烧'，要是咱连命都没有了，那还有什么指望！现在啊，你就该好好养病，早日把身体养好了，能干点啥就干点啥，就算重活累活干不了，你帮家里做做饭、收拾收拾菜园也行啊！你是家里的顶梁柱，有你在，这个家才像个家嘛！"

听了卓彦庆的一番话，徐荣贵点了点头，觉得卓彦庆的这几句话，确实说到他心坎里去了。

在这个世界上，没有什么比活着更重要的了。只不过，他活得有些艰难，尤其是当他得知，这次手术居然花掉了13000多块钱之后，他心里就一直有个结，日日夜夜缠着他，怎么也解不开。他每天都沉浸在懊恼之中，总觉得一家人辛辛苦苦几十年，让他"一病回到解放前"，自己是家庭重返贫困的罪人哦。现在听卓彦庆跟他这么一讲，他的心里才稍微感觉好受一些。

"卓……卓书记，你能不能给我帮个忙？"徐荣贵面有难色，有些支支吾吾地说。

"荣贵，有什么难处，你尽管说！跟我客气什么？帮忙不应该吗？莫说我是咱们大力山村的支部书记，就算是个普通的邻居，你遇到困难，我伸手帮一把，扶着走一程，那都是分内的事儿。说吧，需要我做什么，你尽管开口！"

徐荣贵叹了口气，他告诉卓彦庆，当初自己到外地治病的时候，走得比较匆忙，本地医院的转诊手续也没有办齐备。现在回来了，他去办理手术费用报销的事儿，可家里人跑了几趟，不是这个不行就是那个不对的。更让他生气的是，医院里医生说的话，经过家人传回来，完全变了味道。他现在也是一头雾水，闹不清该怎么办了！"卓书记，你外面人头熟，帮我打听打听，像我这样去外地做手术的，农村合作医疗到底能不能报销，如果不能，我就不用让家里人再跑了，反正钱已经花了，以后慢慢挣呗。如果能报销，那到底该怎么报销，需要什么手续，我找人补办。你人头熟，请你替我问，回来给我个明白话，万一能报回来个千儿八百，对我这个家来说，那就是雪中送炭啊！"

说实话，对于异地治疗到底能不能报销，卓彦庆还是头一次碰到，具体政策，他也不太清楚，毕竟大力山村百姓到外地治病的人还是少数。

看着徐荣贵焦急的神情，卓彦庆站起身来说道："荣贵，这事儿我得先到乡里去打听打听，看看上级到底有没有相关的具体规定，如果乡里说有政策可以报销，你放心，这事儿我来给你跑办。哪怕只有一线希望，我一定给你跑出个明明白白的结果来！"

"真的？！"徐荣贵一把拉住了卓彦庆的手，"卓书记，你要是能把这件事跑成，我们全家一定重重地感谢你！"

卓彦庆把脸一沉："荣贵，你说这话就见外了吧？你以为我阿土是市场上的二道贩子，给人帮忙还要收费？给咱大力山的老百姓办事，那是我们这些村干部的义务，干不好，大家批评我们就是；干好了，只愿大家每天都能笑呵呵的，不要像你这么愁眉苦脸的，我们就知足了！"说完，他转身出门，骑上摩托车，直奔乡政府去了。

卓彦庆是石佛乡有名的大忙人，乡政府的干部们对他的风风火火早已经习以为常。听卓彦庆说要咨询异地报销手术费的问题，乡里马上安排人专门为他解答。只不过这种事情在全乡也不多见，所以只能一边和县里沟通，一边为卓彦庆解答。为了确保能够顺利探听到有关医药费异地报销的文件精神，乡干部提议卓彦庆最好亲自到县里详细咨询一下，等消息确实了，再告诉徐荣贵，避免中间环节再出现什么差错，引起不必要的误会来。

卓彦庆知道乡里的意思，那也是为了稳妥起见，于是，他骑上摩托车，直接赶往县城。

来到县城，已经过了午饭时间，卓彦庆随便找了一个小吃摊，简单吃了一碗米粉干，就一路打听着向卫生局的方向找去。

米粉干是龙游人喜欢吃的一种方便快捷食品。只要把米粉干在开水里烫热、捞起，拌上豆瓣辣椒酱即可食用，相当于现在流行的方便面，价格便宜、经济实惠。

2003年的时候，有些窗口的服务意识还没有现在这么浓厚，很多事情不办不知道，去办吓一跳。你去找人家咨询问题，人家对你爱答不理，那是常事。好不容易搭理你了，又是含含糊糊地说一遍，你再问，人家就厌烦生气。卓彦庆领教过多次，看人家忙着，就老老实实地待在那里等着，等人少了，办事员有空，再上前央求人家把自己不明白的地方讲一讲。一直到基本上弄清了报销的路数，并一句一句记在本子上，才打道回府。

临离开的时候，办事窗口里那位有些急躁的大姐，看卓彦庆等她那么久，也有些不好意思了："像问得这么细致，还做着笔记的人，你是第一个；而村支书到我这里来替别人咨询医保报销问题的，你也是第一个；一个问题等着问了一个下午，你还是第一个。要不是你自己说了，我还以为你就是徐荣贵家的亲戚呢！没想到，你只不过是他村上的村干部。"

卓彦庆冲那位大姐鞠了一躬，笑笑说："大姐，在我们大力山村，干部就是给村民办事的，而且办起事来，就跟自己家的事一样，有时候，甚至比自己家的事儿还认真呢。希望您别生气，我真是第一次来，这方面的事，我懂得太少。再者，我们从大力山跑到县城一趟不容易，我是村干部，要经常为群众办事，总想多了解一些上面的有关政策，回去得向老百姓传达，最好一次就能把事情问清楚，记住了，免得再跑第二趟，所以有些啰嗦了，麻烦你了，请您见谅！"

大姐抿着嘴笑了："给老百姓办事，你这个支书可真够卖力气的。不过，我得给你提个醒，现在办事，想只跑一趟就办成，几乎是不可能的，不是我们故意为难你，而是手续的的确确比较复杂，需要层层上报，审核批准，你可得有心理准备啊！"

从卫生局出来，走在龙游大街上，看到两侧的路灯已经亮起来，卓彦庆不由得暗暗摇头：平心而论，今天接待他的这位大姐，态度还是蛮不错的，毕竟人家一天要接待好多人，反反复复地回答相似的问题，有些厌烦，也是可以理解的。但大姐那句"现在办事，想只跑一趟就办成，几乎是不可能的"，却深深刺痛了卓彦庆的心。

卓彦庆心里明白，大姐说的这句话，也是备感无奈，但让老百姓办事只跑一趟，难道真得比登天还难吗？手续烦琐、层层审批，难道就不能简化一点儿吗？如果在大力山村，咱们的村干部也抱着这样的心态工作，那怎么树立党和政府在群众中的威信呢？

回村的路上，卓彦庆边走边琢磨，到山脚下的时候，他已经想好了，明天，他想召开村干部班子会，把他今天经历的事儿，讲给大家听。让大家明白，群众在外面办事难，咱管不了，但在大力山村，老百姓有事，只要老百姓到村里跑一次，村干部就必须得解决！如果村里解决不了，村干部得帮忙跑办，不得推诿！哪怕村干部跑断腿，也不让老百姓磨破嘴。

从此，"让老百姓最多跑一趟"就成了大力山村每个村干部必须做到的"铁律"，一直延续至今！

为了徐荣贵医保报销的事儿，卓彦庆先后往乡里、县里跑了好几趟，中间赔上笑脸无数，客气话说了几箩筐。经过半个多月的奔波，7000多元的报销款终于打进了徐荣贵的账户。

当接到收款消息的那一刻，躺在病床上的徐荣贵哭了——他没想到，那笔在他心中已经不抱多少希望的医药费，居然报销回来这么多钱。他没有想到，卓书记办事这么认真，效率这么高！原本已经陷入绝望中的他，重新看到了好日子在向他招手。有这样好的村干部，大力山人还有什么沟沟坎坎过不去呢？

卓彦庆也长舒了一口气，虽然，半个月的跑办，让他筋疲力尽，但他也有收获：除了徐荣贵脸上的笑容，还有 "让老百姓最多跑一趟"这条铁律，从此在大力山村干部中生根发芽了！

第二十七章 雪 夜

时间缓缓地流逝，因为有了路，大力山村在卓彦庆一班人的带领下，日子过得越来越富裕，村容村貌有了很大改观，茅草房少了，一幢幢洋房别墅拔地而起。以卓彦庆为首的"跑腿服务别动队"也日渐壮大，党员、村干部人人都成了跑腿人，领办代办、上门帮办，已经蔚然成风，"群众需要，马上就到"成为卓彦庆他们一帮人的工作常态。

到了2007年，卓彦庆的第二辆摩托车又以跑了超长的路程而提前"退役"了。

冬天的一个下午，他在家里擦拭着新买来的第三辆摩托车，卓彦庆不由得暗自感慨：这些年，花在摩托车上的钱，已经成了家里最大的一笔开销。打从自己担任着村支书，每天工作忙得顾不着家，村支书的工资补贴依然少得可怜。妻子廖美香依然还是一个代课教师，工资虽然涨了一些，但也只有六七百块钱一个月，而且她还要经常去"充电"，自费到县里参加普通话、计算机的培训。后来，家里又添了一个女儿，一家人的日子过得紧巴巴的。可即使这样，只要卓彦庆开口提起更换摩托车，廖美香总是毫不犹豫地答应他，并且催促着他赶紧去换新车。因为廖美香知道，卓彦庆的摩托车，不仅是他自己的代步工具，还是大力山村民免费乘坐的"公共汽车"，他的摩托车上，一直带着备用头盔——这是专为村民准备的！大力山山高路陡，安全是第一位的。

有时候，卓彦庆心里也会感到一丝遗憾，自己从当代课老师开始，曾经许下过许多诺言。在学校里，他曾经向校长许诺，自己一定会成为一个好老师，绝不会比其他老师差；他曾经向学生许诺，一定会把自己所有的知识，倾囊传授给他们，一定会让他们考出一个好成绩；到大力山村任职以后，他曾经许诺，一定会两袖清风，一定会带着大家走上致富路……现在看来，他许下的这些诺言都基本实现了，但唯独他对廖美香许下的那个诺言，到现在还没有一点儿实现的影子……

卓彦庆清楚地记得，那时，他为了给大力山村小学的孩子们找一个代课老师，第一次来到廖美香的家，在劝说廖美香跟他一起去教书的时候，他曾经给廖美香规划过一个非常美丽的蓝图：先当一段代课老师，等有机会了，再去考民办老师，考完了民办老师，再有机会，你还可以考正式的公办老师，那样你就可以吃上公家饭了……当时，廖美香就跟他说，这是一张根本吃不到的"大饼"。可卓彦庆却信誓旦旦，这个目标一定能实现。现在十几年时间过去了，廖美香成了他的妻子，两个人有了一双儿女，但这个目标，看起来却依然是遥遥无期……

虽然廖美香没有什么怨言，但卓彦庆看得出来，妻子的心里总是很失落，有时她会有意无意地关注教师考试、教师考核的话题。每次乡里组织的学生考试，她的大力山小学复式班学生成绩总是排在前几名。而当上级对正式教师进行表彰的时候，她甚至连表彰大会也不想去参加。不是因为她廖美香小肚鸡肠，而是她担心自己受不了这种刺激，而放弃那份坚守的事业。

卓彦庆也帮廖美香打听过代课老师转正的事，可政策一会儿一变，你准备好这些材料了，那些条件又不具备了，而廖美香，似乎都慢半拍，永远赶不上政策的变化速度……

天，不知道在什么时候阴了下来，伴随着阵阵寒风，大片大片的雪花落了下来。卓彦庆站起身来，走到门口朝远处望去，天空已经变得灰蒙蒙一片，路面也已经被雪花覆盖。

"瑞雪兆丰年啊！"卓彦庆心情稍稍缓和一些，他转回身，刚想坐下休息会，这时，他的手机铃声响了起来！

自从卓彦庆买了手机以后，除了没电，从来就没有过关机的时候。

大力山村每户百姓都记着他的手机号码，无论谁家有事，都能在第一时间找到他。也正因为如此，卓彦庆对手机情有独钟，从来没有让手机离开过他的身体。他对手机铃声有一种特别的敏感，有时，他甚至会害怕铃声响起，因为，这急促的手机铃声响起，就可能意味着，有人又遇到难过的坎。

卓彦庆拿起手机一看，来电话的是卓家自然村的徐凤兰老人。不详的预感顿时涌上了卓彦庆的心头。

卓彦庆摁下接听键，电话里传来的是徐凤兰老人带着哭腔的喊声："卓书记，你快来吧，我老伴快不行了……"

卓彦庆吓了一跳，徐凤兰两口子儿女都不在身边，是典型的空巢老人。老两口身体状况一直都不太好。冬天是老年病的多发季节，徐凤兰的老伴在这大雪天犯毛病，一定非常严重。

卓彦庆让徐凤兰老人赶紧准备住院的东西，他则拨通了县医院的急救电话，让救护车赶紧过来，在大力山山下等候。

卓彦庆又拨打电话，通知了几个在家的青壮年村民，让他们立即赶到徐凤兰老人家里。

打完电话，卓彦庆就一头冲进了风雪中……

仅仅用了几分钟时间，卓彦庆就赶到了徐凤兰老人的家门口，顶着一头的雪花，卓彦庆冲进了屋子里，看到徐凤兰老人正在一边收拾东西，一边掉眼泪。屋子正中，一个凳子翻倒在一边，徐凤兰的老伴正坐在地上，嘴角向一侧耷拉着，嘴里含含糊糊地嘟囔着什么，眼睛里充满了恐惧和无奈。

"不是脑出血就是脑血栓！"卓彦庆看到老人样子，知道这毛病的凶险，他先扶着老人站起来，用一床薄被子把老人裹起来，然后蹲下身子，把老人背起来，一步一步向门外走去。

"阿土……谢谢！"看着卓彦庆背着丈夫蹒跚前行的背影，徐凤兰老人喊了一嗓子。

此时的卓彦庆，并没有听到徐凤兰老人的话，风卷着雪花，已经遮住了他的耳朵，蒙住了他的眼睛，他只能影影绰绰地看到前边几百米远的地方，有几个扛着担架匆匆跑来的身影。

谢天谢地，援兵终于到了！

从徐凤兰老人的家门口，到村里的机耕路，几百米远的距离，卓彦庆就这么背着老人，一步一滑地向前走着，他已经记不清自己到底滑倒几次，当几个青壮年村民从他背上接过病人之后，卓彦庆才发现自己的裤子上已经满是泥水。可他已经顾不上擦拭这些泥污了，冲着大家喊道：

"赶紧往山下送！这病一分钟也耽搁不得！"

大家七手八脚抬着老人往前走，不久之后，一个村民开着拖拉机赶了过来，大家坐上拖拉机朝山下赶去。

天越来越冷，越来越黑，卓彦庆他们稳稳地扶着躺在车斗里的病人，用身体给他遮挡漫天的风雪。渐渐地，拖拉机越来越接近山脚，他们已经看见那救护车闪烁着的顶灯……

病人被送到医院的时候，半截身体已经没有知觉。

卓彦庆他们抬着病人，飞快地冲进了急诊室，大家各自分工，有办理入院登记的，有陪着进行检查的，有联系护士安排病房的……

一阵紧张而有序的抢救之后，徐凤兰的老伴被送进了病房，护士给他挂上吊瓶，输上液。主治大夫平静地告诉大家，病人是脑出血，幸亏送医院及时，要是再晚上半个小时，后果不堪设想。

听医生这么一说，卓彦庆他们一直悬着的心总算放下了。这时候，卓彦庆才发现自己的衣服从里到外都已经湿透，人累得已经站不起来。

徐凤兰老人的老伴是幸运的，因为救治及时，他被乡亲们和医生合力从死亡线上拉了回来。

半个多月后，老人的病情稳定了，卓彦庆跑前跑后帮忙办理出院手续，医院的医护人员还以为卓彦庆就是病人的儿子呢。

老人出院以后，卓彦庆每天都会挤时间去看他，生怕有反复。

这天，卓彦庆又去看望老人，刚刚进了徐凤兰老人的家门，看见徐凤兰正吃力地给老伴揉胳膊捏腿。

卓彦庆马上过去帮忙按摩，徐凤兰老人的老伴叹了口气，说："卓书记，你和大伙儿把我送进医院，救了我一条命，我们两口子打心眼儿里感激你。可是你也看到了，我这就成废人了，你说我活着还有什么劲？"说完，抹起眼泪来。

"您不要说得太悲观，"卓彦庆一边帮他揉着胳膊，一边说，"大夫不是说了吗？你只要坚持康复训练，还是有可能站起来的。我听说啊，你这脑出血伤害了一部分脑细胞，你得经常锻炼，旁边的脑细胞就能自动过来帮忙，承担起坏死脑细胞的工作。你住院这些天里，我没少在医院转悠，跟医生闲聊，看到过好几个康复过来的你这样的病人，虽然他们走路还有点儿一瘸一拐，可人家自己照顾自己，一点问题都没有，有的还能骑三轮车到处转悠呢！"

"真的？"徐凤兰两口子都瞪大了眼睛，"康复锻炼真的能让人站起来，继续干活？"

"我阿土什么时候说过瞎话？"卓彦庆笑着说，"这脑细胞啊，就跟这两口子似的，一个病了，另一个就得把家撑起来，慢慢地，病的这个好了，不还是两个人撑一个家吗？另外啊，我打听过了，像你这样的，将来可以办个残疾证，享受国家照顾，你放心，这事包在我身上，我会帮你去跑！"

"谢谢了！谢谢阿土！"徐凤兰老两口互相看了看，"有卓书记这话，咱就得好好锻炼，好好活下去！"

半个月后，卓彦庆又来了，徐凤兰悄悄把他拉到一边，告诉他：刚从医院回来的时候，她把家里的菜刀、剪刀和农药都藏起来了，就怕老伴想不开。经过上次的开导，老头子的心态已经转过来，不再瞎琢磨，每天像个刚学步的小孩一样坚持锻炼，现在自己已经能迈一两步了！

这个消息，让卓彦庆惊喜异常。古书里有句话，叫"老吾老，以及人之老"，在卓彦庆的眼里，大力山的老人都是他的长辈，都是他的亲人，他们的冷暖，将始终挂在他的心头……

跑腿路上

第二十八章 黑 户

　　自从卓彦庆当上村支部书记之后，廖美香从来没有在村务管理上插过话，她只是在背后默默给卓彦庆当好勤务员，负责他的生活起居，管好两个孩子，照顾好双方老人，就连自己的代课教师转正遇到种种不顺，她也尽量装出一副"听天由命"的无所谓态度，尽量不让卓彦庆分心。

　　但这次，廖美香却不得不主动给卓彦庆添麻烦了：前几天，她听乡中学的一位老师说，她教过的学生里，有个叫徐丽丽的女孩，刚上初一就光捣乱，上课不听讲，下课疯玩，作业也不去做，眼看就要废了。

　　"徐丽丽，不可能啊！"廖美香觉得肯定是老师认错人了。在大力山小学，廖美香教了徐丽丽三年，小丫头既聪明又漂亮，特别懂事，每年都当班长，下山读四至六年级的时候，表现也很出色，很可能就是大力山的一颗"希望之星"，她将来可是个能考上大学、走出大力山的"希望之星"啊，怎么一上初中就突然变得自暴自弃呢？

　　周末的时候，廖美香风风火火来到徐丽丽家，看见徐丽丽正在院子里对着天空发呆，廖美香问她作业做了没有，徐丽丽摇了摇头，小声说道："做作业有什么用，反正我再怎么努力，将来也出不了大山！"

　　徐丽丽的话让廖美香大吃一惊——一个才12岁的女孩子，怎么会说出这样的话来？

　　廖美香上前搂住徐丽丽的肩膀，轻声问道："徐丽丽，你忘了？当初你是怎么跟老师说的？你说过一定要考上大学，还要到北京、天津去上呢，这才几年，你就把当初说的话忘了？"

　　"去他的天津、北京的大学吧！"徐丽丽气呼呼地站起身来，"我是个黑孩子，是个多余的人！老师说了，我没有户口，连高中学籍都建不了档，将来就不能参加高考！我哪里都去不了！老师，你说让我认真学习，我就认真学习；你说让我积极参加劳动，我就积极参加劳动，可为什么我比其他同学做得都好，他们连让我参加考试的机会都不给我？"说完，徐丽丽一头扎进廖美香的怀里，大声哭了起来。

廖美香终于听明白了——大力山没有路，交通不便，原本就是个穷地方，村里的姑娘留不住，外面的姑娘不愿嫁进来。早些年，大力山就被人戏称为"光棍村"。后来，有些人就悄悄打起了坏主意，让大力山的小伙子花钱买个外地媳妇进来，结果呢，这些外地来的媳妇，没有感情基础，有的受不了这里的穷日子，留下自己生的孩子偷偷跑了；有的没走成，也成了没有户口的黑户。因为买卖婚姻本来就不受法律保护，更别提办理结婚登记手续了，所以，这些没有户口的娘生下的孩子，自然就成了黑户，上不了户口。

徐丽丽的母亲也是个买来媳妇，七八年前，因为受不了山里的穷苦，偷偷地走掉了。留下年幼的徐丽丽跟着父亲相依为命。刚开始，徐丽丽还不知道自己是个黑户，等到上了初中，需要建立的学籍档案，徐丽丽才知道自己和村里其他有正式户口的孩子不一样，小姑娘备受打击，所以才破罐破摔，干脆不去上学了。

"丽丽，你听老师的，老师一定想办法让你有户口，你现在不要听别人瞎议论，老师向你保证，3年后，你一定能带着户口本去高中报到！"廖美香说。

徐丽丽不哭了，她睁大眼睛看着廖美香，问："真的吗？老师，我真的能拿到户口本？"

廖美香替她擦了擦眼泪："那当然了，老师什么时候骗过你？不信，咱俩拉钩，我保证3年内让你上户口，你保证3年后考上县里最好的高中，敢吗？"

"这有什么不敢的，拉钩就拉钩！"徐丽丽破涕为笑。

回到家里，廖美香把徐丽丽的事从头到尾给卓彦庆讲了一遍，然后告诉卓彦庆，自己在徐丽丽面前已经夸下海口，3年内解决没户口孩子的户口问题，过不了两三天，整个大力山里没有户口的孩子家庭，都会知道这件事，现在已经是开弓没有回头箭！这事儿，关系到孩子的一生，你一定得出手帮忙！说什么也得办成！

卓彦庆看着廖美香那势在必得的样子，笑得前仰后合："美香啊，按照老道理，你这叫先斩后奏啊！你把牛吹出去，这不等于把我放在火上烤吗？你知道咱村里有多少个像徐丽丽这样的孩子吗？你知道给他们补办户口需要多少道手续，得花多少钱吗？以咱们村老百姓的家庭经济状况，有几户人家能承担得起？"

"我……我不知道。"廖美香不知道该怎么回答。

"我告诉你吧。"卓彦庆有些得意地说，"咱们大力山村，一共有52个黑户，这些人年龄大的42岁，年龄小的刚刚6岁。所长说了，1992年以后出生的孩子凭出生证明就可以落户。可咱们村的孩子，大部分是在家里自己接生的，没有上过医院，上哪儿去找出生证明？那些年龄大些的就更加麻烦了，按照国家法律规定，应该做亲子鉴定，一个孩子做亲子鉴定，你知道要多少钱吗？一个人5000块！一家三口就得15000！大力山的人家，哪几家拿得出1000多存款？另外，这些孩子还涉及违反计划生育条例，属于计划外生育，要落户口，还得缴纳社会抚养费，那笔钱也是个不小的数目啊！"

"闹了半天，这事你都知道啊？"廖美香惊奇地问。

卓彦庆点点头："户口问题是件大事，没有户口，不光孩子上不了学，将来他们出门打工也是寸步难行，身份证拿不到，养老保险都交不成，这个麻烦太大了。前些天，我找到了联系咱们村的塔石派出所的余所长，跟他反映了这个情况，一开始他挺支持的，派出干警跟咱们的村干部在村里走访调查了一个多月，可最后看到这个结果，余所长也挠头了——这么多黑户，补登户口太难，整个龙游县都没有这个先例！"

"那，这事看来就办不成了？"廖美香有些失望。

卓彦庆猛地拍了一下桌子："办不成也得跑跑看！死马当活马医，咱不能眼睁睁看着老百姓为难！美香，你忘了？当初咱们两个在大力山小学教书的时候，咱们共同的愿望是什么？不就是为了让大力山的孩子们能够走出大山吗？现在怎么能让户口问题拦住孩子们外出的步子呢？你放心，3年时间，我一定尽力，想方设法把这件事办成！"

听卓彦庆这样表态，廖美香反倒有些担心起来：卓彦庆讲的那些补办户口的实际困难并不是危言耸听，每一个都是实实在在的拦路虎，没有一个困难，是卓彦庆凭自己能力可以克服的，可以说，想办成这件事，比登天还难，可卓彦庆偏偏又是个吐口唾沫是个钉的汉子，这件事要是办不成，会不会给卓彦庆带来太大的压力？

第二天一早，卓彦庆就骑上摩托车直奔塔石派出所，来到余所长的办公室，寻求帮助。

他走进办公室，屁股还没挨上板凳，就冲余所长张开双手，说道："余所长，您看看怎么办吧？我老婆把咱们要解决黑户问题的信给传出去了，现在全村老百姓都看着我，您说这事儿要弄不成，我咋跟老百姓交代？"

看着卓彦庆一副"你不答应我不走"的架势，余所长乐了，他给卓彦庆端来一杯热水，然后问道："卓书记，咱俩都是明白人，既然是明白人咱就用不着说暗话，第一，我只是答应帮你解决这个问题，可从来没有说过一定能解决这个问题，因为处理黑户需要上报公安部，不是咱俩上嘴唇一碰下嘴唇就能决定的，这里面不确定因素太多了；第二，你刚才也说了，是嫂子吹牛……不是，是嫂子把这件事儿给宣扬出去的，那么这个责任就不应该由我承担，将来万一弄不成，解释工作必须由你去做；第三，我现在也可以给你一个承诺，这件事我一定会尽百分之一百的力量去促成，涉及公安系统的问题，我来跑办解决，但涉及其他部门的问题，还得以你们村里、乡里跑办为主。不过我可以表个态，如果这件事弄不成，我就不离开塔石派出所，陪着你一直跑！"

余所长一番话，说的卓彦庆热血沸腾——有这样的好干警，他心里就有底了。

从塔石派出所回来，卓彦庆立即召开了村两委干部会议。会上，他把自己的打算亮了出来——全体干部总动员，分村包片做工作，一定要把每户的情况摸得清清楚楚，做到如数家珍。同时，要按照补登户口的要求，逐一入户指导群众提前准备好相关材料，一旦补登户口工作有指望，要确保做到事实清楚、材料齐全，在最短时间内完成补登工作。

大力山村的领导集体这架马达一旦开启，马上就进入了高速运转状态，每个干部都像上满了发条似的开始工作。对于那些黑户家庭来说，他们有的非常惊喜，觉得一块心病总算有了解决的希望；有的则很不以为然，觉得没户口挺好的，反正将来也没有打算让孩子走出大山；甚至还有人传出了办理户口是为了将来收"人头税"的谣言来；另外还有一些人在冷眼旁观，办户口这么大的事儿，岂是一个小小的村支书能跑成的？别看现在跑得欢，迟早有跑不成、白忙活、干瞪眼的时候！

面对众说纷纭的议论，卓彦庆没有丝毫气馁。他还是按照既定的计划加紧工作，但让卓彦庆心里没底的是——一连两个月过去，余所长那里竟然一点儿消息都没有！这可把卓彦庆给急坏了。

为村民办事

第二十九章　规　矩

卓彦庆风风火火地再次来到塔石派出所，余所长一看到他就直摇头："卓书记，我不是跟你说过了，这事儿忒大，得一层层向上反映，报告我已经递上去了，而且已经指派专人盯着办呢。不过，报告每往上走一步，上级部门就得开会研究研究，所以时间肯定会长一些，求求你别老催我了。我已经尽力了，老哥！"

"那……那我们该怎么办？各种材料都收集齐了，大家都在等消息呢！"卓彦庆说。

"卓书记，咱们村里不是还有好多事要做吗？你和你的班子成员，先安心地做好其他工作，实话跟你说吧，我这边上报审批流程虽然长，但上级一旦批准，办起来就快的。我估摸着，不会超过嫂子给你规定的期限的。"余所长安慰卓彦庆道。

"我老婆给我定下 3 年期限的事儿，你都知道了？"卓彦庆觉得有些奇怪。

余所长苦笑着点点头："嫂子给你定的期限，也是给我们定的期限，咱们心里的目标是一致的，都是想早些让那些没有户口的老百姓登上户口，大力山村有这么多黑户，都是历史遗留问题，我这个所长也坐不住啊！"

从派出所出来，卓彦庆准备到乡里再转一遭。可就在这时，他的手机铃声响了起来。

卓彦庆拿起手机一看，是乡里驻村帮扶干部夏慧芳打来的。卓彦庆赶紧接起电话，只听夏慧芳在电话那头着急地喊道："卓书记，你快来一下吧，咱们修路遇上'钉子户'了！"

一听"钉子户"这三个字，卓彦庆脑袋"嗡"地一下大了。打从他带领村民修大力山的主路开始，除了老丈人，因为开始不理解村里的工作、拆迁的事有过情绪之外，其间虽然遇到过其他几个"钉子户"，但最后也都做通了工作。不过，做"钉子户"的工作，的确是所有工作中最费神劳累、最让人头疼的事，现在又听说遇到了"钉子户"，卓彦庆马上就有了条件反射。

眼下修的一段路，正是通往各个自然村的支路。这些年，他和乡亲们就像蚂蚁筑巢一样，一点一点儿把路向各个自然村延伸，很多老百姓看到邻村通路，就日夜盼着自己村也能早些把路修通，所以大家的思想都比以前开通了许多。现在，已经很少有人因为拆迁的事阻过工了，今天又是谁做了"钉子户"？

卓彦庆顾不上办别的事了，急匆匆赶回大力山——修路一直是村里每年要做第一件大事。果然，在洋坞自然村，一个胖墩墩的年轻人正站在修路工地上高声大嗓地说着什么，情绪激动、唾沫横飞。

卓彦庆一看，这不是村民杨军华吗？再看看周边，几个村干部站在那里，有的气得满脸通红，有的则是急得搓手再跺脚，对他一点办法都没有。

看到卓彦庆赶过来，杨军华的嗓门更高了："卓书记，你看看，这些乡里、村里的干部怎么一点都不讲理？修路就修路吧，干吗非要从我家的地里走不可？只要你们画线的时候，稍微偏一点，多拐个弯，不就能避开我家的这块地吗？我给他们提建议，可他们根本不听，你不是经常说，老百姓的事情，小事也是大事吗？我也是大力山的老百姓吧，我的利益，哪能随随便便就这样任人侵害了？"

对于杨军华说的这件事，卓彦庆早就知道了的。早在规划通往洋坞自然村路线的时候，他和村两委班子成员、交通局的同志们经过反复研究，现在这条路线的方案是最佳的。如果要避让开杨军华家的那几十平方米田地，要么就得增加工程量，要么就得缩减路面宽度，这两条线路显然都不合适。增加工程量就意味着增加投资，大力山村修路的资金都是按照精确到一角一分算计的，根本拿不出那么多钱；而缩减路面宽度，又会造成稍大些的农用机械过不去，这段路就会成为"卡脖子"路了。

看到卓彦庆没有说话，杨军华的气势更盛了："卓书记，咱们虽然算不上亲戚，但也是多年的朋友了，你知道，我杨军华是个老实人，可你们不能欺负咱老实人啊！今天这块地，不能就这么不明不白地无偿征用，你们得给我个说法。否则，你们想修路，除非从我身上踩过去！"

"你……军华，你不要无理取闹！"卓彦庆强忍着怒气，指了指远处的主路，冲杨军华说道，"你看看，咱们大力山村自打修路以来，有多少户人家主动让出了自家的竹林、茶园、田地、围墙，甚至宅基地，他们当中谁跟村里要过补偿？谁又得到过村里的补偿？一切为修路让路，无偿为修路让路，这是咱们大力山人自己定的规矩，这是咱大力山人的胸怀！你也是大力山人吧，你想要得到补偿，这是不可能的！你拍拍脑袋想一想，要是我答应给你补偿，那前面那些无偿提供土地的老百姓怎么办？你让我怎么面对他们？今后咱们大力山的路还修不修？"

杨军华把脖子一梗："那些人不要补偿，是他们境界高、有觉悟，我可没他们那么高的境界。人为财死，鸟为食亡，今天你不答应给我补偿，这路就不能让你们修！"

夏慧芳拉了拉卓彦庆的衣角，把他叫到一边的僻静处，告诉卓彦庆：刚才他们在给杨军华做工作的时候，杨军华提了一个折中的条件，让村里今年给他一个低保户的名额，只要答应这条，他马上就不再阻挠施工。

"做梦！"听说杨军华居然提出这样的条件，卓彦庆的怒火再也压抑不住了，他转过身来，走到杨军华面前，大声说道，"军华，今天既然咱们把话说到这个分上，我就明确告诉你，桥归桥，路归路，想用拆迁换取低保名额，那是根本不可能的！低保政策条例是国家定的，确定低保户有严格的标准，只有家里的确贫困的农户才能享受。本来那些贫困户日子已经够苦的了，你还要从他们的饭碗里分一勺羹，亏你想得出来！咱大力山的低保资格，从来没有给过一家不符合标准的！你可以拿着村里的低保名册挨个去查，要是有一家不是真正困难的，要是有一家是我卓彦庆优亲厚友的，我马上辞职！军华，我还告诉你，往后国家对咱农村会越来越重视，各种政策性福利会越来越多，但这些政策性福利，只能让那些符合政府定下政策的人享受！我可不是威胁你，到时候，上级再发政策红包的时候，你可别来找我问为什么没有你的份！原因你自己心里清楚，你不为集体做贡献，集体也没有必要为你做奉献！"

卓彦庆的这番话，每一个字都像重锤一样，敲打在了杨军华的心上。

杨军华听得脸上发热，他站在那里思忖了好一会儿，这才尴尬地冲卓彦庆笑了笑，说："卓……卓书记，其实……我也不是非要补偿，还有那个低保户的名额，我也不是非要不可，都说会哭的孩子多吃奶，我就是想试试，能要来一点是一点，既然您都说了，这事儿不成，那我就啥也不要了。路，你们该怎么修就怎么修，这几平方米的地，我也无偿交出来。不过，您可得给我一个承诺，今后有政策福利，也得有我的份，毕竟我还是咱们大力山村的人嘛！哈哈哈，你们忙，你们继续忙吧！"

一场眼看就要发生的冲突，就这么解决了。

回到村委会，卓彦庆把大家召集起来，他的脸色依然不太好看，大家不明白：事情都解决了，他为什么还这么生气呢？

卓彦庆用手敲了敲桌子，说道："大家这些天都很辛苦，可这都是咱们应该做的，老百姓看到咱们的辛苦，才能更加支持咱们的工作。不过，"他的话锋一转，"今天大家在处理杨军华要补偿这件事上，不应该有任何的犹豫。可能大家觉得，用村里的一个低保名额，解决一个大难题，是件轻松省力的事，可大家想过没有，咱们每一次放弃原则，都会给咱们将来的工作带来更大的麻烦。公家的事，就得公平、公正、公开，容不得半点幕后交易，老百姓一旦发觉咱们办事不公，那可就前功尽弃、后患无穷了！从今天开始，咱们大家一定要形成一个共识，不管对方有什么后台，是谁的亲戚朋友，在咱们眼里，都是关系一样近的大力山人，在原则问题上，谁也不准退后半步。因为，在原则面前，根本没有退让的余地，再退，就超出我们党性的底线了！"

从队部回到家，卓彦庆的心情还是难以平复。回想起这些天跑办户口的种种不顺，又加上今天跟杨军华生的一肚子气，卓彦庆不由得有些怀疑自己：自己这么讲原则，真的值得吗？

夜，已经很深了。卓彦庆披着衣服，走出院门，清风吹过山林，涛声依旧，他抬头向天空望去，满天的星斗格外明亮。卓彦庆的头脑一下亮堂了起来——这村里的事儿，不就像这么满天的星斗吗？就算事情再多，只要天空是清澈透明的，那每一颗星星就都能看得清清楚楚。而原则，不就像这清澈透明的夜空一样吗？

想到这里，他噔噔几步回到屋子里，拿出自己的工作日志，刷刷写下了几行字：

讲原则,讲诚信。不能做老好人,原则问题要把好关,亲戚归亲戚,朋友归朋友,有些事不能轻易答复,也不好随意改口,答应给村民办的事不能拖……

卓彦庆留下的笔记本

第三十章 奇 迹

"答应给村民办的事不能拖"，这是卓彦庆经常挂在口头上的话，他觉得只要自己腿勤、嘴勤，再加上有一颗公心，该办的事儿总能够办成。但在补登户口这件事上，他可真是跑怵头了。

为了给孩子们补办出生证明，卓彦庆耍了个小心眼，他和村干部商量，谁跟医院有关系，谁就负责跑哪家医院，求人家补开出生证明，只要有一个医院能答应，事儿就好办了。可让卓彦庆没想到的是，连他自己在内，4个村干部找了4家医院，无一例外地都吃了闭门羹——计生局有统一要求，各个医院内部也有规定：凡是不在本医院出生的孩子，一律不准补开出生证明，谁敢私自开出生证明，谁就会被开除公职！

对于医院的这个规定，卓彦庆一点儿脾气也没有，规矩不是针对大力山村定的，自己采取的这种托人找关系开后门的办法，本来就是无奈之举。

在出生证明问题上碰了一鼻子灰，没办法，卓彦庆他们只好又把目光放到了减免社会抚养费上，而这也不是乡计生委哪个领导能说了算的，需要跟县民政局进行沟通。可卓彦庆他们谁认识县民政局的领导？

这时候，余所长站了出来，他亲自带着卓彦庆他们跑县里，一个机关一个部门地跑，一个办公室一个科室去求，可让卓彦庆他们郁闷的是，几乎所有机关部门给出的回复都是一样的：减免社会抚养费是件大事，不是单独哪个部门能说了算的，建议他们找其他部门沟通一下。就这样，计生局让找财政局，财政局让找司法局，司法局又让找政府办……绕了一大圈，最后还是回到了原处，还是一点眉目都没有。

一天傍晚，卓彦庆在又一次无功而返后来到塔石派出所，卓彦庆垂头丧气地坐在余所长办公室里，一言不发。

余所长倒不像卓彦庆这样失望，他端过一杯热气腾腾的茶水，放在卓彦庆的面前，嘿嘿一笑，说："卓书记，咋啦？没劲头了？"

卓彦庆长叹一声："余所长，实话实说吧，我卓彦庆当支部书记这么多年，还从来没有像今天这么失望过。你也看到了，我们村领导班子东奔西跑，折腾快一年了，到现在，事情还是一点眉目都没有。我们绕了一个又一个大大小小的圈子，跑到最后，发现还在原地，照这样的速度，猴年马月才能把这件事办成啊？可是，机遇不等人，徐丽丽他们这些孩子的前程，眼睁睁就要被我这个无能的村支部书记给耽误了！"

"没你想得那么悲观！"余所长拍了拍卓彦庆的肩膀说，"你啊，是因为太想尽快解决这件事了，所以才会觉得进度慢，依我看啊，这事儿表面上看起来没有进展，实际上咱们已经撬开一条门缝了。对了，卓书记，你在田里浇地的时候，应该见到过田垄跑水吧？田塍上如果有一条细细的小缝，不用多久，田里的水就会慢慢冲开一个大口子。"

"这个道理我还不懂？"卓彦庆不耐烦地说，"关键是那条小缝在哪啊？我根本就没有看见！"

余所长坐在卓彦庆的对面，掰着手指头给他讲开了：虽然目前补登户口的事八字还没有一撇，看上去还没有什么进展，但实际上，经过这一年多四处奔波、跑办，乡里、局里和县里上上下下，现在都已经知道大力山村存在严重的黑户问题了。据说，几个相关职能部门局长都在互相通气，商量怎么处理这件事。这就是一个非常好的现象，领导们已经拿这事当事，推动起来就容易多了。下一步，你们要做的，就是持之以恒地继续跑办，一定要让相关部门的领导和具体办事人员感觉到这件事的紧迫性，办不成，大力山村两委班子就不会收兵！

听了余所长的一番话，卓彦庆紧皱着的眉头渐渐地舒展开来，他一把握住余所长的手说："小余所长，你真是一句话点醒梦中人啊，我知道该怎么做了！"

回到村里，卓彦庆把村两委班子成员聚集到一起，开了一个"诸葛亮会"。他要求每个负责跑办补登户口工作的班子成员，都要找出几个因为没有户口导致学习、工作、婚姻不顺利的例子来，然后把这些村民的经历记下来，能够绘声绘色地讲出来。下一步再跑办的时候，无论到了哪个机关部门，都要采取拉家常的方式，把这些故事反复讲给对方听，让他们知道，大力山还有这样一批备受没有户口困扰的百姓。

"听卓书记这意思，咱们这帮村干部，这次还要当说书唱戏的了？"一个村干部打趣说。

"对！"卓彦庆斩钉截铁地说，"这个比喻太恰当了，咱们大家都听过说书、看过戏，都有过这种感觉：听到里面有奸臣，气得咱牙根儿痒痒；看到好人受苦受难，恨不得上去帮上一把。现在，咱们就是说书人，就是唱戏的，咱就得让人家管事的，真真切切感受到没户口的老百姓的苦，让他们觉得不帮，他们自己心里都过意不去，只有这样，这事才有办成的指望！"

卓彦庆的"情感攻势"果然威力不小，他们跑一路，讲一路，没户口的大力山人在家没指望、在外受气的故事很快就传遍了各机关部门。

到 2011 年下半年，事情终于有了突破性的进展，在县委、县政府的统一协调下，县公安局、县民政局的领导亲自来到了石佛乡政府，具体研究怎么解决大力山村的黑户问题。

卓彦庆欣喜若狂，会议召开的那天，卓彦庆早早就起床了，他让廖美香把自己最得体的衣裳拿出来。他洗漱完毕，穿好衣服，对着镜子照来照去，衣服上有个小小的皱褶，他都细心地抻平。

"阿土，你这是去乡里开会，又不是去相亲，至于这么打扮吗？"廖美香揶揄道。

"当然得好好打扮打扮！"卓彦庆回答道，"这次来的，都是县里的局长级别的干部，人家是为解决咱们村的问题来的，咱不能灰头土脸地去开会，这是礼貌，咱不能丢咱大力山人的脸！"

按照会议流程，卓彦庆先向参会的各位领导介绍了大力山村黑户人口的具体情况，虽然开会之前他已经准备好一份发言稿，但说着说着，卓彦庆就不看稿子了，52 户黑户，哪一家他都去过好多次，谁遇到的困难，都装在他心里。现在，这些困难就像山溪里的水流一样，打开了闸门，从他的心里奔流而出……

在座的人都惊呆了，他们没有想到，一个农村的支部书记会对村里困难户的情况如此了如指掌，用"如数家珍"来形容，一点也不夸张。

从卓彦庆声情并茂的描述中，大家仿佛看见了那些没有户口的农民工，因为没有身份证，被黑心老板克扣工资，任意欺辱；仿佛看到了那些没有户口的孩子，在得知无法办理学籍时，那种痛苦、无助和期盼的眼神……

"这些没有户口的人，都是我们大力山村的孩子啊！"卓彦庆的心情越来越沉重，"不管是什么原因造成他们成为黑户的，责任必须由我们这些干部来承担，如果在我们手里不能解决这些问题，那将来还会有更多的问题冒出来：没有户口，就不能登记结婚，那他们的孩子还得成为黑户！没有户口，连医保都办不了，到时候村民极有可能因病致贫，因病返贫；没有户口，他们就办不了养老保险，等他们老了，何谈老有所养，老有所依？各位领导，今天，咱们看起来好像只是解决了52户农民的户口问题，可咱们扫清的，却是几年、十几年、几十年后的问题，是件功德无量的大事啊！"

卓彦庆汇报完毕，现场先是一片安静，静得几乎听得见每个人的心跳，随后，会议室里响起了热烈的掌声。

卓彦庆朝大家深深鞠了一躬，然后退出会议室。

等待结果的时间显得特别漫长，卓彦庆和村两委班子成员就蹲坐在会议室外的草地上，静静地等待着，等待着决定大力山村52户黑户命运的那一刻。

会议终于结束，两位局长把卓彦庆叫进去，亲自向他宣布了会议协调的结果：鉴于大力山村实际情况，会议讨论决定，亲子鉴定通过其他途径解决，免去社会抚养费，最大程度上减轻村民负担。全县相关职能部门将通力合作，尽快解决大力山村的黑户问题！

"谢谢！谢谢！"卓彦庆握着两位领导的手，潸然泪下。这一刻，卓彦庆所有的碰壁经历，所有吃过的苦，所有受过的委屈，都在这一瞬间烟消云散了！

"卓书记，你真牛，这事儿还真是破天荒的第一次。"会后，余所长冲卓彦庆竖起大拇指，"咬定青山不放松，做事当如卓彦庆！有你这股子劲头，我看大力山啥事都能办成！"

第三十一章 视 野

2013 年夏天，大力山村 52 个黑户全都上了户口本，拿到了中华人民共和国居民身份证，而这个时间节点，跟廖美香对卓彦庆的"要求"几乎不差分毫。

徐丽丽经过努力，出色地完成自己的目标，考取县重点中学。

这天，大力山的天气出奇地晴朗，早晨山坳里居然没有一丝雾气。徐丽丽开心地走在新近修成的机耕路上，嘴里哼着电影里学来的歌曲："解放区的天是明朗的天，解放区的军民好喜欢……"她是专门拿着录取通知书，来向廖美香报喜的。

徐丽丽来到廖美香的家里，廖美香接过录取通知书，眼睛里马上有一种热热的感觉，跟着盈上了泪花。那是高兴的泪水，她把徐丽丽一把搂进怀里，任泪水涌出眼眶、恣意流淌。

这是开心的泪水，这是快乐的泪水，这是收获的泪水……仿佛搂着的不是别人的女儿，而是自己的孩子。

送走了徐丽丽，许久，廖美香还沉浸在幸福里。她觉得，对于徐丽丽的成功，丈夫做出了巨大的努力，功不可没。

当晚，廖美香张罗了一桌丰盛的饭菜，她要好好犒劳一下自己的丈夫。

"美香，这段日子我一直忙着给大家跑补登户口的事，里里外外的事儿都靠你一个人张罗，真正应该犒劳的人，是你啊！"卓彦庆说。

"我，还好吧！"廖美香有些不好意思，"我每天除了教学，就是干点地里的活儿，每天除了动动嘴，就是遛遛腿，比不上你。你每天至少要跑三四十公里，乡亲们都说咱们村有一大怪，就是'群众动动嘴，干部跑断腿'。"

"这有什么奇怪的？"卓彦庆笑了，"干部干部，就应当干在实处，跑在前头。出门坐轿、指手画脚，那是官老爷作风，咱大力山不时尚，老百姓不稀罕，也看不惯。老百姓需要的，就是能给他们帮忙、替他们跑腿的勤务员。我阿土不图别的，只要老百姓需要，我就当一辈子这样的勤务员。"

"那我和你一样，只要学生需要，我就当一辈子老师！"廖美香说。

看着廖美香一脸知足的样子，卓彦庆微微感到有些心酸，他情不自禁地伸手把妻子搂进怀里——男人就是这样，有多大的委屈，自己都能承受，可看到自己爱人的愿望得不到满足，他心里总归会感到愧疚。

帮别人跑办的事都一件件完成了，这两年，对于妻子的工作问题，卓彦庆也捎带咨询过一些部门，和咨询解决黑户问题一样，不少部门的回复都是这事涉及部门太多，不是一个单位能够决定的。为了解决全村52户的黑户问题，他可以调集所有的村干部，合力登门去求、去磨，人多，影响力就大，各部门都会感到有压力，自然觉得反映的事情具有代表性。可是，为了解决自己爱人的工作问题，那样做显然不合适，这样，就有假公济私、以权谋私的嫌疑了。这样的事，他卓彦庆现在不会去做，今后也一定不会去做！

好在廖美香也没有刻意把这件事当回事，从来没有真正埋怨过他，依然是该教书时教书，该下地时下地，默默地照顾着他们这个家，任凭日子一天天宁静地过去。

刚刚入秋，余所长又来到了大力山村找卓彦庆。

看到余所长，卓彦庆欣喜异常，他拉住余所长的手就往家里拖："小余所长，这次解决黑户问题，你可是给我们帮了大忙，咱们大力山人忘不了你的恩情。之前跑办的时候，你连茶水都没喝过我家一口，这次来到大力山，说什么也不能就这样空肚让你走了，今天，我在家请客，让你尝尝咱正宗的农家菜！绝不会比城里饭馆差哦！"

余所长听后，连连摆手说："卓书记，我现在哪里还有心思吃饭哩，乡里通知你了吗？过些天，咱们这里要办一件大事，这次咱们又有得忙喽！"

"大事？"卓彦庆愣住了，"乡里没有通知啊！"

"我告诉你吧！"余所长小声说道，"马上就要举办汽车拉力赛啦！"

卓彦庆听后，"噗嗤"一下笑了："小余所长，我以为是多大的事呢，不就是搞个汽车拉力赛吗？咱这里又不是头一次了。我记得，第一次乡里说要在咱们这里办汽车拉力赛，我们大力山村里，有的老人一辈子连汽车都没见过，更不明白什么叫拉力赛，闹不懂到底应该怎么拉，是用绳子拉，还是用木头、毛竹拉？闹了不少笑话。不过，经过这几年看比赛，咱们早就是轻车熟路了，咱这 12.2 公里的'魔鬼赛道'，我闭着眼睛都能走个来回，你放心，安全的事情错不了，绝对不会再出现汽车伤人的事了。"

"你卓书记做事，我是一百个放心。"余所长说道，"当年咱村的一位老年人，因为看拉力赛，被行驶中的小车刮伤。我听说，当时你的脸色都变了，又是送医院抢救，又是多次去探望的。有了那次经历，我相信，这次绝对不会再出现类似问题了，不过……"余所长的话题一转，声音提高了八度，"卓书记，你知道吗？今年的这次比赛，可比以往的比赛要重要的多。今年是咱们龙游恢复县级建制30周年，这项比赛，是咱们浙江省的第二届运动休闲旅游节的重头戏之一，用上面的话说，这是'一次强强联合的盛会，是推进浙江省体育、旅游产业融合发展，加强文化产业转型升级，实现浙江"物质富裕，精神富有"全面发展的又一次大集结'，你说重要不重要？这次啊，咱们不但要做好安保工作，更要学会开阔视野！你得好好琢磨琢磨，咱大力山村的农业观光旅游该怎么发展起来！"

"小余，你这个派出所长，怎么研究起农业观光旅游来了？"卓彦庆听后，感到有些意外，甚至有些诧异。

"还不是因为你卓书记？"余所长一脸真诚地说，"咱俩共事这几年，你算是让我服了，老百姓的冷暖一直挂在你心上，自然也挂在我的心头。几天不听你讲讲大力山村的故事，我还真觉得像少点儿什么似的。卓书记啊，我可不像你，我是铁打的营盘流水的兵，这几年在这里干，也许过几年就会换一个地方。可你不一样啊，你在这个地方已经扎下根，一干就是十几年、几十年的，就凭你这个执着劲，我自愧不如。我不能亲自上山帮你做点什么，只能给你出出主意，帮你想想办法。最近两年，我也没少关注其他地方的美丽乡村建设，以后咱们一起合计合计，看看能不能把咱们赛段的环境再提升一下，开发一下乡村旅游，也算尽我一点儿绵薄之力吧！"

卓彦庆深受感动，他上前紧紧握住了余所长的手，由衷地说："我卓彦庆能结识你这样一位敢干事、能干事，还能时刻惦记着农民兄弟的好领导！真是三生有幸哦！我卓彦庆代表大力山的一千多村民对你表示感谢！"

余所长带来了不少资料和照片，两个人对着这些资料照片，合计了大半天，卓彦庆的思路渐渐清晰起来。以往的时候，筹备拉力赛，他关注最多的就是安全和赛道周边的环境卫生，现在看起来，那个做法已经有些落伍——"亚太汽车拉力锦标赛"是一项国际性赛事，来参赛的车手背后，往往有着非常专业的摄影团队，他们的目标就是在最美的景致下，拍出车手最炫的风采，而这些美丽的景致也将随着车手的脚步，传遍中国乃至世界各地。以大力山村村路为主的石佛乡赛段，是本次比赛的首个越野拉力赛段，一定会成为万众瞩目的焦点。抓住这个机会，对宣传大力山村、发展乡村旅游大有好处！

"下大力气对赛道沿线村庄进行整治，一定要让车手和观众看到最美的大力山村！"余所长和卓彦庆互相击掌，这事就算定下来了。

大力山村的老百姓们也觉得有些奇怪：以前已经看过好几届拉力赛，村子里从来没有像这次这么忙碌，整修赛道是为了汽车跑出好成绩，这事大家都能理解，可为什么连赛道两旁的竹林、茶林都要整治？为什么距离赛道几百米远的村庄房屋的外立面也要粉刷？这不是劳民伤财吗？从外地赶来的观众，人家看的是汽车在乡间赛道上飞驰扬起的冲天尘土，听的是赛车发出的阵阵刺耳的轰鸣声，谁会在意咱们的泥墙瓦屋、竹林古树，谁会去聆听山间的溪流鸟鸣呢？

虽然乡亲们一时不能理解卓彦庆的想法，但大力山村百姓的执行力是最强的，他们就认准一个理：按照卓书记说的去做，准没错！

在卓彦庆他们的带领下，赛道周边和附近的村庄整治和风貌提升工作得以如期完成。

11月1日，"2013亚太汽车拉力锦标赛中国（龙游）拉力赛"正式开赛。当乡亲们从电视新闻里看到，一辆辆赛车冲过石佛赛道的航拍镜头时，大家都惊呆了——这么多年，他们每次都去现场观看比赛，却从来没有想到，从空中拍摄出来的大力山村，竟然这么壮美！成片的竹林在风中摇曳，碧绿的油茶树叶子反射着阳光，山泉在石缝间跳跃，古朴的村落处处透着一股淳朴的山村气息……

面积广阔的大力山确实像一首古诗里写得那样："横看成岭侧成峰，远近高低各不同。"同样的风景，从不同的角度看过去，就会发现不一样的精彩。

拉力赛结束之后，大家发现村里来的客人比以前多了不少，有身上挂满口袋的摄影师；有背着画板的美术学校的学生；有利用周末来休闲的市民；还有来自全国各地的挑战"魔鬼赛道"的个人自驾游和业余赛车手……

一汪山泉，一个鸟窝，一处黄泥房老宅，都成为他们关注的对象，不少人都说，大力山空气清新、环境优美、民风淳朴，简直就是人间仙境。

大力山的百姓笑了——纷至沓来的人流，让他们家里的农产品变成了热销货，比起以前搭车送到山下卖又省力气又省时间，而且价格还比山外卖得高，看起来，拉力赛开始前卓书记领着大家卖力干活，真能换来回报啊！

看到村里热闹起来，卓彦庆却没有忘乎所以，他又在思考一个新的问题：怎么才能让那些远离赛道的自然村一起"火"起来呢？

卓彦庆与村民主任黄金土在探讨工作

第三十二章 逆 行

大力山的冬天来得比较早，常常是几场寒风过去，雪花就来凑热闹，预示着春节就快到了。

对农民来说，冬天应该是比较悠闲自在的季节。在北方叫"猫冬"，也就是说农民一到冬天，就像猫一样躲在家里不出来。大力山村虽然地处南方，海拔不高，但因为山高峰陡，山垄多，水气重，山风特别强劲，富含水汽，因而感觉这里的冬天特别寒冷，让很多作物提前进入半休眠状态。在这样的环境下，大家除了到竹林里清除杂树，去春花作物田间清沟排水，也没什么其他活计可干。所以，大家都把这难得的休息时间充分利用起来，打打牌，喝喝小酒，串串亲戚，好好休息一下，等待明年开春再甩开膀子大干一场。

但对于卓彦庆他们这样的村干部来说，春夏秋冬只是季节的交替变换，工作仍然应接不暇，甚至比平日里更加忙碌。尤其是春节前后，他们脑子里的那根弦得绷得更紧。因为，冬季到了，杂草枯萎，农户用火更加频繁，天干地燥，山林防火工作尤显得迫切重要。

经过十几年的植树造林，加上这些年注重封山育林、重视林木绿化保护，大力山的山林面积已经超过一万亩，成为龙游县最大的林木基地之一。绿水青山向大力山的村民毫无保留地敞开胸怀，慷慨地为乡亲们提供吃穿用度。所谓知恩图报，村民们看待山林也像看待自己的生命一样。可是，山高林密，每到冬天就会危机四伏：村民上坟祭祖，外村人进竹林盗挖冬笋，或者丢下一个没有熄灭的烟头，万一忘记踩灭最后一点火星，就会被凛冽的寒风吹起，给山林带来灭顶之灾。

自担任村党支部书记以后，卓彦庆就一直在琢磨，怎样才能保全这个聚宝盆。他首提了"网格化管理"的新做法。卓彦庆把全村的万亩山林分成几大片区，几十个网格，每个村干部和党员各自分包一片。到了山火易发季节，每个包片的党员干部就成了义务巡逻员、宣传员、消防员，每天穿梭在山林中，仔细检查着每一处可能存在的安全隐患，卓彦庆就按照之前的分工，把林区山林分成了七个网格，由他担任网格长，一旦发生火情，他负责联系其他网格员，带领大家一起前去支援，达到了显著的成效。后来，全县推广了他们的森林防火网格化管理方法。

由于防范严密，大力山已经多年没有发生过山林火警，眼看到了大年三十，过了今夜，就达到了山林管理全年无事故的目标——大力山村周围的山林没有发生一起火灾。

卓彦庆和村干部们都松了口气，

中午时分，卓彦庆在家吃饭。按照大力山村的习俗，年三十中午这顿饭是仅次于年夜饭的一顿饭，一家老小要聚集在一起，炒几个好菜，痛痛快快地吃喝一场。但卓彦庆却跟往年一样，仍然滴酒未沾。

吃过午饭，卓彦庆回到屋里，打算稍微休息一会，再起身贴春联，准备过年。可是，卓彦庆躺下没多久，他的手机铃声响了。卓彦庆一个激灵，翻身坐了起来，接起电话。

真是怕什么来什么！原来是邻村公平村附近的山林着火了，请求大力山村支援！

公平村有黄堂源、半山岩、社塘里、翁村、东坞、对坞桥、黄巢坪、凉棚八个自然村组成，与大力山村山山相连、唇齿相依，一荣俱荣、一毁俱毁！

卓彦庆深知山火的厉害，救火刻不容缓，时间就是生命，那速度是很难想象的。他一边拿起一把柴刀朝门外冲去，一边打电话通知其他村干部火速行动起来，带领党员群众急速赶往火场。

廖美香看到卓彦庆风风火火出门，不知道发生了什么大事，便追了出去，问卓彦庆去哪里。

卓彦庆一边跑，一边简单地告诉廖美香：公平村山林着火了。

廖美香便在后面大声喊道："阿土，一定要注意安全，早点儿回来吃饭！"可她的声音，已经追不上卓彦庆的脚步，转眼功夫，卓彦庆已经消失在她的视线之外。

"唉!"廖美香叹了一口气,呆呆地望着远处,水火无情,老天可一定要保佑阿土他们安全回家啊!

火情就是命令,公平村山林着火的消息,通过卓彦庆的手机,迅速在大力山村扩散开了。

接到消息的大力山青壮年村民,迅速在各个村口集结,他们手里有的拿着一把明晃晃的柴刀,有的拿着短短的手锯。这些工具是卓彦庆他们灭火突击队的"标配"。大力山村没有条件配备专门的山林灭火装备,乡里、县里的消防队一时半会儿也赶不过来,所以,他们只能利用自己手里的柴刀,从山林里砍出一道道隔离带,截断火路,避免山火范围的扩大,把火势控制在最小的范围里,把损失减少到最低程度。

一辆农用车载着卓彦庆他们顺着山路朝山下飞驰而去,一路上,不断有新的队员、新的农用车加入进来。

快到公平村的时候,他们已经看到滚滚浓烟在天空中形成了一个个高耸入云的黑色烟柱,几户住在山林附近的村民,正携家带口手忙脚乱地撤离到了公路上的空旷地带。

看到卓彦庆他们过来,一个村民上前拦住了他们的农用车,气喘嘘嘘地说:"卓书记,别过去,这火救不灭了!三个村啊,三个自然村的山林都着火了,火烧连营,你们再往前冲,那就是送命去!撤吧,咱们一起往后撤吧!"

卓彦庆的脸色铁青——自打他记事起,他就没见过这么大的山火!看着暗绿色的竹林在大火中化为烟柱,听着嘎巴嘎巴的炸响,看着种下才几年的板栗树转眼就变成了一根火炭,他的心在滴血。

怎么办?继续往火场冲,那就意味着,把自己的这支队伍带进危险中去!不冲,大力山人祖祖辈辈留下的这点家业,也将逃脱不了火烧连营的厄运。

卓彦庆的手心里全是汗,他不是一个优柔寡断的人,但此时此刻,作为一个村支部书记,面对30多条鲜活的生命,面对大力山村千百年来留下的基业,他不得不慎重考虑。

"第一小队,在上风头清理现场余烬,尽快在火头砍出隔离带,防止火势向山上蔓延;第二小队、第三小队,你们从两侧包抄,尽量离火头远一点，把隔离砍得宽一些，截断往北的火路；第四小队，跟我上，咱们到正风口去砍隔离带！快！"卓彦庆大声嚷道。

"不行，卓书记，正风口太危险了，还是我们去砍！"一个队员大声喊道。

"我是支书，听我的！"卓彦庆斩钉截铁地说，"大家一定要保持警惕，时刻关注火头位置，保持与火场的距离，宁可多损失几棵树，也要确保人身安全；还有，各个小队的队长一定要密切注意风向，一旦发现势头不对，不要硬拼，马上撤离！"

山林的火势越来越大，一些藏在山林的小动物都从里面蹿了出来，可卓彦庆他们，却迎着火场的方向逆行而去。

刚刚撤回来的几个村民，看着卓彦庆他们的背影，眼睛湿润了。这背影，太悲壮了！他们被卓彦庆沉着冷静、奋勇向前的精神所感动，也转身加入救火队伍的行列。

卓彦庆他们冲进山林，按照既定的方案，凭借多年积累的火场经验，挥舞着柴刀，砍光杂木，锯断大树，进展井然有序。一棵树倒下被拖走，又一棵树倒下被拖走，很快就有了一条隔离带的样子。火光已经映红了他们的脸庞，汗水湿透了他们的衣衫，可他们还是一个劲地砍着，全然不顾衣服被树枝挂出了口子，胳膊被灌木划出了血痕，还有身后紧追而来的火舌……

卓彦庆一边砍树，一边观察周围的情形，在正风口的他，必须时刻注意火情的发展。因为一旦风力加大，站在火苗对面的他们，很可能马上就被火场包围，无路可退。虽然手里的柴刀依然上下翻飞，可一股凉意却从卓彦庆的背后直窜上来：莫非，这火真的扑不灭了？村民和集体的财产固然重要，但队员们的生命更重要，依照目前的火势和队员们的体力情况看，要想把山火困在包围圈里，的确有些力不从心，万一实在不行，就只能撤退了！

正在这时，他看见一支穿着橙黄色衣服的队伍突然冲了进来，里面还有几个穿着藏蓝色衣服的人，他们有的带着轻便背负式吹风机，有的端着油锯，加入了卓彦庆他们的行列，其中一个带头的，正是塔石派出所的余所长！

余所长看到卓彦庆，立即高声喊了起来："卓书记，县消防队来了，我们派出所也来增援了，你们先休息一会，放心，我们有专业的队伍、专业的设备，这火魔一定能控制得住！"

卓彦庆哪里还顾得上休息，看到来了援兵，他们不知从哪里又冒出一股子力气，手上的柴刀挥舞得更快了。

傍晚的时候，明火终于被扑灭。可卓彦庆他们也已经累得几乎虚脱。他们喘着粗气，有的坐在树桩上，有的干脆躺倒在草丛里。

县消防队撤了，卓彦庆他们却留了下来，现场的灰烬还没有完全冷却，为了防止死灰复燃，一点儿也不能马虎。不久，塔石派出所留守的几位干警开车送来了几箱矿泉水和一些馒头，卓彦庆他们就这样一边喝着凉水，一边咬着凉馒头，一直守护到了第二天红日东升。

这可是大年夜啊！

当千家万户守着电视机观看春节联欢晚会的时候；当千家万户举家团圆的时候，卓彦庆、余所长和他们手下的"兵将"，却仍然坚守在寒风刺骨的山林里，为人们守住了一方平安！

大力山村有一支森林防火的"铁军"！这是余所长对卓彦庆他们这支 "森林防火突击队"的评价。

这支队伍随着成功扑救这场山火名扬龙游，大家谁也没有想到：这支完全由农民组成的消防队伍，居然能够干出这么漂亮的"阻击战"！

有人曾经对卓彦庆说过："阿土书记，有了你们这支'大力山村消防队'，我们就放心了，再大的山火我们也不怕，看到你们，我们心里就有底！"

听到大家的赞扬，卓彦庆却一点也高兴不起来：在卓彦庆看来，他宁愿救火队的名号不被传诵，也不愿看到山林大火蔓延，毕竟，他不敢保证每次冲锋陷阵都能大获全胜，消防消防，关键还是要做好预防工作，他可不愿意让自己的兄弟们经常涉险火场！

第三十三章　表　率

2014 年夏天，一项重要工作任务又降临到了石佛乡，全县"无违建"创建工作开始了，石佛乡成为全县试点乡镇。

这可是个烫手的热山芋。

千百年来，中国农民已经形成了"惜地如金"的观念。毫不夸张地说，在大力山，人多地少的矛盾已经越来越突出。

现在，村里至今还流传着前几年在大力山发生的一个小笑话：据说有一次，上级有个领导来到大力山村的一个山坳里清点核实水田的数量，村里上报的数量是 52 丘稻田，可是，该领导数过来、数过去，就是少了一丘。领导叫来生产队长，厉声责问他为什么要虚报。那位队长觉得很委屈，一再声辩说没有虚报。于是，两个人一起又数了一遍。结果，生产队长果然没有虚报——原来，那位领导随手丢下的一顶草帽，盖去了一丘稻田……

土地一直是大力山人最珍贵的东西，只要有块儿巴掌大小的田地，大力山人就绝不会让它闲着，他们会选择种上一棵菜、一株丝瓜、一棵南瓜，甚至一株大豆……

这不是小气，它体现的是中国农民对土地的敬畏和珍惜，但这种观念也带来了另外一种负面影响。那就是：农村的环境变得脏乱差——杂乱无章、毫无美感。有人会在街巷边上占一块地，垒一个猪圈，每日打了猪草扔进去喂，全然不顾粪便和腐烂的饲草带来的怪味、引来的苍蝇蚊子；有的人会在靠近自己家院墙的地方搭上一个或几个小茅棚，把平时舍不得扔掉的烂木板、破农具当宝贝，堆在里面，一年到头也不整理一次，任由老鼠在里面打洞做窝、繁殖后代；还有的人家懒得打理自己的老院子，远看全是破房根、烂房檐，破破烂烂，仿佛还停留在解放前……

为了解决农村的脏乱差问题，浙江省政府启动了以美丽乡村建设为目标的"农房管控，风貌提升"的"三改一拆"行动，开始了针对农村违法建筑的拆违工作。

听说要把村里所有未经批准、私自建设的各种违法建筑全部拆除，几乎所有大力山村的群众都持反对意见，说领导是"狗拿耗子多管闲事""吃饱了撑的"……

要说也难怪——私搭乱建是农村里几百年来一直就有的乱象，有些违法建筑已经存在了几十年，现在说拆就拆，没有一分钱补偿，谁会愿意呢？更何况，整个大力山村，几乎家家都有或多或少的违章建筑。

群众的眼睛是雪亮的，这不，马上就有人说，卓彦庆家不也有一座十几年前搭起来的柴草房吗？现在，事情到他自己头上，看他怎么做？

"拆违"这事儿，不是件容易的事，在大力山村根本就行不通！不少百姓早早就下了这样的定论。

几个养猪户更是连连抱怨：以前大力宣传，要大家开展多种经营，大力发展养殖业、种植业，多养猪、养牛、养羊、养鸡、养鸭、养鹅……咱大力山山高地阔，养几头猪碍别人什么事？再说了，咱养的猪都是土办法养的，城里人特别喜欢吃，有市场、有销路、能赚钱，现在又说不让养猪，这不是断了山里人的财路，少了一笔收入吗？

面对老百姓的议论，卓彦庆没有讲大道理，也没有急于动手。他和村两委班子成员一起，先是挨家挨户走访，做好排查摸底工作，顺便把省里、市里、县里的文件精神和基本要求，宣传到每家每户，耐心地做好他们的思想工作，让他们充分了解这次"农房管控，风貌提升"工作的重大意义，给每家每户讲明政府为什么要下这么大的力度整治乡村"违建"：乡村是咱们共同的家园，以前日子过得苦，大家顾不上关注自己的居住环境，不敢说提高生活质量，村里到处鸡飞狗跳、羊跑猪叫，时间久了，大家都已经习以为常。可现在不同，咱们的日子富裕了，咱也得考虑改善一下居住环境，提升一下生活质量。如果咱们的儿孙有姑娘来相亲，人家来到咱们大力山村，看到咱们这里臭气熏天，苍蝇到处飞，蚊子嗡嗡叫，谁还敢嫁到山上来？咱大力山的人脸面往哪里搁？要是咱们把环境整治好了，到处鸟语花香、绿树成荫，将来不但儿女结婚不愁，说不定城里人还会羡慕咱们，到时候，有条件的也开几家"农家乐"，坐在家里赚城里人自己送上门来的钱，多好！

十天的时间，石佛乡的其他村都已经开始动工拆违了，可大力山村仍然没有动静，还是停留在做思想工作阶段。乡里领导看不过去，敲边鼓催促过好几次，卓彦庆仍然不急不慌，说磨刀不误砍柴工，只要把老百姓的思想工作做通，拆违就容易了。

第十一天早晨，卓彦庆给十几个自然村的村民代表打了电话，邀请他们到家里来喝茶做客。

接到卓彦庆的邀请，各个自然村的村民代表心情忐忑。大家都不知道卓彦庆"葫芦里卖的是什么药"。

卓彦庆早早起床，已经提前烧好了开水，他拿出家里最好的茶叶，给每位村民代表沏上一杯香茶，等到大家茶喝得差不多，聊天也聊够了，卓彦庆这才领着大家来到院子里，指着自己的院子对大家说，我家的房子怎么样？大家纷纷说：漂亮、气派。卓彦庆又问：那我家的院子好看吗？大家又评头论足一番，这个说乱糟糟，那个说不和谐、杂乱无章，与漂亮的房子不相配……

听了大家的议论，卓彦庆微微一笑，意味深长地说："我平时比较忙，难得有空在家收拾，今天我卓彦庆请大家来，就是想请大家帮我一个忙，大家愿不愿意？"

在座的村民代表都你看我、我看你的，面面相觑。

卓彦庆看大家疑惑，就接着开口说："我今天请大家过来，就是想请大家帮帮忙，替我整理整理这个院子。"

说着，他把大家带到自己家的柴草棚子面前，指着柴房说道："大家帮帮手，替我把这间破柴房拆了！"

村民代表都愣住了。

"先拆你的？你这个小柴房才多大？一点儿也不显眼，说不定上级检查的时候，看都看不到呢？"

"卓书记，你没事，我们明白你的意思，就算你这个小柴房不拆，我们也会支持你工作的。"

卓彦庆挥了挥手，示意大家静一静。他站上高处，冲大家说道："省里、市里、县里都要求拆除农村私搭乱建的违法建筑，我的这间柴房没有经过审批，当然属于私搭乱建，应该拆除。'村看村，户看户，社员看干部，干部看支书'，我是村支书，这个头自然应该我来带。"说完，他朝大家挥挥手，"大家动手吧，拆完了，我请大家吃饭！"

村民代表们先是互相观望着，看到卓彦庆亲手拆卸了柴房门板，大家这才慢慢地走到柴房前，一起动手帮着把里面农具杂物搬出来，接着，有几个年轻的人爬上房顶，揭下茅草，拆下木料……

由于年久失修，柴棚许多木料已经霉烂，卓彦庆担心大家有危险，便让年轻人从屋顶上下来。正好，村里有家农户准备造新房，有小挖机在挖地基，便马上去叫来挖机，三两下就把柴棚铲平了。

拆掉自己的小柴房，卓彦庆问："大家再看看，我家的门口是不是更宽敞了？过几天，这里做个花坛，种上五颜六色的鲜花，小院子是不是更漂亮了？"

大家纷纷点头。

卓彦庆顿了顿又说："一个村庄就是一家一户组成的，一家一户漂亮了，整个村子才会漂亮起来，所以，这次的'农房管控，风貌提升'，靠得就是我们一家一户的自觉行动，希望大家知道这个理，回家以后，先把自己家的乱搭乱建拆了！哈哈，你们可得记着，我家的柴房，可是你们亲自动手拆掉的哦！"

这样，卓彦庆带头拆了自家柴房的消息，就像一阵风一样迅速传遍了大力山村的角角落落。村里的党员干部看到支部书记都主动拆除了自己的违法建筑，马上自发行动起来。随后，各个自然村的村民们也自己动起手来，没几天时间，大力山村私搭乱建的违法建筑就全部拆除完毕！不仅如此，连带附近6个自然村里的12个小型养猪场，也一并清理完毕！

"不动是不见动，一动就是风卷残云！"这就是石佛乡乡党委书记方伟军对大力山村拆违工作的高度评价。

卓彦庆和乡亲们上下一心、全力冲刺，结果，石佛乡第一个"无违建村""无猪村"的桂冠，最终居然落在了地处偏远山区的大力山村！

卓彦庆顾不上庆祝，他带领村委会班子成员趁热打铁，又率先启动了美丽乡村建设，清理路肩，美化围墙，发展庭院经济，筹建农家乐……忙得不亦乐乎。

看着大力山村渐渐改变了模样，卓彦庆的心里变得越来越敞亮，对大力山发展前途的设计蓝图也越来越明确：大力山虽然地处偏远山区，但是具有其他地方没有的得天独厚的优势。这里地处千里岗山脉，山高林密，森林资源丰富，一切都原生态地保存着。全村山林面积超过万亩，是个名副其实的天然大"氧吧"，这不是城里人梦寐以求的健康资源吗？另外山里还有山茶油、竹笋、茶叶、蔬菜瓜果等农产品，都是绿色无污染的有机食品，一定能让城里人垂涎三尺！以前，他们是枕着大元宝睡觉，端着金饭碗要饭，现在经过美丽乡村改造，咱这绿水青山，就一定能变成金山银山了！

卓彦庆越想越激动，他再次把两委班子成员召集起来，把自己的设想告诉大家。大家听后，个个摩拳擦掌、非常兴奋。美丽乡村搞好了，咱们不出门就能挣钱，这样一来，那些外出打工的青壮年，就不用像候鸟一样背井离乡，一家老小可以团聚在一起，那该多好！

"三个臭皮匠，顶个诸葛亮"，卓彦庆让大家一起出主意想办法，大家纷纷献计献策，有的说大力山的土地适合种药材黄精；有的说发展黄茶产业比较新潮；有的说可以考虑种高山蔬菜；还有的提出要建立农业旅游合作社，把全村的农业产品资源和旅游资源整合起来，把大力山发展农业旅游的名片展示出来……

"大家的主意都挺好，咱们大力山人的秉性就是说了算，定了干！以前咱们发展不起来，是因为咱们的路不通，经过十八年的奋战，咱大力山已经村村通机耕路了，下面，咱就该着手把咱们的新农村建设之路也一并修通。"卓彦庆信心满满地接着说，"咱们村两委班子都分分工，该考察的考察，该学习的去学习，你们拜师也罢，偷师也罢，反正得先把新农村建设的本事给我学回来！"

在卓彦庆带领的领导班子面前，一张壮美的新农村画卷，正在徐徐展开……

2014 年下半年的一天，卓彦庆正在村委会办公室和大家研究下一步的工作计划。

突然，电话铃声响了，他接起电话，原来是本地电视台的一个记者打过来的，说接到上级通知，要采访他。

卓彦庆一听要采访自己，马上就一个劲地推辞："您千万别来采访我，我现在不在村里，外出学习去了，以后再联系吧！"

卓彦庆放了电话，冲大家笑了笑，说："来，咱们继续商量。"

在旁边坐着的黄金土不乐意了："卓书记，记者要采访你，肯定是好事，你就让人家来嘛！这样还能给咱大力山村做个免费宣传，让咱们几个村干部也跟着沾沾光，让大力山也跟着你扬扬名呀！上次汽车拉力赛，咱们坐在电视机前看电视转播，咱大力山村还真美哩！青山绿水，美如人间仙境！乡亲们都说，现在让他们搬进城去住高楼，他们都不乐意去哩。"

其他村干部也一个劲儿地随声附和，可卓彦庆却坚决反对："大力山村发展到今天，是咱们全村人的功劳，给我一个人拍电视、写报道，我坚决不干！大家别劝了，这事行不通！"

卓彦庆刚说完，他的手机又响了。他拿出手机一看，原来是乡党委方伟军书记的号码，他赶紧接起电话。

电话里面马上传来了方书记气呼呼的声音："卓彦庆，你去哪里了？现在村里工作这么忙，你倒好，还有闲心出去溜达？我问你，你自个儿外出，向乡里请假了吗？是公事还是私事？你还有没有组织观念？"

卓彦庆听了书记的话，顿时感到一头雾水："方书记，我没出去溜达，我在村里和干部们在开会呢！"

那边，方书记的语气温和了许多："嗨嗨！果然不出我的所料，我一猜就知道你没出去的！我的卓书记，县里这次派记者去给你拍视频，不是你个人的事，而是推荐你参选全省千名好支书的需要。这次，你代表的不是你自己，这是你代表咱石佛乡，代表咱龙游全县村支书参加的，也是代表咱衢州市所有村支书参加的一次考试！这是一项政治任务，你是党员，必须无条件配合，你让拍也得拍，不让拍也得拍！"

放下电话，卓彦庆脸上露出了一丝苦笑：看起来，这次采访，自己是不能再像前几次那样，撒个谎就能够骗过记者了……

第三十四章　搬　迁

被评上浙江省"千名好支书"之后，卓彦庆做事的风格没有任何改变，还是跟往常一样，除了忙村里的工作，就是山上山下不停歇地"跑腿"。

大力山村有村干部撺掇他摆桌酒席热闹一下，大家聚一聚，放松放松心情，可卓彦庆却说没那个闲工夫。时代在发展，村民要办的事情越来越多，每天的时间他都觉得不够用。

这几年，政府出资为大力山小学的学生提供了免费的营养午餐。于是，给学生们跑路买菜的事自然而然又落到了卓彦庆的肩上。卓彦庆更忙了，因为摩托车使用太频繁，跑的又都是陡坡砂石路面，发动机损伤厉害，最近又烧机油了。他的第三辆摩托车才跑了两年，就已经使不上劲了。

2015 年，为了解决三门源、峰塘山等村的饮用水问题，县里决定启动白佛岩水库扩容项目。根据规划，项目需要征用大力山村 300 多亩山林和田地。石佛乡政府作为项目单位，又一次给卓彦庆派了硬任务：必须在一个月内完成征收田地山林的任务！

在卓彦庆的记忆里，2009 年，乡里有了开发三门源旅游区的意向。为了确保景区的饮用水源和瀑布的景观用水，乡里决定在白佛岩瀑布之上的里古井地段修建水库。因为资金不足，决定工程分两期进行。前期修建坝高 10 米的小型水库。为了保护水质，乡里决定把白佛岩自然村的居民整体搬迁到林塘水库的"下乡脱贫居民区"居住。

白佛岩村地处海拔 660 余米的饭甑山东北侧，31 家农户呈弧形带状分布于白虎岩下，正好处于库区集水范围的上游。为保证饮用水水质的安全，乡里决定，白佛岩村必须整体搬迁。

白佛岩村是大力山村的一个自然村，因为在白佛岩瀑布之上而得名。与村委会的直线距离不足 2000 米，可是，生产队长到村委会开会，至少得走上半个小时弯弯绕绕的山路。

白佛岩村的居民多姓巫、邓。据《巫氏宗谱》记载，清朝嘉庆年初，巫氏从江山双溪口迁居寿昌珏塘，后因与人结怨，避居山中，以种植靛青为生，已经在这里居住了 200 多年。古时候，村庄只有一条石级古道与山外联通，其中白佛岩石壁上的那条通道，是路段中最陡峻的一段。这条石级古道就是巫氏、邓氏祖先一锤锤、一凿凿从崖壁上敲出来的。传说，村里曾有好几位山民挑着物品掉下悬崖，摔伤致残或丧命。

白佛岩村山路险峻，平时上去的人不多。据说，白佛岩上地势开阔，有田有地，风景秀丽。传说山上有口里古井，与东海相通，终年泉水潺潺，是仙女沐浴玩水的地方。多少年来，这里流传着很多美丽的故事，其中有个"里古井的传说"，让许多年轻人想入非非，都想上去看个究竟，期盼与美丽的仙女有个艳遇。

传说很久以前，饭甑山下有一个后生，名叫叶喜，从小父母双亡，与年迈的奶奶相依为命。因为家里穷，没田没地，就靠砍柴买米生活。他每天天不亮就上山砍柴，然后挑下山去卖，换回米面。后来，上山砍柴的人渐多，村庄附近已经没有好柴禾可砍，祖孙俩的生活更加艰难。

这天天还没有大亮，叶喜来到白佛崖下，看看时间还早，就顺着山崖攀上了白佛岩，眼前豁然开朗，崖上竟然是一个山坞，有田、有地、有水，到处鸟语花香，仿佛进入了仙境。

忽然，叶喜眼前一亮，前面山崖下，有一个不大的水潭，水清如镜、不漫不溢，就像是一块翠绿的碧玉。叶喜情不自禁走到水潭边，喝了一捧清泉，觉得透凉甘甜、清爽无比。喝过泉水，叶喜抹抹嘴，抬起头一看，崖上正好有一丛青翠的柴禾倒挂下来，枝条粗细一致、茂盛稠密，便欣喜地拿起柴刀，砍下了那丛柴禾。捆起来，刚好一担够挑。叶喜高兴地挑到山下去卖，因为两捆柴禾粗细均匀、长短一致，就像一对站桶，很快就被人买走了。

叶喜看到里古井的柴禾特别好卖，心里高兴。第二天，他又上了白佛崖，打算到里古井先喝几捧甜美的清泉，然后再去附近砍一担柴禾挑下山。

无意中，叶喜抬头一看，顿时目瞪口呆：昨天被他砍了的那丛柴禾，一夜之间又长得和昨天一样的青翠茂盛。

于是，他想也没想，当即从腰间的刀夹里抽出柴刀，砍下了那丛柴禾。呵呵，也是不多不少，正好一担够挑。

这样，连续十几天，那丛柴禾，叶喜砍了又长，天天如此。

时间久了，叶喜觉得奇怪，便把这几天遇到的奇怪事，一五一十地对奶奶说了。

奶奶听后，笑笑说："你也许遇到山神了——山神看我们祖孙俩生活艰辛，出手相助吧！"

一听说是神仙相助，叶喜心里更是欢喜，自己从未见过神仙模样，何不乘此机会见识见识！

这天半夜，叶喜就悄悄起了床，把柴刀插进身后的刀夹里，扛起柴冲，借着淡淡的月光，摸黑上了白佛崖，早早来到了里古井。

月光下，叶喜发现，昨天砍了的那丛柴禾还没有长出来，想是自己来得太早，神仙老佛还没有下凡。

叶喜便在离水潭不远的一块倾斜的大石头上躺下，面对水潭方向，眯缝起眼睛假装睡着，关注着水潭和崖上那个树茬的动静。

没想到，时间一久，叶喜竟然睡着了。

也不知道过了多长时间，叶喜被一道耀眼的光亮惊醒，以为天亮了，便倏地坐起身来。他睁眼一看，发现天并没有亮，强光是从里古井水潭里射出来的。

叶喜正感到纳闷，那潭水忽然冒出了很多很大的气泡，仿佛是一池烧开了的水，只见潭里喷着雾气，满溢而出，形成水流，往白佛崖而去。

一阵水响过后，潭里浮出了一张精致的梳妆台，跟着又浮上来一个小巧玲珑的梳妆盒，接着，一个妙龄女子手托一个闪闪发光的东西，缓缓地上升到了水面。那女子上岸后，把手上的亮物搁在潭边，潭水马上风平浪静。只见那女子伸出纤巧的玉手，往崖上的柴丛一指，那丛青柴又恢复成了昨天的模样，倒挂而下，遮住了水潭，只留下那妙龄女子对镜梳妆的美丽倩影。

叶喜看呆了，情不自禁地"啊"了一声。那姑娘听到声响，连忙收拾东西，然后把梳妆台推进水潭里，再抱起梳妆盒，"扑通"一声消失在清澈的潭水里。

叶喜一看不好，连忙赶到潭边，潭水清澈见底，却不见了女人的身影，就跳进水潭去找。可是，叶喜在潭里找了大半天，哪里还有仙女的身影。而潭水却由红变紫，渐渐变得混浊。

没有找到跳水的女子，叶喜失望地上了岸，心里满是自责。

这时候，叶喜看到潭边有一颗明珠，便捡了起来，放进怀里。

后来，有人说，里古井与东海相通，是东海龙王女儿的梳妆台，小龙女每天晚上都要来这里沐浴梳妆，那丛青柴是仙女自制的门帘……

动人的民间传说，常常让不少年轻人信以为真。20世纪70年代的时候，山下的年轻人上山砍柴，来到白佛岩下，都会自然而然地想起里古井的传说，想起传说中叶喜砍了又长的那丛柴禾。为了能够砍到一担好柴禾，邂逅仙女，不少年轻人常常摸黑攀上白佛岩，到里古井去砍柴。结果，他们砍足了一担柴，却不敢挑下山——走到白佛岩，看到脚下是100多米高的悬崖，头晕了，脚抖得厉害，走在不到一米宽的石级上，柴担挑在肩头，不能歇力，不能换肩，一不小心柴禾碰到石壁，人失去平衡，就会连人带柴掉下悬崖……

面对如此交通不便的村庄，大力山村以前也有让白佛岩居民搬迁的想法，可是，不管乡村干部怎么劝说，他们就是不愿意离开白佛岩。

大力山与三门源是一山之隔的两个行政村，白佛岩村不归三门源村管辖，为了水库能够按时修建，说服村民搬迁的工作自然落到了卓彦庆的肩头。有村干部不乐意，责问卓彦庆说，三门源村建造水库，跟大力山村没有一毛钱的关系，却叫他们去做搬迁工作，岂有此理！

卓彦庆觉得，虽然说三门源开发旅游与大力山没有关系。既然乡里给自己派了任务，自己是共产党员、村党支部书记，就得有全局观念，就得无条件执行。

于是，卓彦庆马上开了村两委会，进一步统一思想，把搬迁工作列为村里的头顶大事。他把说服劝导的工作，逐一分配到了各个村干部身上。

乡政府也派出工作组，由乡长袁小红亲自带领几个乡政府工作人员，驻守白佛岩村，与卓彦庆他们一道，不厌其烦、耐心细致地做群众的思想工作。

经过一个月时间日以继夜、苦口婆心的说服劝导，终于顺利完成了搬迁工作，在全乡干部会议上，卓彦庆得到了乡长袁小红的高度评价。

如今，三门源景区已经粗具规模，前来观光旅游的游客越来越多。

三门源旅游资源丰富，这里有海拔 660 余米，一峰独立、气势峻伟的饭甑山，形似一个硕大无比的饭甑，云雾缭绕，宛如袅袅而起的炊烟。据地质部门考证，它是全国仅存的两处"火山颈"之一。

有"江南第一瀑"之称的白佛岩瀑布，落差 70 多米，瀑布水流宽 3 米，从悬崖壁立的白佛岩飞流直下，形若垂帘，溅玉跳珠，响声震耳。瀑布的傍边有石崖，高耸凸出，传说唐朝道士叶法善曾在崖下修炼长生不老仙丹，岩壁数处佛龛遗迹尚存，隐约可辨。瀑布附近有罗汉山、牛头山、将军岭、仙人峰、点易洞等景观；有东北角的石船山，石船、石人形象逼真，维肖维妙；还有西北边的黄巢坪、七十二灶、石楼梯等景点；更有全国闻名的叶氏民居建筑群，它是浙江省晚清时期建筑精品之代表。翻阅《三门叶氏宗谱》的历代先辈生卒年表，发现其中有这样的记载：

贤十九公："名贤青，讳庆荣，字成昌。乾隆庚申年七月初七日（1740）卯时生，嘉庆甲戌年（1814）十月初六日亥时终。"赞曰："事知往来，言慎终始。积阴德以修身，有义方于教子；交游法斋邦之仲，不谄不骄；居室师卫国之荆，苟完苟美。一时品拟圭璋，千载名闻闾里。"

"卫国之荆"典出《论语》，其"子路篇"中孔子谈到卫国的公子荆时说，"善居室。始有，曰：'苟合矣。'少有，曰：'苟完矣。'富有，曰：'苟美矣。'"这就是叶氏民居的"苟完苟美"，说的可能就是豪宅。由此推测，叶氏民居的建造者可能是叶贤青的手笔。宗谱中的"贤十九公赞曰"，从侧面告诉我们，三门源叶氏家族的叶贤青（庆荣），不仅是叶氏民居的建造者，也是当时富甲一方的龙游商帮代表人物。

叶氏民居建筑群坐东朝西，依山而建。原有主体建筑五幢，现存三座，门额题字分别为"芝兰入座""荆花永茂""环堵生春"，伴有庭院、花园、池塘等，占地 4500 平方米。叶氏建筑群布局严谨，造型精致，气势宏大，组合巧妙，保持了清代中晚期江南民居的典型风格，而其门楣上艺术砖雕更是叶氏建筑群的精华。三座正门全以砖雕镶嵌，有楼台亭阁、山水动物、花鸟图案。其中有 23 方长 56 厘米、宽 26 厘米的戏曲砖雕，每块各镌一出徽戏婺剧，浮雕镂空，工艺精湛，造型生动，是弥足珍贵的地方戏曲资料。

还有始于三门源，擦过饭甑山，途经大力山、黄堂源等村的亚太汽车拉力赛赛道……

这么丰富的旅游资源，藏在深闺无人知，如果不能得到开发利用，那是多么可惜的事！

乡里对水库二期扩容项目非常重视，前期土地征收工作是项目建设的重头戏，第一炮打不响，后面的工作就无从谈起。

卓彦庆深知肩头责任重大。所以，这次接到任务，卓彦庆没有任何犹豫——作为一名党员，一名基层村干部，他知道，这项工程是一项造福桑梓的民心工程，是必须完成的政治任务，而且水库扩容对发展大力山村的乡村旅游项目也有着很大的好处，既然于情于理都应该做好，那么就算有再大的困难，也得克服。

经过前期摸底，卓彦庆把涉及农户的情况搞清楚了，依照老规矩，把村两委班子分包到人，逐一做好农户的思想工作，各个击破。村两委领导各人自己挑选自己要做的农户工作，凡是别人觉得工作难做的农户，都留给卓彦庆来做。班子成员早就知道他的脾气，大家都没有提什么意见，纷纷按照既定分工，入户宣传、谈心去了。

卓彦庆带着他的一帮人马，没日没夜地出入在需要搬迁的农户家里，宣传下山脱贫的好处，帮助他们丢掉旧观念、注入新思想。

由于卓彦庆他们的不懈努力，终于做通了所有农户的思想工作。

做通了农户的思想工作之后，卓彦庆马上着手丈量土地，他们只用了一个白天的时间，就完成了对涉及地块的测算。然后趁热打铁，又用一个晚上的时间，和21户农户签订了土地征收协议，创造了石佛乡乃至龙游县土地征收的奇迹，被石佛乡党委书记方伟军、乡长方敏华誉为"大力山速度"！

不少乡村干部听到这个消息，都觉得不可思议——近年来，随着土地价值越升越高，哪里还有这么容易征收的事？你看看电视里、报纸上，一些地方每次做征收土地的工作都像在打仗，跟乡镇干部吵架的，哭鼻子上吊的，三个一群、两个一伙，结队上访的……大力山村怎么可能在风平浪静中完成征收？而且只用了一天一夜的时间。

其实，卓彦庆他们并没有什么三头六臂，也没有什么密不外传的绝技高招，他们能够完成各种急难险重的任务，靠的就是他们拥有一支忠诚可靠、执行力强的村干部队伍；靠的就是他们平时的感情投资，他们的"跑腿服务队"。正如2018年习近平总书记在上海考察时所说："老百姓心里有杆秤。我们把老百姓放在心中，老百姓才会把我们放在心中。"

中国百姓是知道感恩的民族，向来有"你敬我一尺，我敬你一丈"的传统，卓彦庆他们时刻把老百姓的事儿放心上，将心比心，老百姓自然会无条件地支持他们的工作！

300多亩山林土地的征收任务没有影响卓彦庆的"跑腿"，村里其他的事也没有被耽搁，而且，他还在入户调查的过程中，发现了一个亟须帮助的特困户，挽回了一个即将辍学的学生。

那天，卓彦庆路过五石田垄自然村，在慢慢驶过村道的时候，从眼睛的余光里，他似乎看到村里的廖忠富正倚着门框站着。看到卓彦庆骑着摩托车驶过，廖忠富扬起了一只右手，朝他挥了挥，但很快又把手缩了回去。

凭多年的农村工作经验，卓彦庆敏锐感觉到，他欲言又止，似乎有什么事需要帮忙。

此刻，摩托车已经驶离廖忠富的家门很远，卓彦庆却一踩刹车，马上调转车头，骑车返回。

卓彦庆把摩托车支好，来到廖忠富面前，问道："忠富，你刚才喊我？有事儿？"

廖忠富的脸色有些发黄，他咳了两声，点点头又摇了摇头，说："卓书记，怎么说呢，我这，也叫有事儿，也叫没事儿！"

卓彦庆纳闷了：这是什么话？有事就是有事，没事就是没事，既有事又没事是怎么回事？

廖忠富拿过两把旧竹椅，两个人面对面坐下。

廖忠富告诉卓彦庆，自己的病越来越严重了，眼下看是没有治愈的希望了。原来他是想请卓彦庆帮个忙，替他向上级申请一些救助。可他转念一想，自己的病情越来越重，估计那点救助也是远水解不了近渴，杯水灭不了大火，最后还是人财两空。所以，马上就放弃了这种想法。

"忠富，你不是慢性肾炎吗？这种病虽然不好治，可也用不着这么悲观啊！"卓彦庆说。

廖忠富垂下头说："卓书记，我一直瞒着大家呢，这病的名字不好听，前些天，我到医院检查过了，医生说，我得的是尿毒症，没治了。现在几乎半个月就要做一次透析，每次透析报销完了以后，还得花去一两百块钱，家里实在是撑不住了。我问过大夫，像我这毛病，要想治好，只能是换肾，那得需要几十万啊。而且还要等待合适的肾源，可我这身体已经没时间等了。我身体不争气，死了也不怕，可我就是担心女儿小廖，她还小，以后可怎么办啊？"说着，廖忠富捂着嘴巴，呜呜哭了起来。

"忠富，你怎么这么糊涂？得个病还考虑名字好听不好听！你放心，我回头就帮你联系医生，就算乡里、县里的医生治不了，咱们还可以找民间的专科大夫看看，说不定他们有祖传秘方，吃下几剂草药，就能治好你的病呢！"卓彦庆说。

"别提了，"廖忠富的眼神越发黯淡，"我什么样的大夫都找过了，什么样的偏方也都用过，不管用了。卓书记，你能不能帮我想想办法，别让小廖没人管了。我要是一撒手，我们家小廖可就成孤儿了。你也知道，咱们大力山的孩子能上高中多不容易，尤其是一个女孩子，更是难上加难。我死了不要紧，可千万不能把孩子的前途给耽误了啊！"

卓彦庆的心头一紧，当初自己代课的时候，就立志要让大力山的孩子们走出大山。后来和妻子廖美香一起教书，这个志向就成了两个人共同的心愿。而他当了支部书记之后，"让孩子们走出大山"的愿望依然没有改变，因为，他明白这个道理：只有大力山多出人才，大力山的未来才有希望！只有新一代不断走出大山，他们才有能力反哺大山，改变大山的面貌！

"忠富，你放心，你女儿的事儿包在我身上，哪怕真到了那么一天，你的女儿，就是我卓彦庆的女儿！有我一口饭吃，就不会让她饿肚子；我的女儿有学上，你的女儿就一样能上学！不过，现在你得听我的话，要有信心，相信科学，坚持治疗，说句不中听的话，你能多陪女儿一天，就多陪她一天，将来就算你不在了，也让孩子多个念想！"

"谢谢你了，卓书记！"廖忠富站起身来，朝着卓彦庆深深鞠了一躬。

卓彦庆慌忙起身，扶住了廖忠富："忠富，你这就见外了，且不说我是这个村的村支书，就是一个隔壁邻居，你有难处，我也应该帮一把，扶一扶，何况我还是一个共产党员，这件事，我一定会尽力帮你办好！"

为了廖忠富的事，卓彦庆一趟一趟往乡里跑，想尽快给廖忠富办下低保。

乡民政助理员看到卓彦庆不断催促，就说："卓书记，你的心情大家都理解，可这低保审批，一般是一年一次的，廖忠富错过了上一次审批，按理说，应该再等一年。不过，因为廖忠富的情况特殊，日子过得实在艰难，乡里已经派人跟县里沟通，争取能够特事特办，破例为他办理，但这也需要一个过程。"

卓彦庆听后，也有些不好意思笑了。

"卓书记，你跑咱们民政所办事不是一次两次了，哪一次我们不是积极去办？"民政助理员说，"咱们共事这么多年，只要是你卓书记提出来的，我们都特别重视。去年清理低保户，你一上来，就把自己残疾妹妹的名字从名单上划去，其实你妹妹的情况是可以继续拿低保的，她的情况也符合政策规定的范围，可你偏偏动的就是自己的亲妹妹！就凭这点儿，我们信你、服你。你放心，廖忠富这事还是老规矩，我们派专人帮你跑办、随时盯办、尽量提前办！行不行？但是，卓书记，你可千万不能太心急啊！"

"我不心急，我是怕廖忠富他等不及啊！"卓彦庆心急如焚，"他的身体状况很不好，一天不如一天了，我不想看到他临走的时候闭不上眼啊！"

从乡里出来，卓彦庆又跑了一趟小廖所在的学校，他找到校长，把小廖的家庭情况一五一十地介绍了一遍。卓彦庆告诉校长，小廖的家庭状况特别困难，虽然暂时还没有办下低保证件，但很快就能办下来，请校长通融通融，不要撒手不管，千万别让孩子辍学。

"好的，好的！卓书记，我教了这么多年的书，还是第一次看到有村支部书记为村民子女跑助学金的！"校长很爽快地就答应卓彦庆的请求。

不久，老廖的低保果然批下来了。

几个月后，廖忠富离开了人世，他走的时候，神情很安详，因为他知道，他不用再为女儿担心了，有国家、有学校，还有村里许许多多像卓彦庆一样热心的乡亲照顾着自己的女儿，女儿一定能顺利完成学业，实现她的愿望……

卓彦庆在替农户测量老屋

第三十五章 抢 险

每年 6 月上旬到 7 月下旬，是江南的梅雨季节。

有些年份，一进入梅雨季节，龙游一带几乎看不到几个晴天，天空就像被竹竿戳出了千万个窟窿，雨水不断从厚厚的云层里倾泻下来，时大时小、时停时歇，无休无止，令人厌烦。每天从床上起来，你也许可以看到下雨的开头，却猜测不出它在什么时候结束。

每次梅雨季节来临，几乎都会给大力山村带来数不清的麻烦——他们历尽千辛万苦修好的那条机耕路，一遇到持续性强降雨，陡峭的路基就会严重受损，山上崩塌的岩石会阻断道路，有时还会导致路面被洪水冲垮。所以，每年的梅汛期对留守在大力山村的青壮年劳力来说，都意味着一场挑战。

2015 年的梅汛期，比常年来得更早一些，降雨量也超过了平常年份，刚刚入梅，就接连下了好几场暴雨。

这天中午，卓彦庆和几个村干部冒雨来到了叶阿婆的家里。70 多岁的叶阿婆正躺在床上，黄泥墙老屋的房顶上，滴滴答答地往下漏着水，泥地上被雨水砸出了一个又一个圆圆的小坑。

"阿土书记，你们又来了？"叶阿婆躺在床上，欠了欠身子,想坐起来。

"您腿脚不好，先别动！"卓彦庆看了看四周，摇了摇头，把嘴巴贴近叶阿婆的耳朵，大声说道，"叶阿婆，我们看过天气预报，最近几天这雨停不了，您这黄泥老屋恐怕顶不住，咱还是按照老习惯，先搬出去住几天吧？"

叶阿婆摆摆手，笑着说道："阿土书记，不用麻烦的，我已经活了

70多岁，现在啥也不怕了。自从你当了书记，每年到这个时候，你就天天替我老太婆操心，时常跑来看我，催我搬到安全地方去住，给你添了那么多麻烦，我自己心里实在过意不去。今天我不想再搬了，这黄泥老屋虽说不结实，可它在这儿也竖了三四十年，一直都没塌过，我估摸着，今年也不会有事！要是老天非要把我弄走，我也认了，你们还是忙别的事去吧。"

"这怎么行？"卓彦庆急了，"叶阿婆，咱们大力山的日子越来越好，将来还有数不清的好日子等着你呢，你怎么这么见外了？"卓彦庆转过身，让几个村干部赶紧帮着收拾东西，马上转移。

"我不走！"叶阿婆一把抓住床头，"我不想再给你们添麻烦！"

就在这时，卓彦庆仿佛听到外面有哗啦哗啦的响声，声音是从房子后面的山上传过来的。

卓彦庆心头一震——叶阿婆房子的后面，是陡峭的山崖，这响声，分明是石头滚落、泥石下滑的声音——不好！有危险！

卓彦庆赶紧冲两个村干部使使眼色，自己俯下身子，两个村干部上前把叶阿婆抬起来，放到了他的背上，卓彦庆喊了一声"快走"，几个人快速冲出了黄泥老屋，朝远处空旷地方撤去……

这场大雨，虽然没有造成叶阿婆屋子后面的山体滑坡，但从陡崖上面滚落下来的几块岩石，在黄泥老屋的后墙和屋顶上砸出了几个大洞，有一块拳头大小的石头，不偏不倚正好掉落在叶阿婆躺着的那张床上，把床板都打断了……

把叶阿婆安顿好之后，卓彦庆他们还没来得及坐下歇口气，就接到了村民打来的电话：下山的主路有一段被洪水冲垮，现在被冲开的路面缺口越来越大，如果不及时抢修，恐怕大段的路面就要被彻底冲毁……

险情就是命令！

卓彦庆立即召集全村的党员护路队员，叫大家带上工具，马上赶赴现场。他披上雨衣，带头冲进了雨雾中。

等他们赶到现场一看，卓彦庆不由得倒吸一口凉气：浑浊的泥水沿着路边沟奔流而下，原本平整的路面已经被冲刷出一道两米多宽、半米多深的水沟，沟内泥沙俱下，水势湍急，两侧沟边上的土石摇摇欲坠，要是坍塌下去，口子越来越大，路就中断了。

"阿土，是泥沙堵塞了排水口，路底下的这根涵管坏了！"风雨中传来黄金土的喊声。

卓彦庆顺着黄金土手指的方向看去，果然，边沟里的一根水泥涵管被山上滚落的石头砸塌，石头卡在破碎的涵管里，挡住了水流的去路，滚滚的浊水流到这里，无法顺利下泄，就在原地打着旋，冲刷路基，结果导致路面遭洗刷被冲毁。

"赶紧去抬一根备用涵管过来！"卓彦庆一边对大家大声招呼着，一边和几个队员扑通扑通跳进水沟里，挥动手里的锄头、铁锹，奋力挖了起来。不一会儿，涵管的碎片、堵塞的石头被清理出来，卓彦庆拿来一根撬杠，插在石头下面，几个人卯足劲一起用力，那块大石头终于被硬生生地撬起。

"一、二、三！"卓彦庆带头喊着号子，用撬杠使劲往上顶，黄金土带着另外几个人，用绳子套住石头，拼命往上拉，上头下边一起使劲，那块大石头愣是被他们拽出边沟，挪到不碍事的地方去了。

雨，越下越大，雨水已经把大家的视线迷住了。

"阿土，要不让大家休息一下，等雨小些，咱们再来安装涵管，现在的雨下得实在太大，什么都看不清楚。"黄金土提议。

卓彦庆他们几个人刚才泡在半人深的泥水里，浑身上下早已经湿透。他冲黄金土挥挥手，喊道："不行，雨越大，咱们越要赶紧把涵管安好，只有这样，才能把下泄的洪水及时引出，否则，洪水是不会老老实实听咱们的话的！"

黄金土犹豫着，他知道卓彦庆已经在水里泡了好长时间，他在担心卓彦庆的身体吃不消："要不，你上来指挥，我下去安装涵管。"

"别磨磨蹭蹭了！你们赶紧把涵管放下来！"卓彦庆朝黄金土挥了挥手，让他赶紧干活。

几百斤重的水泥涵管被绳子拽着，沿着边沟慢慢往下滑，卓彦庆站在涵管的下面，给上面的人指示着方位，涵管一点点接近沟底，卓彦庆和几个队员用手推着涵管，小心地调整着位置，终于，涵管对接的位置找准了，可还没等卓彦庆示意放下涵管，上面拉着绳子的人，不知是谁脚下一滑，涵管咕咚一下就落了下来，边沟里的其他人还好，没有磕到碰到，但卓彦庆的右手一直在摁在涵管边，随着涵管的滚落，他的右手被卡在了涵管和边沟之间。一股钻心的痛顺着手臂直钻上来，卓彦庆哎呀一声，几乎疼昏过去……

看到卓彦庆受伤，黄金土他们赶紧跳了下来，大家合力把边沟壁凿开，把卓彦庆的右手从泥沙里面拉出来，那只手上已经满是血迹。血红的肉丝向外翻着，看着十分吓人。

"赶紧叫车，送卓书记去医院，快，快啊！"黄金土声嘶力竭地嚷着。

卓彦庆被送进了医院，经过大夫检查，发现他右手的中指和无名指都被涵管夹断，幸亏送医及时，在大夫们的妙手下，两根手指被接了起来。

病房里，黄金土一脸的愧疚："阿土，我对不住你，是我在上面没指挥好，要是我再细心一点，注意一点，你就不用受这份罪了。"

卓彦庆看着右手上厚厚的绷带，笑笑说："哪儿的事？这次受伤，归根结底还是怪我自己不小心造成的，你回去一定要跟大家说，我不怪任何人。说心里话，这样大雨的天气，队员能跟着咱们义务修路，就已经很不容易了，我怎么会怪他们呢？你不是经常提醒我注意休息吗？这次受伤，我正好可以在医院安安心心休息几天。你赶紧赶回去，我一个大老爷们，自己会照顾自己的。家里有很多事情需要你，你回去后得抓紧时间，带着大家把没修好的路再修修，咱大力山村，不能没有路啊！"

卓彦庆在医院一共只住了六七天，还没等到拆线，他就主动要求出院。大夫劝了他好几次，他都说家里的事情太多，放心不下。没办法，医生只好给他办理了出院手续。

出院前，大夫再三叮嘱他，一定要注意保护好这只右手，千万不能用力干活，千万不能让伤口沾水感染，否则，那两根手指就保不住了。

卓彦庆点头答应着，那些话，他只听进去一部分，他的心，早已经飞回了大力山村。

回到家里，卓彦庆让廖美香给他找一件肥大些的外套，廖美香问他要干什么，卓彦庆说，穿上肥大的外套，他可以把右手缩进袖口里，这样，大家就看不出他受伤的手指了。

廖美香觉得又好气又好笑："阿土，你这不是掩耳盗铃吗？你手指断了的事，大力山村上上下下、老老幼幼谁不知道，你手指藏在袖口里能够糊弄谁？我告诉你，这次回来，你必须听医生的，好好待在家里养病，未经我允许，不准出门！你都50多岁的人了，就不能好好听我一回话，让我也省省心吗？"

卓彦庆终于点头头，算是答应了。

可是，卓彦庆在家没有待上两天，他的身影就又出现在了大力山的山路上。他披着一件与季节不相称的外套，那只缠着厚厚绷带的右手，缩在袖口里，除此之外，卓彦庆的形象和以前相比，没什么区别，仍然声音洪亮，仍然脚下生风地四处奔走……

卓彦庆事迹报告会

第三十六章 温 暖

2015 年的冬天，大力山迎来了一场大雪，这场雪太大了，山里不少长了四五年的竹子被压断了，有些农家的屋顶也被积雪压塌了。

上山的路已经完全被白雪覆盖，看样子，积雪十天半月也很难完全消融，大力山村和外界几乎断绝了联系。

"下雪天不冷，化雪天才冷"，这句农谚果然有道理。

大雪后的第二天，通红的日头就从东方升起来了。红红的太阳透过山林的枝桠，照在皑皑白雪上，那景色真是美不胜收，倘若有诗人、画家或者摄影家此时来到大力山，他们的灵感一定会被这美景激发出来，写出一首磅礴大气的诗歌，绘出一幅气壮山河的画卷，或者拍出一张宛若仙境的照片。但是，卓彦庆不是诗人，也不是画家和摄影师，他只是大力山村一个普通的农村党支部书记。此时此刻，即便再美的风景，卓彦庆也无暇观赏，他看到的是雪灾；他感觉到的，只有刺骨的寒冷。

卓彦庆家里的温度并不低，炉火正旺，屋里蒸腾的热气让玻璃窗蒙上了一层雾气。卓彦庆坐在窗边，用手在玻璃窗上擦了擦，外面的景色马上就透了进来。卓彦庆一脸地凝重——这么冷的天，村里那些孤寡老人怎么样？他们会不会挨冻，会不会生病？家里的房子安全吗？会不会有人因为烧炭取暖导致中毒？

卓彦庆越想越坐不住了，他拿起电话，挨个给住在各个自然村的村干部打电话，让他们马上到那些孤寡老人家去看看，如果有情况，马上向他汇报。

一个小时过去，各个自然村的消息反馈回来了——10 多位孤寡老人情况都还可以，家里不太冷，村干部已经提醒他们注意保暖，尽量减少外出，防止意外事故的发生。

听到反馈回来的消息，卓彦庆一直皱着的眉头渐渐舒展开来，他扭头再看看窗外，刚才擦出的那块透亮的玻璃，已经又被雾气蒙住，他再次伸出手去擦，擦着擦着，他突然发现：在玻璃的四角上，已经出现了冰花。

不好！卓彦庆心里一惊，看样子，气温还会继续降低，今天夜间，也许会降到一个大力山人从没遇到过的最低点，如果还按照以前的经验帮助这些孤寡老人取暖，可能会出问题！

想到这里，他马上拨通了乡民政所的电话，可电话响了半天也没有人接听。卓彦庆又给乡党委方伟军书记打电话。电话里，方书记的声音里夹杂着风的呼啸声："彦庆，乡民政所的人，我们乡党委政府的人，全都下村察看灾情去了。我也在察看灾情的路上。我们派往大力山村察看灾情的车，半路上抛锚，现在是进退不得，你和村干部们先自救，记住，绝不能让一个困难户出事！"

放下电话，卓彦庆更加心急了：整个石佛乡、整个龙游县都遭遇了空前的雪灾，整个浙江西部都已经是一片冰天雪地，高海拔的大力山村温度肯定会更低！

思来想去，卓彦庆决定直接给县民政局打电话，前几年处理黑户问题的时候，他跟县民政局的不少同志都混熟了。这次，他直接把电话打到了办公室，办公室的电话总是忙音，他一连拨了十几次，终于拨通了，他客客气气地说道："喂，我是石佛乡大力山村的卓彦庆……"

没等卓彦庆说完，对方就急吼吼地打断了他的话："我知道，有事儿快说，现在四处都在往这里打电话，我们着急核实灾情呢！"

卓彦庆已经能够想象出民政局办公室的繁忙程度了，他直截了当地问："同志，你们那里有没有救灾的棉被，我们这里有十几位孤寡老人，今天晚上天气一定特别冷，我担心他们受不了……"

"棉被有，可我们没有运送车辆，局里所有的车都派出去了，就连县委、县政府和附近机关的车也调过来使用了，还是难以应付，道路积雪严重，小车寸步难行，你要是自己能够来取最好，我们马上拨给你20条棉被，手续以后补办。你是咱们省里的千名好支书，我们信得过你！"对方的语气依然非常急促，没等卓彦庆回答，就把电话撂了。

卓彦庆站起身来，披上一件棉大衣，推着摩托车就往外走。

廖美香看到卓彦庆推车出门，连忙追了出来，关切地问："阿土，这大雪天的，你要去哪儿？"

卓彦庆一边往外走，一边回答："我去趟县城，民政局答应拨给咱们村20条棉被，我得赶紧取回来，给那些老人家送过去！"

"这大雪天的，你一个人去县城？"廖美香迟疑了，"大雪已经没脚脖子了，山路又滑，去县里有几十公里的路，汽车都走不了，你摩托车能骑吗？"

说话间，卓彦庆已经把摩托车推到院子里，他启动摩托车，踩了一脚油门，摩托车就开始向前开动了，卓彦庆回头冲廖美香摆了摆手："你放心吧，大力山这条路，我都记不清跑了多少次了，哪里有沟沟坎坎我一清二楚，你放心，我一定会安全地把棉被取回来的！"

"阿土，你等等！"廖美香喊了一声，转身跑进屋里，很快，她拿着一条红色的围巾，跑到卓彦庆身边，把围巾绕在卓彦庆的脖子上。

"这不是你的围巾吗？怎么给我围上了？大红色的，哪像大老爷们戴的？"卓彦庆一皱眉。

"管它适合男的戴还是适合女的戴呢！"廖美香说道，"这种白茫茫的天气，视线不清，你带着红围巾会更显眼一些，对面开车的人看得清。另外，老人说红色能辟邪，你戴着它，一定能保你一路平安。"

卓彦庆是不相信红色能辟邪的说法的，不过今天，他却觉得这话好像有些道理。再说，他已经来不及咂摸这句话的滋味，每一分钟时间都是宝贵的，他必须尽早赶到县民政局去。

下山的时候，路上的雪还是比较平的，除了能看到鸟兽的爪印外，几乎看不到人的踪迹，摩托车的轮子轧在雪里，咯吱咯吱地响。这种路面对卓彦庆的挑战并不太大，因为他对这条路太熟悉了，被大雪掩埋住的路面是什么情况，他一清二楚，路面也不算太滑，所以他没费多长时间就到了山下。

从山下到龙游县城的路就难走了，经过人的踩踏和车辆的碾压，积雪被压成了薄薄的一层，摩托车在上面行驶，一不小心就会打滑，很容易造成侧翻。

等卓彦庆赶到县民政局，已经是中午11点钟，他顾不上歇息和吃饭，将救灾棉被原来的包装全部拆开，叠在一起，卷成一卷，用绳子捆结实，然后牢牢地捆绑在摩托车后座上，就踏上了返回大力山的路。

回程的路已变得更加湿滑，行车艰难，有些路面的积雪被踩踏融化，寒风一吹又冻成了冰。卓彦庆小心翼翼地骑着摩托车，经常双脚触地，帮助支撑摩托车，唯恐跌倒弄湿了那些救灾棉被。

傍晚的时候，卓彦庆终于赶回大力山，但他没有回家喘口气，而是一路把20条棉被一条一条送到了各自然村的困难户和孤寡老人家里。

谁都能够想象得出来，当夜幕降临，孤寡老人听到敲门声和卓彦庆那熟悉的喊声打开大门时，看到头发和眉毛上挂着白霜的卓彦庆，他们心里是怎样的惊喜！

当他们看着卓彦庆把崭新的棉被给他们铺上，并再三嘱咐他们要注意烤火的火熄时，他们心里是怎样的温暖！

当他们看着卓彦庆在黑暗中离开的背影时，他们的心里又该是怎样的感动！

孤寡老人的晚年是孤独的，但大力山村的孤寡老人却不会有这种感觉，虽然他们没有儿女，但他们有一个胜过儿女的支部书记，他，卓彦庆，就是大力山的儿子！

晚上11点多，廖美香还守在自家门口，她终于看到远处那束耀眼的灯光，听到了熟悉的摩托车轰鸣声。

近些，再近些，摩托车到家门口，她的阿土终于回来了，脖子上的红围巾依然是那么显眼，而他身上那件大衣，已经沾满了泥水和冰碴，几乎看不出本来的颜色……

"我的老伙计，这几年可辛苦你喽！"

这天，廖美香刚从学校回来，一进门就听见卓彦庆在院子里自言自语，她悄悄凑过去，原来卓彦庆正精心地擦拭着那辆摩托车，可现在看来，这辆摩托车也已经明显旧了。

卓彦庆对自己骑过的每一辆摩托车，都有着深厚的感情。

这些年，摩托车陪着他在大力山的山路上，上上下下不知走了多少趟，风里走过，雨里走过，雪里也走过；水泥路走过，砂石路也走过；平坦大路走过，坑洼的路面也走过；驮过人，驮过工具，驮过米、面、菜，也驮过救灾物资。

在卓彦庆的心里，摩托车就是他的亲人！对自己的摩托车，他总感觉有一些愧疚：在城里，摩托车是很多人的坐骑，可人家骑着摩托车上街，为的是炫耀，为的是拉风。而自己骑的摩托车呢，就像一头只知道卖力、不知道吃草的牛马，就算用的时间长了，吭哧吭哧爬坡费力，也还是坚持不懈地到处跑。所以，在私下里他总会称呼自己的摩托车为"老伙计"，在擦拭上面被飞溅的碎石磕出的坑洼和掉落的漆皮的时候，他总愿意跟这位"老伙计"唠嗑几句。

"你啊，我看又该跟你这位老伙计说再见了！"廖美香笑眯眯地说："你看这里程表，这不，又超过 5 万公里了！我合计过，从你买的第一辆摩托车到现在这第四辆，四辆摩托车一共跑了 20 多万公里了！这要是绕着地球转，也够跑五六圈了。"

"绕地球五六圈？"卓彦庆觉得有些不可思议，"我只不过是山上山下地跑，咋会绕地球好几圈？"

廖美香摩挲着那个前不久刚刚换上又几乎被磨平的轮胎说："别看你每趟跑的路程不太远，可你一年得跑上 300 多天，有时候忙了，一天还要跑好几个来回。你算算，从 1996 年你买第一辆摩托车，到现在马上就 20 年了，日积月累，积少成多，这里程当然多了。"

卓彦庆点了点头，说："美香，你说的有道理，我觉得干事也像这跑腿一样，积少成多，看着每天跑的里程不长，但今天跑一点儿，明天跑一点，坚持跑个十几二十年，不也攒出了这么长的里程？有人说，我这条大力山的龙，不走出大力山，就办不成大事！我卓彦庆坚信，咱为大力山的百姓办事，虽然咱从没有做过啥轰轰烈烈的大事，平时做的都是一些微不足道的小事，但我觉得，今天做一点儿，明天做一点，坚持下去，咱们肯定能做成让大力山百姓脱贫致富的大事！"

两个人正说着，卓彦庆的手机响了起来，他接起电话，原来是乡敬老院打来的，说黄炳树老人的病情严重了。

这个黄炳树老人是大力山张家山村人，他无儿无女，是村里的五保户，后来住在石佛乡政府附近的林塘水库边上的下乡脱贫移民新村里，老伴前几年去世了。老伴去世后，黄炳树身体不好，又没有人照顾，身体变得越来越差，到最后连自己的生活都不能自理了。

卓彦庆清楚地记得，当年，黄炳树响应政府的号召，毫无怨言地接受了卓彦庆的建议，第一个在同意搬迁的合同上签下了自己的名字，随后拆除了父辈留下来的老房子，异地搬迁到离开大力山十几里地、人生地不熟的林塘水库边上，开始了新的生活。

得知黄炳树身体不好的消息以后，卓彦庆第一时间就去黄炳树家里看望他，详细询问了他的身体状况，着手解决他的生活困难问题。因为大力山村不具备居家养老条件，卓彦庆就琢磨着把他送到乡敬老院去。可敬老院来人看了黄炳树老人的情况后，马上拒绝了——敬老院里从来没有接收过身体状况这么差的老人。

为了让黄炳树老人住进敬老院，卓彦庆和敬老院的院长打起了"蘑菇战"，他只要下山，就到敬老院"蘑菇"一会儿，给院长讲黄炳树老人年轻时多么不容易，当年又怎么深明大义，毅然搬迁下山。现在他的生活遇到了困难，如果让这样的老人老无所依，实在说不过去。

卓彦庆也记不清自己究竟跑了多少趟，最后，敬老院院长终于答应接收黄炳树了，可他却跟卓彦庆做了一个约定：如果黄炳树老人的病情继续恶化，那就必须把老人接走，不是敬老院不敬老，而是因为乡敬老院，无论是医疗水平还是护理能力都很有限，他们没条件做到让老人安度晚年……

现在，黄炳树刚住进去两个多月，院长的电话就打来了，肯定是黄炳树病情加重了。

卓彦庆接起电话，里面传来了敬老院院长急切的声音："卓书记，你赶紧想想办法吧，黄炳树老人的病情越来越严重，不知道拉尿不说，现在他好像还有些脑萎缩的症状，我找乡卫生院的大夫给他看过，说他已经患上严重的老年痴呆，要是找不到更专业的机构进行护理，过不了多长时间，他就可能连你都认不出来了。卓书记，我可不是丢包袱，我是为了让他活得更有质量，才给你打电话的！"

"行，我明白了，你放心，我马上就想办法，等想出办法来，我马上就过来接老人家。不过，在我接他回来之前，麻烦你们一定得细心照顾他！"卓彦庆说道。

挂了电话，卓彦庆一屁股坐在凳子上，上哪儿去找能照顾好黄炳树老人的养老院呢？

"你啊，不如打电话到县民政局问问？"廖美香说，"老年人、妇女、残疾人的事，都归他们管，他们一定知道哪里能接受黄炳树老人的。"

对啊！卓彦庆一拍脑袋，他马上拨通了县民政局的电话，咨询哪里能接收像黄炳树这样生活不能自理且患有老年痴呆的病人。

县民政局的同志经过查询，告诉卓彦庆，龙游县内没有合适的养老机构，如果要让黄炳树老人受到最好的护理，就得把他送到衢州市第三人民医院，那里的老年康复治疗是全地区最好的。

"老人是村里的人，我怎能不管？"卓彦庆站起身来，拍了拍他的"老伙计"，说，"走，咱俩跑一趟衢州！"

卓彦庆骑上那辆旧摩托车，"突突"地又出发了。

在衢州市第三人民医院，他反反复复跟大夫交流了黄炳树的病情，又亲自到医院里面看了医疗护理条件，觉得一切都合他的心意，这才拍板决定把黄炳树老人送过来。于是，他又骑车赶回了乡敬老院，雇了一辆车，把黄炳树送到了衢州。

当卓彦庆把黄炳树老人安顿进窗明几净的病房之后，黄炳树老人落泪了，他紧紧握着卓彦庆的手，嘴里含含糊糊地说道："卓彦庆……卓彦庆……谢……"

旁边的医生都愣住了，按照入院前体检的结果来看，老人家的脑萎缩已经到了非常严重的地步，按说他应该把所有的事儿都忘了，所有的人都认不出来的，可为什么单单就说出了卓书记的名字来呢？

当他听说卓彦庆怎么费尽周折把黄炳树老人送到衢州医院的经过时，这位陌生的大夫也感动了，他朝卓彦庆树竖起了大拇指："我还以为你是他的儿子呢！没想到，你是一个村支部书记！大力山村有你这样的支部书记，造化！造化！大力山的老人们有福气！"

安顿好黄炳树老人之后，时间过去一个多月了，卓彦庆并没有急着换摩托车，因为有比换摩托车更急的事儿在等着他……

卓彦庆又开始跑腿了。他依然背着那个掉了颜色的，装着他的日记本、全村村民通讯录和手机、电器修理工具的背包，带着那个记载着全村群众和乡里、县里对口部门电话号码的旧手机，带着那顶淡蓝色的安全帽，在山路上穿梭往返，为一户户村民解决一个个棘手的问题。

梅二自然村的俞树清夫妇收养的女儿马上就要上四年级了，可孩子的户口因为收养手续不规范，迟迟办不下来，卓彦庆领着他们跑了乡里跑县里，为孩子补办户口……

村民王爱娥的丈夫去世了，卓彦庆在帮着王爱娥操办丧事的过程中，听说王爱娥丈夫以前当过兵，还交过社保，他马上联系民政和养老部门，查找王爱娥丈夫的养老账户情况，几经波折，帮王爱娥跑回了 5 万多元统筹款，王爱娥再也不用为女儿的大学学费发愁了……

村民童水林经常胃疼，却不肯去医院看病。他妻子给卓彦庆打了电话，让卓彦庆去帮忙劝说。卓彦庆二话没说，丢下手里的活儿去了他家。经过一个多小时的唠嗑，童水林心结打开，第二天就去了医院。医生做了胃镜，一检查，发现他的食管壁上有个小疙瘩。夫妻俩以为得了癌症，日夜睡不着，成天愁眉苦脸。卓彦庆知道以后，三天两头到他家劝他再去医院看看。后来，医生告诉他，这是良性尘木瘤，只要不吃硬食物就没事的。现在，童水林身体很好，还能干农活……

乡农技站传来消息，最近县里要请省里的林果专家来讲课，传授最新的果树栽培管理技术，卓彦庆带着几个果农，又踏上了充电学习的道路……

卓彦庆就这样不知疲倦地跑着，每天都是一集电视连续剧，就像他跟妻子一起领悟到的那样，多么不起眼的努力，只要能一直坚持下来，就能创造出你自己都想象不出来的奇迹！

卓彦庆经常感慨地说，如果有可能，他愿意一直跑下去！

治村像治家一样

第三十七章　重　病

2018 年 5 月 9 日，一个看起来非常平常的日子。

天刚蒙蒙亮，卓彦庆和几个村干部就已经集结到一起。最近几天，他们一直在忙同一件事：县里要对居住在海拔 600 米以上且居住条件恶劣的群众给予帮扶，利用财政专项资金为这些群众加固或者翻修房子。这可是一件天大的好事！大力山村村民这些年虽然富裕了不少，但修房造屋毕竟是件大事，有些村民，尤其是老弱、病残、鳏寡村民，他们舍不得拿出毕生的积蓄来建新房子，如果有了政府的资金支持，他们就可以马上改善居住环境，搬出那些低矮破旧的房子，卓彦庆他们这些村干部也就不用一到雨雪天气就为这些村民的安全而提心吊胆了。

因为那些破旧的房子大多散乱分布在大力山的角角落落，每到一户测量都要走很长的山路。更重要的是，农房整治涉及农户的根本利益，大家的眼睛都盯着这件事，必须做到绝对的公平公正。如果在这个帮扶过程中出现什么偏差的话，不但政府资金使用会受到损失，村两委班子的威望更将遇到挑战。所以，卓彦庆再三嘱咐大家一定要细之又细，慎之又慎，把最详细、最真实的第一手数据摸排出来，不漏掉一户符合标准的人家，也不允许混入一户不符合标准的农户。是好事就一定要办好，办得经得起历史和人心的考验！

伴随着隆隆作响的摩托车声，卓彦庆他们兵分两路，开始了紧张的入户调查测量工作。一天下来，每个小组几乎都跑了四五十里山路，每到一户，他们都要宣讲政策，然后才开始测量、记录。尽管这项工作县里要求很急，但卓彦庆他们却没有丝毫急躁。俗话说得好，磨刀不误砍柴工，只要前期把人心理顺了，后面的工作开展起来就会更快、更顺畅。

到傍晚的时候，卓彦庆他们一共丈量了 8 个村 180 余户村民的农房，看看天已经黑得看不见什么了，卓彦庆他们才收工，各自回家。

卓彦庆进门的时候，廖美香已经把饭菜做好，摆上桌子，然后招呼卓彦庆吃晚饭。

卓彦庆端起饭碗刚准备吃，门外传来了脚步声——村民叶秋香老人走进屋里，说她的手机突然接打不了电话了。对付这种毛病对卓彦庆来说，已经见多不怪、小菜一碟。卓彦庆马上搁下饭碗，接过手机摆弄起来，不到一刻钟，叶秋香老人就欢天喜地地拿着修好的手机回家了。

卓彦庆刚刚送老人出门，村民吴志红两口子又找来了，说他们打算开个养殖场，准备去银行办理贷款，需要村里给开个证明、敲个公章……

办完吴志红的事，廖美香看了看时间，已经快 8 点了。卓彦庆从早上出去到现在，已经工作了 12 个多小时。她赶紧把饭菜端上来，催促卓彦庆赶紧吃饭。

吃饭的时候，廖美香发现卓彦庆一直皱着眉头，就关切地问道："阿土，你怎么了？胃口不好？怎么吃得这么少？"

卓彦庆冲廖美香笑了笑，说："没啥，可能是今天跑的路太多，日头又有些毒，好像有点轻微中暑，感觉有点儿偏头疼。我没事，歇一歇，多喝点水就缓过来的。"

"中暑？"廖美香过来摸了摸卓彦庆的额头，卓彦庆不以为然地摇摇头，说："没事，我就是有些头晕恶心，还不至于发烧，一会儿给我泡杯茶，我饱饱地喝上一气，然后睡个好觉，明天一早，什么毛病都好了！"

丈夫的确没有发烧，廖美香也就稍稍放心了一些。她给丈夫沏了一杯新茶，这才去收拾碗筷。卓彦庆在堂屋里一边看着电视，一边喝茶，看样子应该没什么大问题。

可不知为什么，廖美香总觉得有些心神不宁，手里的饭碗好几次差点儿滑落到地上，她使劲儿晃了晃脑袋，试图让自己集中精力，可一点作用都没有，她的心里一个劲儿地发慌——这是为什么呢？

廖美香正在胡思乱想，突然，从堂屋里传来了卓彦庆的喊声："美香，你过来一下！"

这声音有些急促，又显得有些微弱，廖美香吓了一跳，她把手里的碗筷往水池里一扔，连湿漉漉的手都没顾得上擦，就急匆匆地跑进了堂屋。

廖美香一进屋，就看见卓彦庆在用两只手使劲掐着太阳穴，眉头已经攒成了一个疙瘩。

"阿土，你怎么了？头疼得厉害吗？"廖美香急切地问。

"没什么大不了，比刚才好多了！"卓彦庆摆了摆手，"刚才突然一阵疼，我这脑袋像是被人用斧子劈了一下似的，猛地疼了一阵子，现在好多了。"

"以前你没犯过这样的毛病啊？阿土，咱们去医院看看吧！"廖美香握着丈夫的手，隐隐感到一阵凉意，她这时才发现，丈夫的背心已经全被汗水湿透了。

卓彦庆摇了摇头："人又不是神仙，谁还没个头疼脑热的？我歇一会儿就好了，现在都晚上8点多了，大家都关门休息了，麻烦谁也不合适。再说了，我和村干部们都约好了，明天一早，我们继续出去丈量，争取再用一天时间，完成扫尾工作，尽早把数据报上去。咱早报上去一天，老百姓的农房整治就可能早一天完成。"

廖美香还想再劝丈夫两句，可她知道卓彦庆的脾气，只要他认定的事，就是十头牛也拉不回来。

廖美香只好搀着卓彦庆到房间休息，她先让卓彦庆在木沙发上坐下，然后去给丈夫铺床。可她还没走到卧室门口，却突然听到卓彦庆哼了一声。廖美香回头看过去，只见卓彦庆身子一歪，已经瘫软在沙发上。卓彦庆用手指着自己，嘴里发出了"啊啊"的声音。廖美香几步跑到了卓彦庆的身边，一把搀住他，大声问道："阿土，你怎么了？你怎么了？"

卓彦庆的眼神里满是焦急和无奈，但嘴里除了呻吟，一个字也说不出来。

一种不祥的预感迅速窜上廖美香的心头，她腾出一只手，拿起手机拨通了亲戚的号码："你们快来，阿土犯病了！"

卓彦庆生病的消息很快在周围邻居间传开了，大家纷纷赶过来，有人帮着打通了县人民医院的120，让救护车到山脚下等候，有人开来一辆小皮卡，等在卓彦庆的家门口，大家七手八脚地抬起卓彦庆，放到了皮卡车上，小车顺着山路，一直朝山脚下疾驰而去。

廖美香跟着皮卡车来到了山脚下，县医院的救护车已经到达。大家火速把卓彦庆抬上救护车，救护车带着凄厉的鸣叫声朝县城方向飞驰而去。

此时的卓彦庆已经陷入昏迷状态，他静静地躺在担架上，脸色苍白，但神情却是安详的，似乎已经感觉不到痛苦。

廖美香紧紧握住了卓彦庆的一只手，心里一个劲儿地祈祷："阿土，你可千万别出什么事儿，一家老小、大力山村，都离不开你啊！"

医院里早已经做好了急救的准备，车到了医院，在大家的帮助下，医生们推着卓彦庆做了紧急检查，在 CT 室负责检查的医生一看就呆住了——大面积的白色图斑儿几乎占据了大半个屏幕，像这么严重的脑溢血，医生都很少见到！

卓彦庆被送进了重症监护室，输液瓶挂上了，各种监控仪器都用上了，数不清的管线连在卓彦庆的头上、身上，心电监护仪上的曲线蹦跳着，廖美香虽然不知道每条线是什么含义，但她明白——丈夫这次生病，真的太严重了！

医生把廖美香叫到了办公室，告诉她，卓彦庆的病已经到了病危的地步，整个救治过程充满不确定性，死神随时都有可能降临，即便是救治过来，也极有可能会变成深度沉睡的植物人。

"我不管什么植物人不植物人，我只要他活着！"廖美香一把抓住了医生的手，"他就是永远动不了，我也不怕，后半辈子，我什么都不干，就照顾他一个人！大夫，求求你，救他，救救阿土！"

大家把廖美香从医生的办公室里搀出来，让她坐在走廊的长椅上，安慰她不要着急，说不定还会有奇迹发生呢。

廖美香一句话也不说，她拿着医院下发的病危通知书，呆呆地坐在那里，她从来没有想过会有这样一天，那个白天还和她谈笑风生的卓彦庆，会在这么短的时间里就与她隔离开来，而且，这次隔离甚至可能成为永远的天人两隔！

她的胳膊有些哆嗦，两只手的指甲在手心的位置已经掐出了深深的印迹，她暗自埋怨自己：为什么阿土一开始头疼的时候，不早些劝说他到山下就医，为什么看到阿土满身疲惫的时候，不劝他早点儿休息……

但现在，一切都已经晚了！

第三十八章　噩　耗

卓彦庆身患重病、生命垂危的消息，像一朵充满水汽的积雨云，笼罩了整个大力山村，不少大力山的百姓们都不敢相信自己的耳朵：卓彦庆病重,怎么可能？最近几天一直看到他笑呵呵地骑着摩托车东奔西走，时不时停下来跟大家拉几句家常、开几句玩笑呢，怎么会一下子就躺下站不起来了呢?

悲伤如同山涧的泉水,汩汩地涌上了山村百姓的心头。这么多年来，大家已经习惯了有卓彦庆在身边的日子，卓彦庆的名字已经完全融入了大力山百姓的生活。邻里之间产生矛盾，他们第一个想到的就是找卓彦庆协调解决；遇到问题，束手无策，他们最先想到的就是让卓彦庆给出个主意；每逢节庆，孤老鳏寡的门外，第一个响起的是他卓彦庆的脚步声；雷雨交加的深夜，危房的险坡旁，第一个出现的也总是他的身影……

卓彦庆的身板并不算魁梧，甚至显得有些瘦弱，但在大力山百姓的眼里心上，他，卓彦庆就是大力山的主心骨！

龙游县人民医院的医生，从来没有见过这样的场面。

从 5 月 11 日上午开始，就不断有人来到县医院等待看望卓彦庆。一看他们的装束，就知道他们都是从山里来的，年老的、年轻的，他们一进医院大门，就四处打听卓书记的病房。找到病房，因为卓彦庆住在重症监护室，外人不能随便进去探视，他们就静静地守在病房门口等着，趁着医生护士进出的时机,伸长脖子朝里面看看。就那么一刹那的功夫，根本看不清什么，可他们却都好像看到了卓彦庆的身影，好像看到卓彦庆笑眯眯地站了起来，向他们走来……

上午 10 点多钟的时候，廖美香正低垂着头坐在走廊蓝色的塑料椅上，她已经将近两天没有合眼了，虽然儿子女儿都已经从外地赶到医院，并且劝她找个地方睡一会，哪怕只睡几个小时。谁都清楚，一个人几天不睡觉，这样熬下去，就是铁打的人也受不了。可廖美香却坚决不肯离开，阿土没有醒过来，她怎么睡得着？怎么睡得安稳？

"美香，卓书记他……他咋样了？"一个熟悉的声音传来，廖美香抬起头，原来是村民吴明亮带着他的一家老小来了。

廖美香擦了擦眼角，缓缓地站起身来，没有说话，只是摇摇头。她不愿意再重复那些沉重的字眼，因为每说出一个字，都会狠狠地刺痛她的心。

"卓书记还没有醒过来？"一抹失望的神情从吴明亮的脸上一闪而过，他自言自语道，"不会啊，卓书记这么好的人，不应该得这样的病啊，老天有眼，肯定会保佑他的！他一定能醒过来！"

廖美香再也忍不住了，两行热泪顺着脸颊滚滚流下。

看到廖美香落泪，吴明亮的爱人狠狠搡了吴明亮一把："你瞎叨叨什么？什么老天爷保佑！卓书记怎么会到了那样的地步？县医院有全县最好的医生，他们一定能把卓书记治好的！美香，你别听他的，卓书记一定能健健康康地从里面走出来，我们还等着他回到大力山村，领着大伙儿一起往前奔呢！卓书记他……"

吴明亮的爱人说着说着，哽咽着说不下去了，她突然感觉到有些不妥，一下捂住嘴巴，转过身去紧跑几步，跑到一个角落里抽泣起来，两个肩膀不停地颤动，身子几乎站不住了。

廖美香不想让乡亲们再这样来回奔波，从大力山村到县医院，下山要靠搭摩托车、拖拉机和小皮卡，下了山还要在车站等中巴车，到了县城还要再搭乘出租车。这么一折腾，很多人来一趟，都要费上大半天的工夫，有些乡亲甚至是带着干粮和凉开水到城里来的，而他们即使跑三四十里路，也只能透过病房玻璃门缝，远远地看上卓彦庆一眼。

乡亲们对卓彦庆的这份情，让廖美香深受感动：阿土，你快点儿醒过来吧，看看你的这些可爱的乡亲们，对他们说两句安慰的话，让他们不要再为你牵肠挂肚！

可卓彦庆的病情却没有像大家希望的那样发生奇迹，虽然医院还联系了邵逸夫医院、浙二医院多科专家前来会诊抢救，仍然收效甚微。如今，躺在重症监护室的卓彦庆，病情一会儿好转一些，一会儿又恶化起来。医院已经请来了全县最顶尖的脑科专家进行会诊，可面对卓彦庆如此复杂而严重的病情，他们也感到束手无策——卓彦庆的生命体征，已经禁不住做任何手术了。

越来越多的村民出现在医院走廊里，就连医院里的其他病人和家属、医院周边的小商小贩都感到奇怪：究竟是什么大人物生病了？能让这么多不是亲戚的老百姓前来看望？能让这么多老百姓落泪？而当他们打听到，病人并不是什么名声显赫的大官，也不是什么家财万贯的富商，只是几十公里外一个普通山村的支部书记时，他们更觉得不可思议——天底下真有这么好的人吗？

村民们没工夫跟他们解释，其实也没必要解释：一个人好不好，只有亲自接触过的人才知道，卓书记的好，不是光凭一张嘴说得完的！

下午两点多钟的时候，护士通知廖美香：卓彦庆目前病情比较稳定，可以进入重症监护室看看他！

听到这个消息，陪在廖美香身边的乡亲们，都不约而同长长地舒了一口气：医生允许进去探视，说明卓书记的病情确实好转了！大家纷纷拿出手机，向留守在大力山的老人们、在天南海北打工不能赶回来看望卓书记的孩子们，报告这个好消息。

接到这个消息的人，于是奔走相告：卓书记的病有治了！说不定过上几天十几天，他就能出院回到大力山村！

廖美香的心也稍微放下了一些，她深深吸了一口气，跟随着护士走进了重症监护室。

一进门，看到病床上无声无息地躺着的丈夫、爱人，廖美香的眼泪又止不住了——才两天多的功夫，卓彦庆已经像变了一个人：他的面孔更加消瘦，鬓角上出现了点点白霜，气管插管配合呼吸机维持着卓彦庆身体机能的运转，他会感觉到疼吗？总是这样一个姿势躺着，身子累不累？……

"阿土，你感觉怎么样？"廖美香俯下身子，轻声问道。

卓彦庆静静地躺在那里，一动也不动，好像一个疲惫过度的人，终于找到了休息的机会，想酣畅淋漓地睡上一觉。他那苍白面孔下隐隐透出一股青色，下巴上的胡须明显长了。

"阿土，"廖美香轻轻抚摸着卓彦庆的脸庞，"阿土，你醒醒啊，乡亲们都在外面等着看你，他们想等你一起回去呢！阿土，你醒醒啊……"

卓彦庆还是一动不动，护士走过来告诉廖美香，探视的时间已经到了，劝她到外面等候。

廖美香只能恋恋不舍地站起身来，一步一回头地向门外走去，走了两步，她突然发现，在卓彦庆的眼角上，居然渗出了两滴晶莹的泪水……

"大夫，阿土他听到我说的话了，他有反应了！"廖美香指着病床上卓彦庆，兴奋地冲大夫说道。

大夫们听到廖美香的话，也一下围了过来，他们轻轻拍打卓彦庆的手臂，呼唤卓彦庆的名字，可卓彦庆还是一点儿反应也没有，大夫们摇摇头，护士将廖美香送出了病房。

"阿土肯定是听到我说的话了！"到了门外，廖美香还一直在自言自语，"阿土是个铁打的汉子，他不会轻易流泪，这次一定是听到我在喊他，他才会掉下眼泪来的！"

在儿子女儿的劝说下，廖美香回到了病房，躺在床上，她的心情久久不能平静：阿土为什么会流泪呢？他到底想跟自己说什么呢？

一天过去了，又一天过去了，乡亲们依然陆陆续续地前来看望，甚至有些出门在千里之外打工的乡亲也都赶了回来，只为看看卓彦庆书记，大家都有一种不祥的预感——这可能是最后一次见卓书记了。

事实上，卓彦庆的病情的确在不断恶化，尽管医院已经动用了能动用的一切资源，但已经没有办法阻止病情继续恶化了，医生已经对廖美香说明了情况，卓书记随时都有可能离开他们……

5月13日下午，趁卓彦庆的主治医生查房的时候，廖美香拦住了他，说她已经做出决定：停止治疗，送卓彦庆回家！

廖美香这话一出，几乎病房里的所有人都惊呆了，卓彦庆的儿子一把搂住了母亲："妈，不能这样，留在医院里，最起码还能有那么一点点儿指望，爸爸就是去世，也应该在医院里去世！"

陪伴她的几个乡亲也劝她："美香，不要担心，钱不够，咱们大力山人来凑，万一能治好呢！阿土就算是成了植物人，有他在，咱大力山就有主心骨啊！"

廖美香何尝不是心如刀割！可作为卓彦庆的妻子，谁能够比她更了解自己的丈夫！她心里明白：卓彦庆最放心不下的，就是大力山，他眼角的那两行泪，是对大力山百姓的牵挂！是对大力山脱贫致富未竟事业的牵挂！是对生他养他的故土的牵挂！如果生前不能回到故土，他会死不瞑目！

回家！一定要回家！

大力山村

第三十九章　归　来

5月14日一大早，廖美香早早地起床，带着一双儿女走进重症监护室，她轻轻俯下身子，把嘴凑到卓彦庆的耳边，轻声说道："阿土，我们一起回家！"

卓彦庆被护士们抬上救护车，廖美香他们也跟着上了车。担架被放在救护车的地板上，廖美香和一双儿女半跪在卓彦庆身边，双手扶住担架——此去大力山村，九曲十八弯，免不了一路颠簸，他们不忍心让卓彦庆再受到任何惊扰。

救护车驶出医院大门，缓缓向城外驶去。不经意间，廖美香抬起头朝车窗外看了一眼，她马上愣住了：只见医院门外大路两边，站着许多昨天夜里就从大力山赶来的百姓，他们朝着救护车双手合十，泪水涟涟，嘴里喃喃地喊着阿土的名字。

救护车驶过之后，他们随即纷纷登上自己的车辆，有小轿车、出租车、皮卡车、摩托车、电动车等，他们跟在救护车的后面，缓缓前行，形成了一条不太整齐的车龙！

原来，卓彦庆即将出院的消息传到大力山村之后，善良淳朴的村民自发组织起来，他们把自己家能开动的机动车、非机动车全都开了出来；家里没有车的就搭乘别人的车；外地赶回来的，就雇用了出租车……他们要以这样一个盛大的仪式，迎接大力山的儿子——他们的卓书记回家！

车队缓缓前行，就像一支流淌着悲伤的歌。

从县城到大力山下，两旁青翠的树木都默默地伫立着，就连路边的鸟雀都停止了鸣叫，仿佛都在向这位刚刚跑腿归来的大力山之子致敬。

从大力山下到卓彦庆的家，这条路，是卓彦庆最早带领大家一锄头一锄头挖出来的盘山公路，是卓彦庆每天都要跑几趟的山路，也是卓彦庆最熟悉的路。救护车缓缓地前行，小心地转过一道道几乎360度的急弯。

山风在呜咽，路边的山泉都在哭泣！

山野里静悄悄，仿佛都在为这位即将离去的大力山之子悲伤哭泣！

到家了！卓彦庆回到了大力山卓家。

当众人抬着卓彦庆走进那幢他最熟悉的房子的时候，大家再也忍不住了，乡亲们再也忍不住了，他们放开喉咙大哭，泪雨滂沱！

此时的廖美香却没有流泪，她知道自己现在还不能哭，还有许多事情需要她来做决定：阿土的后事该怎么办？阿土的老人该怎么安慰？阿土没料理完的那些事，该怎么交接？都需要她拿主意。

村里德高望重的老人们都被村委会班子成员请来了，他们按照大力山人祖祖辈辈的习俗，认真地安排着每一件事。年轻的村民们都站在院子里，时刻等候召唤，只要老人们一声吩咐，他们随时准备出去跑腿。整个大力山，就像一架精密的机器一样转动着。

安排好卓彦庆的后事，廖美香带着儿女来到了卓彦庆躺着的房间，此时的卓彦庆已经气若游丝。

廖美香吩咐儿子打来一盆温水，拿来一块干净毛巾，细心地给卓彦庆擦拭着脸庞——这张曾经俊朗的脸，现在已经变得极其苍白，眼窝深深地陷了下去，颧骨的棱角高耸着，显得非常消瘦。卓彦庆的嘴巴微微张着，嘴唇微微发白，上面覆盖着一些翘起的干裂的表皮。

"阿土，咱们到家了！这就是咱们的家，这是你的儿子女儿，"廖美香擦了擦眼泪说，"我知道你想回家，想最后一次看看咱们自己的家，看看咱们的大力山。现在咱们回来了，你就睁开眼睛看看我们，跟我们娘儿说句话啊……"

卓彦庆依然闭着眼睛，一点儿反应都没有。如果，这个心细如针、铁肩如山的汉子，此时能够听到妻子的哭泣，能够说出自己的心里话，他一定会这样回答："美香，谢谢你，谢谢你这些年来一直无怨无悔地支持我的工作！谢谢你这些年一直任劳任怨地照顾这个家！谢谢你，让我在离开这个世界的时候，能够回到生我养我的大力山，能够看到熟悉的亲人，能够永远守护这座大山……"

下午 3 时 50 分，卓彦庆完全停止了呼吸。

廖美香跌跌撞撞走出了房间，冲着院子里一直等候着的乡亲们点了点头，泪水涟涟地说了一声："阿土……他……走了！"

虽然所有的人都知道这个结果不可避免，可当这句话从廖美香的嘴里说出来之后，那种在大家心底压抑了很久的悲伤一下子喷发了出来，哭泣声顿时响成一片。

"卓书记，你不能走啊！"

"卓书记，你是给我们跑腿累坏的！"

"阿土，你前些天还给我送来了笋干，说要陪我唠唠嗑，怎么说走就走了呢？"

……

说来也怪，伴随着众人的痛哭声，刚才还晴空万里的大力山村上空突然阴暗下来，乌云从四面八方翻滚着在这里聚集，狂风乍起，电闪雷鸣，一场天气预报未曾预报出来的倾盆大雨不期而至，大如豆粒的雨点啪啪打在屋顶上、树叶上、水泥地上，溅起了一朵朵白色的水花……

对大力山人来说，这算不上是一场大雨，但在大力山的百姓心里，这却是他们人生中遇到的最大的一场暴雨！这场雨将永远铭刻在他们的记忆里，并且通过口耳相传，在他们的子孙后代中流传下去。

即便是再深情的文笔，也不能完全表达大家对卓彦庆的怀念；即便是再动听的传说，也说不尽卓彦庆那些平凡感人的事迹！

当卓彦庆病倒的那一刻，大家才发现：原来卓彦庆做的那些不起眼的小事，支撑起的，居然是大力山百姓的信心；鼓舞起的，是大力山百姓的干劲。

而他的突然倒下，让所有人都感到六神无主，以至于连未来该怎么办，眼前都变得模糊起来。

当卓彦庆离开的那一刻，大家才发现：原来卓彦庆为大家做了那么多的事，一桩桩、一件件，数都数不清！一个人，怎么会有那么多的精力、那么大的能量、那么细的心思，去做那么多的事，而且从来不急不躁，不烦不恼。

而他的突然离去，竟让所有人都感觉自己好像断了一只臂膀，少了一个可以倾诉的亲人！

生前，卓彦庆抱定了带领群众致富、为群众服务的初心，在龙游县最为偏远、最为艰苦的大力山村，一干就是 24 年！ 24 年的呕心沥血，他带领曾经穷得吃糠咽菜、住破茅屋的大力山人，走上了衣食不愁的富裕之路……

浙江省首批"千名好支书"，衢州市第六届、第七届党代表，衢州市优秀共产党员，龙游县第八届、第九届党代表，龙游县第十二届、第十三届人大代表，龙游县优秀共产党员、优秀党组织书记、人大代表履职先进个人……

这里列出的这些荣誉，仅仅是卓彦庆获得的奖励证书的一部分，却足以想见他在农村基层党支部书记的岗位上，付出了多少艰辛，创造了多少辉煌！

对卓彦庆来说，更大的荣誉，是大力山人把他的名字刻进了心里！

廖美香至今仍然念念不忘，1996 年大力山村的主路修通的那一天，卓彦庆曾经跟她说过的那句话：如果不能带着大力山人，走上一条奔向富裕、奔向小康的道路，那就是自己的失职！

这句话，正是卓彦庆"不忘初心、牢记使命"、不停"跑腿"的源源动力！

卓彦庆患病后，他的事迹迅速在龙游、在衢州、在浙江大地、在全国各地传开。

浙江省委书记车俊批示：

卓彦庆同志是勤劳为民的基层党支部书记，得到群众的拥戴，是最美浙江人。

衢州市委书记徐文光批示：

卓彦庆同志的事迹，让人感动、深受教育，当我们有的同志还在拖拖拉拉、推诿扯皮，爱惜羽毛、患得患失，怨天尤人、斤斤计较的时候，卓彦庆同志给我们上了生动而警醒的一课！这就是一名共产党员的本色！这就是用行动书写忠诚和担当！

建设"活力新衢州、美丽大花园"，我们需要的是更多"卓彦庆"式的好干部！我们要鞭挞的是那些只顾个人私利、缺乏责任担当的精致利己主义者。

我相信，好人一定有好报！期盼卓彦庆同志能尽快醒过来、好起来，请根宏、晓峰同志代表我看望并向家属表示慰问，全力以赴组织好救治工作。全市各级党委政府特别是组织系统，要更加关心关爱基层一线干部的身心健康，定期组织体检，有病一定要治，防止积劳成疾。

龙游县委书记刘根宏：

卓彦庆同志用 24 年的坚守，为群众无私"跑腿"的精神，忠实地履行了自己的入党誓言，作为一名农村党支部书记的优秀代表，他的为民情怀和奉献精神值得全县全体党员干部认真学习！

龙游县长张晓峰：

做好一件事很容易，但能坚持几十年如一日却是相当难能可贵。

石佛乡党委书记方伟军：

在大力山村，卓彦庆已然成为村民最信任的人，很多村民下山存钱取款都交给卓彦庆去办。有时去高山上的村民家，一个来回就要骑 40 多分钟，所以他被村民称作跑腿书记。

卓彦庆离世后，他的事迹在中国大地上广为传颂，成了农村党员干部学习的榜样。卓彦庆先后获得了 2018 年度"最美龙游人"称号、"最美衢州人"特别荣誉奖、"浙江骄傲"人物提名、"浙江省优秀共产党员"等荣誉称号，2018 年 11 月 29 日，卓彦庆被评选为"中国好人榜——敬业奉献好人"。

习近平总书记在上海考察时说过："老百姓心里有杆秤。我们把老百姓放在心中，老百姓才会把我们放在心中。"卓彦庆就是这样一个人，从他走上农村基层领导岗位的那一刻起，他就把老百姓放在了心中，把老百姓的事当成了天大的事去做。

石佛乡人大主席吴有才在日记中写道："你的一生不算长，但够厚，你用毕生的精力铸就了你的人格魅力，你用宽阔的胸怀包容了人世间太多的恩怨，你也赢得了大家的尊重。帮助别人，是你一生中最大的快乐；老百姓有困难，第一个就会想到你，这是何等的荣耀……"

"一枝一叶总关情"，为什么大力山的群众会把卓彦庆记在心上，因为卓彦庆对这片土地爱得深沉！

今天的大力山村，一切欣欣向荣！

在新的领导班子带领下，卓彦庆的"跑腿"精神得到了延续并发扬光大，大力山村的党员干部与群众已经拧成一股绳，同心协力向着建设产业兴旺、生态宜居、乡风文明、治理有效、生活富裕的社会主义美丽乡村的目标迈进。

我们有理由相信，在中国广大农村，我们一定能够看到更多的"跑腿书记""跑腿党员""跑腿志愿者"如雨后春笋般地不断涌现！而他们和卓彦庆一样，将是撑起我们乡村振兴战略的基石！

斯人已去，精神长存！

中国好人

你是一粒种子

播种在大力山这片多情的土地；

你是一面旗帜

飘扬于巍峨的大力山中

你把大力山的村民捧在手心

大力山把你举过头顶

站起来

你——是一尊共产党人的雕塑；

倒下去

你——立起一座共产党员的丰碑！

卓彦庆获2018年"浙江骄傲"人物提名

后记：我写《跑腿书记》

我是一个农民，家住龙游县石佛乡，1987 年在老家开了一家自行车修理铺，成了一名自行车修理工。因为爱好文学，业余时间坚持文学创作，三十多年来，我先后在《故事会》《民间文学》《传奇传记文学选刊》《新故事》《小小说选刊》《浙江作家》《辽宁青年》《浙江日报》《衢州日报》等国家、省、市级文学刊物发表散文、小说、故事两百多篇，作品屡有获奖，有作品《断腿母狼》被选入高考模拟试卷阅读材料题，2016 年出版长篇小说《石佛故事》，2018 年 3 月出版短篇小说故事选集《浅水游龙》。现为浙江省作家协会会员、浙江省民间文艺家协会会员，2017 年被聘为龙游县史志办公室编辑。

2018 年 5 月，大力山村党支部书记卓彦庆积劳成疾，倒在工作岗位上，我的心情无比悲痛。我与卓彦庆是同乡好友，一直相识相知，他的爱人廖美香还是我的初中同学。当年，我做着修理工，卓彦庆从代课老师当上了村干部，从此，经常听到大力山的同学说起卓彦庆工作认真的点点滴滴，因而对他佩服有加。

一名大力山的儿子，初中毕业回乡，眼看山里的孩子因为老师退休就要失学，他毅然放弃了外出闯世界的理想，当了大力山小学的一名代课老师。

一位跟他青梅竹马的山里女孩——廖美香，高中毕业后做了裁缝师傅，经不住卓彦庆几次三番地动员，也成了大力山小学的代课老师。

两个人惺惺相惜，互相鼓励、互相关心，为了"让大力山的孩子走出大山"这个共同的愿望，他们成了夫妻代课老师。

1994 年，老书记离开大力山外出办厂经商，卓彦庆被推上了平均海拔 600 米以上，有 22 个自然村、1006 位村民的大力山村支部书记的岗位。

卓彦庆带领村民用了 18 年的时间，靠着肩挑手提，以崎岖的山路为基础，修起了那条九曲十八弯的联通外面世界的道路。

卓彦庆把每一个村民都当成自己的亲人，事关百姓的事，不论大小，他有求必应。"群众的事无小事"，成了他的口头禅，做了 24 年的"跑腿书记"，他成了大力山人的"百事通""及时雨"。

卓彦庆先后骑坏了 4 辆摩托车，总行程超过 25 万公里，可以绕地球 5 圈，成了名副其实的"跑腿书记"……

卓彦庆去世时，我正在外地参加一个作家采风活动，未能见到卓彦庆的最后一面，心里觉得很是遗憾。后来，我遇到了他的爱人廖美香，看到老同学对卓彦庆一往情深，陷于痛苦不能自拔，但我又不知道怎么去安慰她。后来我又遇到了大力山的村民主任——卓彦庆的左膀右臂——我的初中同学黄金土，他自然又跟我聊起了卓彦庆。他跟我说了许多卓彦庆的故事，常常因为感动、因为痛心而流下眼泪，中断叙述。卓彦庆的事迹虽然平凡，可只要群众有所呼、有所盼，无论大事小事，他都亲力亲为，从不拖拖拉拉、推诿扯皮，从不斤斤计较、患得患失。在农村，"村干部为人民服务"常常成为一句口号，而卓彦庆为他们做出了榜样。为人民服务没有捷径可走，只能踏踏实实、苦干实干，多给群众"跑腿"，群众才认可。我以为，在卓彦庆身上，最难能可贵的是，他不只是"跑"一时一地，而是一直跑"在路上"。他常常说的那句"金杯银杯不如老百姓的口碑"，正是他心系群众、忘我工作、无私奉献的最好诠释。

于是，我找来了所有关于卓彦庆的媒体报道，心里有了一个给他写一部长篇报告文学的愿头。那天，我把自己的想法跟廖美香说了，开始她未置可否；我又把写报告文学的事跟老同学黄金土说了，老同学顿时眼睛一亮，说："这是好事，我大力支持，卓彦庆是农村基层党支部书记的榜样，他的事迹感人至深，应该要让更多点人知道他，向他学习。"经过我几次三番的解说，廖美香也同意了我的想法。从此，我经常开车上大力山采访，当我一次次把车开上那九曲十八弯的山路时，我的心再一次被深深地震撼了，那崖高坡陡的山路是那样的险峻，难怪被赛车手们称作"魔鬼赛道"，我的眼前马上出现了当年卓彦庆带领村民，用最原始的工具修路的情景,这更加坚定了我写《跑腿书记》的决心。从此,我开始了报告文学的创作。

因为我在史志办上班,手头的工作本来就很多,白天根本没有时间去创作。只有到了晚上,同事们都下班回家,我才坐下来开始自己的创作。我几乎每天晚上都要在办公室里坐上三四个小时,遇到有不清楚的地方就给老同学黄金土、给廖美香打电话,进行电话采访……2019年6月,我突然发现自己的右眼视力有些模糊,以为是年纪大了的老花眼,结果配了老花眼镜后发现,仍然看东西模糊不清。我打电话向衢州第二人民医院院长、眼科专家余晓峰同学咨询。他让我马上去他医院检查,结果发现我的右眼睛视网膜出现病变,视力只有0.4。

为了让更多的人了解卓彦庆,向卓彦庆同志学习,我坚持写《跑腿书记》,经过一年多时间的艰苦采访创作,多少次写作到深夜,为其事迹感动而泪流满面……2019年7月,我终于完成了15万多字的长篇报告文学作品《跑腿书记》的创作,真实再现了这位"跑腿书记"的平凡人生。

正如习近平总书记说的:"老百姓心里有杆秤。我们把老百姓放在心中,老百姓才会把我们放在心中。"卓彦庆虽然是一个普通的乡村党支部书记,没有什么惊天动地的英雄事迹,也不是什么高大上、高不可攀的大人物。但是,他热爱家乡,一心一意替村民着想,时时刻刻想着帮助别人,是每个党员干部学习的榜样。他做群众思想工作的方法,普通党员群众都可以做到。他的工作精神,完全可以成为龙游县、衢州市、浙江省、甚至全国各地村干部、党员群众学习的榜样!

这就是我写《跑腿书记》初衷,也是我的一个愿望:只想让更多的党员群众认识这位"跑腿书记"。

榜样的力量是无穷的!农村需要更多像卓彦庆这样的"跑腿书记"!

最后,我对所有给我提供资料、给予各种帮助的同志表示衷心感谢!因为写作水平不高,错误不当之处难免,还望读者朋友批评指正。

邓根林

2020年3月30日

图书在版编目(CIP)数据

跑腿书记 / 邓根林著 . —杭州：浙江工商大学出版社，2020.12

(龙游文库 . 2019)

ISBN 978-7-5178-4212-5

Ⅰ . ①跑⋯ Ⅱ . ①邓⋯ Ⅲ . ①纪实小说—中国—当代
Ⅳ . ①I247.5

中国版本图书馆 CIP 数据核字(2020)第 259271 号

跑腿书记

PAOTUI SHUJI

邓根林 著

责任编辑	沈明珠	
封面设计	天　昊	
责任印制	包建辉	
出版发行	浙江工商大学出版社	
	(杭州市教工路 198 号　邮政编码 310012)	
	(E-mail:zjgsupress@163.com)	
	(网址:http://www.zjgsupress.com)	
	电话:0571-88904980,88831806(传真)	
排　　版	杭州天昊文化艺术有限公司	
印　　刷	浙江千叶印刷有限公司	
开　　本	710mm×1000mm　1/16	
印　　张	128	
字　　数	1860 千	
版 印 次	2020 年 12 月第 1 版　2020 年 12 月第 1 次印刷	
书　　号	ISBN 978-7-5178-4212-5	
定　　价	298.00 元(全九册)